农民财经知识读物

农业支持保护政策解读

胡冬鸣　编著

中国财经出版传媒集团
中国财政经济出版社

图书在版编目（CIP）数据

农业支持保护政策解读 / 胡冬鸣编著. --北京：
中国财政经济出版社，2021.8
（农民财经知识读物）
ISBN 978-7-5223-0559-2

Ⅰ.①农… Ⅱ.①胡… Ⅲ.①农业政策-研究-中国
Ⅳ.①F320

中国版本图书馆 CIP 数据核字（2021）第 124859 号

责任编辑：李　冰　　　　责任校对：张　凡
封面设计：孙俪铭

中国财政经济出版社 出版
URL：http：//www.cfeph.cn
E-mail：cfeph@cfeph.cn

社址：北京市海淀区阜成路甲 28 号　邮政编码：100142
营销中心电话：010-88191522
天猫网店：中国财政经济出版社旗舰店
网址：https：//zgczjjcbs.tmall.com
北京富生印刷厂印刷　各地新华书店经销
成品尺寸：147mm×210mm　32 开　9.875 印张　231 000 字
2021 年 7 月第 1 版　2021 年 7 月北京第 1 次印刷
定价：40.00 元
ISBN 978-7-5223-0559-2
（图书出现印装问题，本社负责调换，电话：010-88190548）
本社质量投诉电话：010-88190744
打击盗版举报热线：010-88191661　QQ：2242791300

前言

经过多年努力，我国在加强农业支持保护方面取得了很大进展，初步形成了尊重市场规律、发挥政府作用、符合我国国情和国际惯例的农业支持保护政策体系。

中国农业支持保护政策产生的直接原因是1998年至2003年的粮食减产。1998年国内粮食产量达到创纪录的5.1亿吨后，由于种粮收益下降，粮食种植面积从当年的1.14亿公顷下降到2003年的0.99亿公顷，下降了12.6%，粮食产量也减少到4.3亿吨，下降了15.9%。2003年粮食缺口5555万吨，国内粮食库存矛盾凸显。2004年国内粮价暴涨，其中籼稻价格上涨了31%。受价格传导机制作用2004年全球稻米价格同比上涨了23%。2004年后中国已经成为农产品的净进口国，粮食安全问题迫在眉睫。到2017年，农业产出在国民经济占比从1978年的27.7%下降到2017年的7.9%，城乡居民恩格尔系数分别从1978年的57.5%和67.7%下降到2017年的28.6%和31.2%，但国家财政收入从1978年的1132亿元增长到2017年的17.3万亿元。财政收入超过农业总产出水平，农业支持保护政策的推行有了资金支持的基础。农业支持保护制度的初衷是解决粮食生产能力衰退的问题。2004年1月，《中共中央、国务院关于促进农民增加收入若干政策的意见》出台，中央“一号文件”提出对粮食主产区的种粮农民实行直接补贴，同时鼓励非主产区对种粮农民实行补贴，政策基本涵盖了主要粮食作物。中央财政2002年起对农户种植部分粮食作物、食用油籽和经济作物进行良种补贴，2005年起对奶牛、生猪和能繁母猪、肉牛、绵羊等畜牧业产品进行良种补贴，2006年起对农资实行综合补贴。2005年中国正式启用稻谷最低收购价政策，2006年实行小麦最低收购价格政策。当粮食市场价格低于最低收购价格，政策执行单位在相关产区按照最低收购价格收购农民交售的新粮。政策在2004年至2008年取得良好运行效果，并在后期演变为大豆、玉米、棉花等农产品的临时收储政策。与此同时，政策性农业保险试点则作为另一种解决问题的尝试。思路是以保险公司市场化经营为依托，政府通过保费补贴对种植业、养殖业因遭受自然灾害和意外事故造成的经济损失提供直接物化成本补偿。2012年中央财政对农业保险的补贴品种从2007年5种农作物扩大到15种，涵盖了种植业和养殖业中的主要农产品。调查显示，规模农业经营户对农业保险的需求强烈。1998年开始，中央财政开始设立专项资金用于农业机械购置补贴。2004年中央“一号文件”首次将农机购置补贴列入中央财政支持政策范围，对农民个人、农场职工、农机专业户和直接从事农业生产的农机服务组织购置和更新大型农机具给予一定补贴。目前，农机购置补贴政策仍在进一步完善。农业支持保护政策中，价格支持始终是最重要的内容。以稻谷、小麦最低收购价和大豆、玉米等农产品临时收储为代表的收储政策经历数十年的运行后，2016年按照市场定价、价补分离的原则，取消玉米的临时收储政策，出台生产者补贴政策。2017年大豆目标价格政策，实行市场化收购加补贴的新机制，国家对大豆生产给予补贴。中央财政对东北三省和内蒙古自治区给予一定补贴，由地方政府将补贴资金兑付到大豆生产者。经过改革，大宗农产品特别是粮食市场的价格形成机制逐步发挥作用，提升了农产品的资源配置效率。粮食最低收购价自2004年实施以来，坚持以稳定粮食生产能力为目标。2018年对稻谷与小麦的最低收购价进行了进一步调整。

在我国，农业支持保护政策的推行，首先是对粮食安全与农业生产产生了积极作用。2003年至2017年，全国粮食播种面积从0.99亿公顷增长到1.12亿公顷；全国粮食产量也从4.31亿吨增长至6.18亿吨，特别是2013年以来，全国粮食产量基本稳定在6亿吨以上；粮食单产也从每公顷4.3吨增长到每公顷5.5吨。2019年全国粮食产量创历史新高，达到13277亿斤，连续5年稳定在1.3万亿斤以上，人均粮食产量达470公斤，高于世界平均水平，稻谷、小麦自给率超过100%，玉米自给率多年稳定在95%以上，有效保障了国家的粮食安全，为国家长治久安奠定了重要的物质基础。2020年我国夏粮产量达到2856亿斤，创历史新高，比上年增加24.2亿斤；早稻种植面积比上年增加470万亩，扭转了连续7年下滑态势。粮食连年丰收，为我国经济发展发挥了“压舱石”“稳定器”的重要作用。由于农业支持保护政策的存在，我国并未形成流转土地的非粮化倾向问题。其次是对农民收入和农村社会稳定产生积极作用。1978年以来农村人均家庭可支配收入从134元增长到2017年的13432元，增长了100.5倍，同期人均家庭经营性收入从36元增长到5028元，增长了140.4倍。2020年我国农村居民人均可支配收入17131元，较上年增长6.9%。

2016年，全国共有204万个农业经营单位，在工商部门注册的农民合作社总数179万个，其中，农业普查登记的以农业生产经营或服务为主的农民合作社91万个；20743万农业经营户，其中，398万规模农业经营户。全国共有31422万农业生产经营人员。对农业资源的配置产生积极作用。2016年全国土地流转规模为4.7亿亩，占全国承包地面积1/3。我国农业生产在维持了大量小农经营的同时，出现了相当数量的规模农业经营主体。

本书主要是介绍了我国目前主要农业支持保护政策的出台背景、原则要求及其主要的技术手段，同时介绍了国外相关政策的主要做法及其经验，旨在帮助农民读者能够在理解农业支持保护政策内涵方面提供更多的必要帮助，特别是提供更广阔的视野。

作者写于融科香雪兰溪

2021年5月17日

目　　录

1. 粮食收购贷款信用保证基金

粮食收购贷款信用保证基金是指由政府适当出资，引导符合条件的粮食企业共同出资设立，缴存于农业发展银行粮食风险基金专户和贷款银行企业信用保证金专户，专门用于防范和缓释银行对缴存基金企业发放小麦等农作物收购贷款所形成的信贷风险的引导性补偿资金。

粮食收购贷款信用保证基金设立的背景与我国粮食收储体制改革有关。随着粮食收储制度改革不断深入，粮食收购逐步由政策性收购为主转向市场化收购为主。由于粮食行业具有基础性、弱质性、微利性等特点，粮食企业特别是基层小微企业大多底子薄、有效资产少，资信等级不高，市场化收购粮食融资难、融资贵问题突出。为支持企业"有钱收粮"，搞活粮食市场流通，推动粮食产业高质量发展，切实保护种粮农民利益，国家粮食和物资储备局、财政部、银保监会、农业发展银行等部门和单位，共同指导各地组建运行粮食收购贷款信用保证基金，为粮食企业市场化收购融资提供担保，帮助参与企业获得存缴基金 10 倍至 15 倍的贷款，支持企业入市收购。

2015 年 11 月，《中共中央关于制定国民经济和社会发展第十三个五年规划的建议》正式发布，其中提到了"改革农产品价格形成机制，完善粮食等重要农产品收储制度"。之后的国务院常务会议召开，再次提出改革粮食价格形成和收储机制。

2016年，我国探索建立玉米收储市场定价机制，实行价补分离保护粮农体制。在实际应用中，各省的粮食收购贷款信用保证基金因地制宜，不断创新形式、扩大范围。随后，辽宁省、吉林省、黑龙江省和内蒙古自治区等省市区相继建立粮食市场化收购信用保证基金，为粮食收储提供重要的资金保证。内蒙古、吉林等省份将信用保证基金适用粮食品种从玉米扩展到稻谷、大豆，将参与企业由购销企业扩大到加工企业；辽宁省在财力紧张情况下增加政府出资3000万元；河北省由秦皇岛市试点推广到全省。之后，为保证改革顺利推进，中央提出了“引入融资增信，引导发展粮食收购融资担保业务或担保风险补偿基金”“建立健全粮食收购贷款信用保证基金融资担保机制，降低银行信贷风险”“因地制宜并创造条件建立推广小麦和稻谷等粮食收购贷款信用保证基金制度”等要求，把建立粮食收购信用保证基金纳入粮食安全省长责任制考核，推动各地建立粮食收购信用保证基金。

设立粮食收购贷款信用保证基金具有极强的现实意义。我国粮食购销企业和小麦粉等粮食加工企业普遍存在融资难问题。这一保证基金的设立能进一步解决好市场化收购条件下“有钱收粮”问题，增强信贷风险化解能力。有效缓解了粮食企业特别是基层小微企业融资难、融资贵问题，在推动粮食收储制度改革、促进粮食产业经济发展、保护种粮农民利益、减轻国家财政负担等方面发挥了积极作用。

在基金的组建运行方面，国家粮食和物资储备局指导各地“因省施策、小步快跑”，不断完善信用保证基金政策。按照规定，各省（区，市）成立省（区，市）、市、县三级粮食收购贷款信用保证基金管理小组，管理小组下设办公室，共同负责基金运行组织协调工作。省（区，市）财政、市县（区）政府出资部分，全部缴存至农业发展银行或其他指定银行专户。参与企业出资部分，分别缴存于基金管理人在协议合作贷款银行专户，实行台账管理。并且，农业发展银行等金融机构对基金项下贷款按照基准利率计息，比全国银行贷款平均融资成本低约 2 个百分点。借助这一基金，参与企业能够获得存缴基金 10 ~ 15 倍的入市收购贷款。

目前，已初步构建了粮食收购融资长效保障机制。从规模上看，河北、内蒙古、辽宁、吉林、黑龙江、江苏、安徽、江西、山东、河南、湖北、湖南、四川等 13 个主要粮食主产省（区），加上山西、广西、新疆共 16 个省（区），组建运行了粮食收购贷款信用保证基金，基金总规模达 75 亿元。通过基金增信融资，累计向 2000 多户粮食企业发放粮食市场化收购贷款 1130 亿元。这意味着，自 2016 年粮食收储制度改革以来，我国已经初步建立了粮食市场化收购融资长效保障机制。

粮食收购贷款信用保证基金作为粮食市场化收储制度改革的重要配套支持政策，通过为粮食企业融资增信，发挥托底保障和引导带动作用，有效激发各类资金投入粮食市场化收购，推动实现“优粮优价”，促进农业种植结构调整和农民持续增收。

粮食收购贷款信用保证基金是强化粮食安全保障的一项重要举措。国家粮食和物资储备局表示，未来将进一步做好信用保证基金相关工作，充分发挥信用保证基金在夏粮收购和疫情防控期间保供稳市的作用，持续发挥典型示范引领作用，加快健全信用保证基金等粮食市场化收购资金长效保障机制，更好地服务粮食企业和种粮农民。进一步完善信用保证基金政策，切实巩固粮食收储制度改革成果，保障国家粮食安全，充分调动广大农民种粮积极性。

农村有句俗话："家有万贯，带毛的不算。"所谓"带毛的"，就是牲畜。这句话揭示了投资中出现的风险，钱未入袋，不能算是家财，这体现出了农民对于投资清醒的头脑与敏锐的目光。几千年来，农业经营始终面临着"看天吃饭"的风险，而且有效资产少、缺乏有效抵押物用于信贷活动开展，融资难、融资贵。随着粮食收储制度改革不断深入，粮食收购逐步由政策性收购为主转向市场化收购为主。由于粮食行业具有基础性、弱质性、微利性等特点，粮食企业特别是基层小微企业大多底子薄，资信等级不高。为帮助企业"有钱收粮"，搞活粮食市场流通，推动粮食产业高质量发展，切实保护种粮农民利益，2016 年粮食收储制度改革以来，国家粮食和物资储备局、财政部、银保监会、农业发展银行等部门单位共同指导各地组建运行粮食收购贷款信用保证基金，为粮食企业收购融资增信。国家粮食和物资储备局指导各有关省（区、市）按照"政府主导、企业自愿、统一管理、封闭运行、市场运作、风险共担"的原则，由政府和企业按照一定比例出资，组建运行粮食收购贷款信用保证基金，为粮食企业市场化收购融资提供担保，帮助参与企业获得存缴基金 10 倍 ~ 15 倍的贷款，支持企业入市收购。农业发展银行等金融机构对基金项下贷款按照基准利率计息，比全国银行贷款平均融资成本低约 2 个百分点。

下一步，要充分发挥信用保证基金在夏粮收购和疫情防控期间保供稳市中的作用。国家粮食和物资储备局将会同有关部门单位指导相关省份更好运用信用保证基金，为粮食企业开展市场化收购提供资金保障。重点是支持湖北、湖南、山东、四川等省份在市县试点的基础上向全省推开，扩大覆盖面，增强实效性。引导更多金融资本投入粮食市场化收购，支持粮食企业满工满产，做好疫情防控期间粮油保供稳市，服务农民售粮变现，助力企业稳岗就业，推动粮食产业创新发展、转型升级、提质增效。2020 年全球新冠肺炎疫情所带来的影响敲响了粮食危机的警钟。越是面对风险挑战，越要把保障粮食安全放在突出位置，确保国人饭碗任何时候都牢牢端在自己手上。如何建立长效机制从根本上守住“饭碗”，粮食收购贷款信用保证基金是强化粮食安全保障的一项重要举措。

2018 年，新疆自治区启动小麦收储制度改革，停止执行“政府定价、敞开收购、敞开直补、顺价销售”政策，建立“政府引导、市场定价、多元主体收购、生产者补贴、优质优价、优质优补”的小麦收储新机制。为保障小麦市场化收购资金，确保“有钱收粮”，自治区建立粮食收购贷款信用保证基金融资担保机制，加强组织协调，发挥基金担保作用，实现了“钱等粮”目标，保障了夏粮收购顺利进行。截至 2018 年 8 月初，新疆全区各类企业累计收购小麦 186 万吨，其中：地方国有粮食购销企业收购 136 万吨，占收购总量的 73.2%；中储粮新疆分公司各直属企业收购 24 万吨，占收购总量的 12.7%；日加工能力 100 吨以上小麦粉加工企业收购 20 万吨，占收购总量的 10.7%。全区已通过银行信用评级贷款企业 128 户，贷款授信额度 74.97 亿元，88 户企业实际已使用贷款 39.56 亿元，其中基金项下贷款 37.96 亿元。全区普通冬小麦平均收购价在每公斤 2.32 元～2.42 元，优质冬小麦平均收购价在每公斤 2.51 元～2.6 元，多元主体积极入市收购，优质优价得到体现，市场化改革效应初现。新疆自治区启动小麦收储制度改革具有如下特点：

（1）建立自治区粮食收购贷款信用保证基金融资担保机制，为企业融资增信提供保障。经自治区党委、自治区人民政府批准，自治区粮食局会同自治区发展改革委、自治区财政厅、新疆银监局、农发行新疆分行等五部门联合下发《自治区粮食收购贷款信用保证基金管理操作规程（试行）》，建立了 8 亿元粮食收购贷款信用保证基金，其中：自治区财政出资 4 亿元，地（州、市）及县（市）政府出资 0.8 亿元，“白名单”企业出资 3.2 亿元。截至 2018 年 8 月初，自治区财政已落实 4 亿元信用保证基金，96 户“白名单”企业缴存 2.61 亿元。7 个地（州、市）已落实地方政府出资 0.26 亿元。

（2）成立各级收购贷款信用保证基金管理小组，为基金管理运行提供机制保障。成立自治区、地（州、市）两级粮食收购贷款信用保证基金管理小组，由粮食部门牵头，财政、发改、银监局、农业发展银行等为成员单位。各级基金管理小组办公室设在粮食行政管理部门，具体负责基金管理组织、协调工作。

（3）建立粮食收购贷款信用保证基金“白名单”准入制度，推动形成多元主体入市收购新格局。对符合粮食收购贷款信用保证基金准入条件的粮食企业，按照自愿的原则，通过各地粮食行政管理部门审核推荐的方式，建立粮食收购企业“白名单”，对纳入“白名单”的企业给予粮食收购贷款基金增信贷款和财政贴息等优惠政策。鼓励支持“白名单”企业积极入市收购，执行自治区夏粮收购政策，发挥收购主导和价格形成引导作用，稳定市场价格，保护粮农利益，发展订单农业，推动形成多元主体积极参与收购的粮食流通新格局。建立“白名单”企业考核和奖惩机制，实施动态管理，对违反政策规定、损害农民利益、严重失信的企业，经核实后，将取消其基金参与资格。截至目前，全区纳入“白名单”管理企业146家，其我国有粮食购销企业98家，小麦粉加工企业48家。

（4）建立夏粮收购贷款落实情况周报制度，确保收购资金需求。加强与各地粮食行政管理部门对接，积极配合农发行新疆分行做好放贷各项工作，引导支持企业筹措贷款资金，建立收购贷款资金落实周报制度，跟踪落实夏粮收购贷款情况，及时协调解决贷款中存在的问题，做好政策解释工作，确保夏粮收购贷款资金充足。

（5）建立小麦收购贷款贴息政策。根据自治区人民政府《关于印发〈自治区小麦收储制度改革方案〉的通知》（新政发〔2018〕23号）精神，为鼓励订单农业发展，对国有粮食企业和规模加工企业与农民或新型农业经营主体签订小麦种植订单合同，并按照合同履行收购义务的，对收购贷款利息给予补贴。目前，自治区粮食局与自治区财政厅正在研究制定《新疆维吾尔自治区小麦收购贷款贴息管理暂行办法》。

粮食收储制度改革以来，“粮食收购贷款信用保证基金”累计向1946户参与基金的粮食企业发放粮食市场化收购贷款1128.6亿元。信用保证基金组建运行成效明显。据介绍，信用保证基金作为粮食市场化收储制度改革的重要配套支持政策，通过为粮食企业融资增信，发挥托底保障和引导带动作用，有效激发各类资金投入粮食市场化收购，推动实现“优粮优价”，促进农业种植结构调整和农民持续增收。信用保证基金等支持政策落地实施，有力推动了粮食市场化收购，大幅减轻了国家财政负担，有力推动粮食收储制度改革。信用保证基金发挥融资增信作用，有效降低了银行信贷风险，引导金融机构积极为粮食企业特别是基层小微企业提供信贷资金支持，有效缓解了企业融资难题。农业发展银行等金融机构，对信用保证基金项下贷款按照基准利率计息，比全国银行贷款平均融资成本低约 2.2 个百分点；新疆等省（区）还因地制宜出台信用保证基金项下贷款贴息政策，进一步降低了企业融资成本，有效缓解粮食企业融资难、融资贵的困难。新冠肺炎疫情防控期间，湖北、黑龙江、山东等省份粮食企业通过信用保证基金增信融资，获得贷款 65.4 亿元。信用保证基金政策有力支持粮食企业复工复产达产，迅速开展粮食收购加工销售，在支持粮油产品保供稳市，帮助农民售粮变现，推动春耕生产，支持企业纾困稳岗、助力职工就业等方面发挥了重要作用。

国家粮食和物资储备局主动与财政部、银保监会、农业发展银行等部门单位会商协调，共同推进基金工作。对每个省份一对一、点对点跟踪指导；并将基金组建运行情况列入粮食安全省长责任制考核内容，推动信用保证基金的顺利组建和平稳运行。同时将信用保证基金组建运行纳入粮食流通全局考量，作为“优粮优购”的重要支持政策，与粮食“产购储加销”体系建设各环节扶持政策叠加衔接，撬动金融资本，发挥乘数效应。江苏、广西、河南等省份将信用保证基金用于支持优质稻谷和小麦收购，支持延伸产业链、提升价值链、打造供应链，较好地推动了粮食产业经济高质量发展。各地由财政、粮食和金融机构等组建信用保证基金管理小组（联席会议），共同为参与企业提供服务，加强库贷监管。建立奖惩机制，对持续出资参与企业给予奖励，对失信企业依法严惩。信用保证基金不对贷款数额作硬性规定，因企施策确定担保放大倍数，政府以及银行、企业共担风险。安徽、河南、新疆等省份与农发行建立完善共同服务和监督机制，在防控信贷风险的同时，降低贷款门槛，为企业提供优质服务。

国家粮食和物资储备局将会同有关部门单位指导相关省份更好运用信用保证基金，为粮食企业开展市场化收购提供资金保障。重点指导湖北、湖南、四川等省份在市县试点的基础上向全省推开，扩大覆盖面，增强实效性。引导更多金融资本投入粮食市场化收购，支持粮食企业满工满产，做好疫情防控期间粮油保供稳市，服务农民售粮变现，助力企业稳岗就业，推动粮食产业创新发展、转型升级、提质增效。指导各地因省施策、小步快跑，不断完善信用保证基金政策。加快健全信用保证基金等粮食市场化收购资金长效保障机制，更好服务粮食企业和种粮农民。指导相关省份粮食和物资储备部门积极争取同级财政等部门支持，适当调增信用保证基金规模，建立持续补充机制，完善风险防控措施，增强信用保证基金生命力和持续性。扩大适用粮食品种和企业范围，出台贴息等支持政策，吸引各类金融机构和企业参与，提高办贷效率和服务水平，增强信用保证基金吸引力。通过信用保证基金切实巩固粮食收储制度改革成果，保障国家粮食安全，充分调动广大农民种粮积极性。

作为我国粮食收储信贷的主办银行，农发行为推进该领域制度改革提供了不可或缺的金融支持。截至 2018 年 1 月 19 日，东北四省区已缴存信用保证基金 16.39 亿元，比上个粮食年度增加 3.51 亿元（其中财政认缴资金 9.94 亿元，208 户企业缴存基金金额 6.45 亿元)，该行累计向 180 户企业发放基金项下贷款50.15 亿元，比上个粮食年度增加72 户、18.6 亿元，支持企业收购玉米 65.7 亿斤。目前，玉米收储制度改革效果比预期好，政策性玉米库存比历史最高点下降 28%，玉米市场价格机制已形成。玉米库存消化路径已经明晰。该项惠及玉米种植农户的农发行的信用保证基金由当地政府适当出资、引导符合条件的粮食企业共同出资设立，缴存在农发行账户，专项用于防范东北地区玉米市场化收购贷款风险的信用保证基金。随着收储制度改革的持续推进，粮食流通领域正在由政策性收购主导转向市场化收购常态，由以托市价格为参照转向市场形成价格机制。同时，未来要督促政策执行主体将小麦和稻谷执行预案落到实处。农发行的信用保证基金制度已经新增了水稻等品种，未来还会随着国家政策的导向继续拓宽覆盖面。信用保证基金的建立，不仅是为粮食企业筹集市场化收购资金增信，解决粮食企业普遍存在的抵押物不足问题，同时也有利于增添管理贷款的力量，凝聚防控贷款风险的合力，约束企业经营。市场化条件下的收购资金贷款，是带有政策性质的商业性行为。信用保证基金是解决农发行和其他金融机构保收购与防风险两难问题的结合点，也是发挥政府引导收购资金“四两拨千斤”作用的支撑点，是粮食收储制度改革中既管当前又管长远的战略性机制安排。基金的建立也增加了违规企业的成本。如果企业恶意欠贷，银行会使用信用保证基金弥补，这有利于培育民营企业的诚信意识。

作为牵头制定信用保证基金实施方案的机构，农发行在力推该基金落地时做了大量的工作。2016 年 10 月 14 日，在国务院确定建立信用保证基金后，农发行及时起草信用保证基金实施方案，多次与国家发改委、财政部、银监会、粮食局等相关部门沟通，争取达成共识。同时，先后召开3次农发行系统内部座谈会，研究修改基金方案。在反复征求相关部门和地方政府的意见后，2016年11月9日，农发行、财政部、银监会和粮食局四部门联合下发《关于印发〈建立东北地区玉米收购贷款信用保证基金实施方案〉的通知》，使东北四省区开展信用保证基金工作有了政策依据和操作指引。上述方案下发后，农发行积极与地方政府沟通联系，制定具体的实施细则。总行向东北四省区分行派出督导组，现场指导四省区分行进行基金细则的制定工作。在督导中，向地方政府汇报解读信用保证基金具体情况，与地方财政研究建立信用保证基金实施细则的具体问题。东北四省区农发行分行主动承担实施细则的起草制定工作，积极向地方政府、当地财政、粮食行政管理部门和银监局进行汇报沟通。2016年年底，东北四省区全部制定出台了基金实施细则。在这个过程中，农发行得到了国家有关部门和地方政府的大力支持。国家发改委要求四省区及时将实施细则向国家有关部门备案，促使细则尽快落地；财政部督促各省区财政厅配合建立基金工作；内蒙古自治区政府召开会议，组织各部门专题研究信用保证基金筹建事宜；辽宁、吉林、黑龙江省政府也高度重视，分别通过省政府常务会议通过基金实施方案。

与其他商业性基金相比，信用保证基金的公益性突出。商业性基金主要是通过投资、提供担保等多种方式盈利；而设立信用保证基金的目的是为企业提供担保，使企业获得玉米收购贷款，但基金自身不追求利润。企业入围基金后，只缴纳保证金，就可以获得玉米收购贷款；贷款归还后，保证金全额退出，信用保证基金免费为企业提供担保服务。同时，信用保证基金的执行也有效缓解了企业的融资障碍。目前，商业银行对民营企业的贷款利率一般为基准利率上浮 30% ~50%，企业还要负担 0.2% 的融资担保费和 10% 的保证金。但信用保证基金对贷款企业利率执行基准利率，也无其他费用，这极大降低了企业的融资成本。解决相关企业融资贵问题，还体现在基金对资金使用效率的提升上面。为促进企业加工转化、快购快销，农发行允许基金项下贷款周转使用，提高资金使用效率，降低企业资金成本。据了解，大部分企业的贷款已经周转使用过一次，有些获得贷款较早的企业已经周转使用两次以上，大幅提升了贷款资金使用效率。值得注意的是，基金还推进了贷款的托底机制的建立。由于各省财政资金参与损失贷款的代偿，各地粮食行政管理部门代表政府主动管控资金风险，主动帮助企业收粮销粮，解决了银行独家管理市场化收购贷款和市场化粮食收购贷款损失率居高不下的难题。从 2016 年东北地区玉米上市以来，市场没有出现大起大落的波动。对于过去没资格、没条件筹集收购资金的中小企业，银行敢放贷了，保障和方便了农民卖粮。

《安徽省粮食市场化收购信用保证基金管理实施意见（试行）》规定信用保证基金实行坚持政府引导，坚持企业自愿，坚持互利共赢，坚持风险共担，建立健全组织机构，明确工作责任的工作原则。

在基金筹集、来源方面，规定基金规模暂定 10 亿元，省级财政出资占 20%，参与企业出资占 80%。视实际资金需求可同比例追加规模，并以此为限承担代偿责任。其资金来源，省级财政从粮食风险基金中出资，参与企业用自有资金出资，严禁使用贷款资金、借入资金、职工及社会集资、预收货款等非权益性资金出资。

在参与企业、贷款合作银行方面，规定范围为符合各贷款合作银行贷款基本条件的一定规模内的粮食购销企业、粮食加工和转化企业。贷款合作银行包括农业发展银行、与基金管理小组办公室签订信用保证基金贷款业务合作协议的各商业性金融机构。有关商业性金融机构与省基金管理小组办公室签订合作协议后，报省基金管理小组备案，名单在安徽省粮食局网站公布。

在基金份额、管理方面，规定基金缴存起点额度为100万元，原则上粮食购销企业每户认缴额度不超过1500万元，粮食加工和转化企业每户认缴额度不超过2000万元。基金份数按企业缴存金额计算（1元=1份）。基金产生的利息包括企业缴存资金产生的利息和政府出资产生的利息。存款产生的利息不增加基金份数，利息增值收益按基金份数分享，由省基金管理小组办公室负责一年一清算。基金单位净值以人民币元为单位，四舍五入，保留两位小数。省基金管理小组办公室对基金实行专户管理，在各贷款合作银行分别开设基金专户，参与企业出资分别缴存于指定的贷款合作银行专户。存款行应执行存款优惠利率。各合作银行对企业认缴的基金和对应的财政出资的基金，实行风险共担。但使用不同粮食品种收购贷款（暂定小麦和稻谷两品种）的参与企业之间不互担风险。

在资格认定、审查、确认方面，规定申请参加信用保证基金的粮食企业，须向当地贷款银行（贷款合作银行，市、县级分行或支行）提交借款申请，同时填报“企业加入市场化粮食收购信用保证基金申请表”。贷款银行受理企业申请后，及时收集企业相关材料，形成初步调查意见，提交市县基金管理小组办公室审批，报上级行（或省行）进行信用等级评定，审查企业的贷款准入条件，需报省行批准的及时上报。对于符合贷款准入条件并同意受理的，原则上在5个工作日逐级给予受理银行书面答复，并确定认缴基金的最高限额。贷款银行收到上级行（或省行）答复意见后，会同当地基金管理小组办公室确定企业基金参与资格。申请企业与贷款银行、省基金管理小组办公室签订信用保证基金合作管理协议，参与企业只能选择一家贷款银行。

在基金认缴、贷款管理方面，规定企业按照不低于缴存起点、不高于贷款银行确定的最高限额内，自主决定认缴数额，在签订三方协议后5个工作日内，将资金存入省基金管理小组办公室在贷款银行开立的基金专户。小麦收购贷款认缴基金日期为当年5月1日至8月31日，稻谷收购贷款认缴基金日期为当年9月1日至次年1月31日。贷款银行原则上按企业实际缴存到位额度的10倍左右，最高不超过15倍发放市场化收购贷款，具体贷款放大倍数，由贷款银行根据企业信用评级、盈利水平、风险承受能力和企业资金需求等情况综合研究确定。原则上贷款期限不超过一年。鼓励贷款合作银行执行同期贷款基准利率，可在基准利率基础上适当上下浮动，上浮比例不得高于10%。参与企业利用信用保证基金增信取得的贷款，只能专项用于粮食市场化收购。贷款银行应简化办贷手续，优化工作流程，及时审批发放贷款。贷款合同签订后5个工作日内报省基金管理小组办公室备案。各级基金管理小组应配合贷款银行，加强贷后管理，适时开展粮食库贷核查等，并且加强库存监管。贷款银行在不增加企业融资成本的前提下，可采取对企业有效资产能抵则抵，库存浮动抵押，应收账款质押、预期收益质押等方式合理控制贷款风险，确保信贷资金安全和基金良性运转。参与企业要严格自律，遵守信贷政策规定，理性诚信经营。

在基金代偿、追缴、损失方面，规定贷款银行到期未收回的贷款，由信用保证基金适当进行过渡性代偿。代偿资金原则上由被代偿企业在代偿发生后一年内全额补充到位。贷款到期前 15 个工作日内，贷款银行应向贷款企业送达归还贷款书面通知。企业确认到期日无法足额归还贷款的，贷款银行应书面通知县级基金管理小组和省基金管理小组办公室。符合展期条件的，经企业申请贷款银行按照相关规定办理，小麦收购贷款展期的最后还款日不能超过贷款次年 4 月 30 日，稻谷收购贷款展期的最后还款日不能超过贷款次年 9 月 30 日，并报省基金管理小组办公室备案。贷款逾期后，贷款企业或贷款银行可提出对贷款未偿还部分通过信用保证基金进行代偿的申请，出具“代偿申请函”并附有关佐证材料，经县级基金管理小组审核确认后，报省基金管理小组办公室审批，由贷款企业提出申请时应附还款计划。省基金管理小组办公室在接到“代偿申请函”5 个工作日内，提出处理意见并书面通知县级基金管理小组，需进一步调查核实的，最多可延长 5 个工作日。符合代偿条件的，按规定给予过渡性代偿，省基金管理小组办公室在提出处理意见后 5 个工作日内将代偿资金支付给贷款银行，并形成书面情况报告报省基金管理小组。先使用企业自身缴存的资金，不足部分由信用保证基金公共部分（同一贷款合作银行其他参与企业出资和按 4:1 比例对应的财政出资部分）代偿，代偿的金额不超过扣除企业自身缴存部分后未还贷款额度的70%。使用基金代偿的，由贷款银行和省基金管理小组办公室负责，采取必要的经济、行政、法律手段追缴资金，包括收缴银行存款、变现其他货币性资产、强制通过有资质的粮食交易市场股份有限公司竞价销售库存粮食或产成品、冻结政策性粮食保管费用补贴等。追缴回的资金30%偿还银行贷款，70%偿还基金公共部分代偿资金。通过法律手段追偿的，按相关法律规定处理。贷款企业应足额偿还信用保证基金公共部分代偿资金，按贷款银行加罚息标准承担代偿日至偿还日期间的利息费用。同时，偿还后已无代偿贷款企业在补足基金份额后，可继续保留参与企业资格。在基金1年期满（即小麦品种为次年4月30日，其他粮食品种为次年9月30日）后，参与企业申请退出基金时，暂将基金公共部分代偿资金计为损失计算基金净值，对之后追缴回的资金按原基金代偿份额同比例退还。省基金管理小组办公室在采取必要措施后，超过一年仍未能追缴回的部分（含相关费用），依据法院判决、清算组清算、债权人公告等方式确认损失并报省基金管理小组履行核销程序。基金发生净损失由实行风险共担的基金出资各方按基金份额同比例承担。政府出资损失由省和相关市、县按50%比例共担，市县承担部分通过省与市县财政结算办理。

在基金退出方面，规定信用保证基金应保持相对稳定，持续运作。企业认缴后，原则上不得退出。符合下列条件之一的，可申请退还已认缴的基金份额：（1）未通过资格审批，自行缴纳基金的，可申请全额退还；（2）通过资格审批，缴纳基金但未签订三方协议的，可申请全额退还；（3）通过资格审批、签订三方协议并缴纳基金后，未通过贷款审批，或通过审批后一个月内未贷款并提出退出申请的，可全额退还；

(4) 除上述情况外，在基金1年期满（小麦为本年5月1日至次年4月30日，稻谷为本年10月1日至次年9月30日）或贷款合作银行收回该品种所有参与企业全部贷款本息后，参与企业可根据基金单位净值按出资份额收回出资，或将出资继续保留在账户，参与下一粮食年度的基金运作。符合退出条件的，企业需向当地基金管理小组提出书面申请（一式三份），说明原因、申请退还金额，并附联系人、联系电话及收款单位名称、开户行、银行账号等汇款信息，汇款信息必须与初始缴纳基金时信息保持一致。

在基金管理责任追究方面，规定对当年未使用信用保证基金代为偿还贷款的企业，在以后约定期限内再申请贷款时适当提高放大倍数；对当年使用信用保证基金代为偿还贷款的企业，在约定期限内足额偿还本息的，次年担保倍数最高不超过5倍；对拒不执行还款计划，恶意逃避银行债务的参与企业，提交相关部门将企业及其相关管理人员列入违法经营的“黑名单”；属于国有企业的，建议其主管部门依党纪政纪严肃追究企业负责人和直接责任人员的责任。对积极配合充实基金额度、基金额度增长比例较高的参与企业，贷款银行在支持其仓储设施、批发市场建设、从事多品种经营、放大担保额度等方面，在符合国家相关政策和监管要求的前提下优先给予信贷支持。当代偿资金额度达到基金规模20%时，省基金管理小组应认真分析研判，采取切实有效措施，进一步建立健全机制，切实加强风险防控。同时规定随着参与企业和银行机构不断增加，基金形成一定的规模，动态调整参保企业名单，根据当年对企业及银行收购贷款代偿及后续资金回收情况，确定下一年担保限额，形成奖优罚劣和淘汰机制。

《江西省粮食收购贷款信用保证基金管理暂行办法》要求基金管理遵循服务改革、政府主导、企业自愿、银企合作、统一管理、封闭运行、互利共赢、风险共担的原则。工作机制方面，则要求成立省、市、县三级粮食收购贷款信用保证基金管理小组，由粮食行政管理部门牵头，财政、人民银行、银监部门等为成员单位，具体负责制度制定修订、监管基金运作等工作，重大事项执行例会制度。省级基金管理小组委托江西省储备粮管理有限公司作为基金管理人，基金管理人接受省级基金管理小组监督指导，列席省级基金管理小组会议。各级基金管理小组办公室设在粮食行政管理部门，具体负责有关组织、协调工作。工作职责方面，规定省级基金管理小组负责制定、解释、修订基金管理办法，调整、补充基金额度，监督基金资金管理使用情况，定期向省政府报告基金运行情况等。市级基金管理小组负责组织、协调所辖县（市、区）建立基金，承担辖区有关情况的收集、汇总、上报工作，对辖区基金代偿和退出事宜进行审查，与省级基金管理小组联系沟通，代表省级基金管理小组和参与粮食企业签订市本级基金合作管理协议等。县（市、区）级基金管理小组，负责地方财政出资部分的筹集、调整和补充，粮食企业准入把关，收储库点的认定，压实稻谷库存监管的主体责任，与贷款银行共同制定贷款项下粮食库存监管办法，代表省级基金管理小组和参与粮食企业签订县级基金合作管理协议，受理审核本辖区基金退出和代偿申请，定期对贷款粮食企业进行库贷挂钩情况核查，对发生的代偿事件，在当地政府领导下，配合贷款银行和基金管理人，进行资金追缴代偿等。

在基金规模、筹集方面，基金规模暂定5亿元，按2∶2∶1

的比例出资。其中：省财政出资 2 亿元，市、县（区）政府筹资 2 亿元，粮食企业筹资 1 亿元。市、县（区）政府筹资，按照“先申报、后平衡，先产区、后销区”的办法。即：县（市、区）政府根据地方实际，提出本级基金出资需求，基金管理小组由下往上逐级申报。省基金管理小组汇总各地申报需求，根据省基金筹资情况，结合稻谷生产布局、商品量、收购量等因素，统筹考虑，优先安排给稻谷主产区。市本级政府出资建立基金事项同县。遵从“政府筹资，企业参与”的原则，即：本级政府先筹资出资，作为本辖区企业筹资参与的前提条件。企业与本级政府筹资要相匹配，暂按 1:2 比例筹集。企业筹资必须用自有资金，严禁使用贷款资金、借入资金、职工及社会集资、预收货款等非权益性资金出资。企业自有资金，由所在市、县（区）基金管理小组组织当地银行、粮食、财政等部门联合认定。企业基金缴存起点额度为 50 万元，原则上企业每户认缴额度不超过 500 万元，基金比例按缴存本金计算。企业缴存存款和政府出资产生的利息不增加基金本金，利息按基金比例分享，由基金管理人负责一年一清算。政府出资产生的利息上交财政。基金单位净值以人民币元为单位，四舍五入，保留两位小数。基金实行专户管理，由基金管理人在各合作贷款银行总行或省分行分别开设一个省级基金专户。政府出资部分全部缴存至农业发展银行专户，参与企业出资部分分别缴存于协议合作贷款银行专户，实行台账管理。单户企业只能选择一家合作贷款银行，贷款银行应执行存款优惠利率。粮食收购贷款信用保证基金，实行“按比筹集，风险共担”原则，即：政府、贷款银行、企业按比例分别承担风险。省基金管理小组征求各部门、金融机构和相关企业意见后，实行统一基金管理协议文本，明确使用事项。

在企业、申请、认定方面，规定基金参与企业是江西省境内符合贷款基本条件的各类稻谷购销、加工企业。满足以下基本条件：(1) 市级（含）以上人民政府或政府有关部门认可的农业产业化龙头企业资格。企业及股东、实际控制人近2年内无重大涉诉案件（诉讼标的100万元以上）或执行案件；(2) 企业产权清晰，经营正常，财务规范，诚实守信，近2年连续盈利，上年毛利率在行业平均值以上（新建企业除外），信用等级不低于A-级（含）；(3) 贷后资产负债率不高于70%，对已在2家及以上银行融资的，从严掌控；(4) 主营稻谷购销与大米加工，大米加工企业设计年加工能力3万吨（含）以上，实收资本不低于1000万元。有房地产开发业务的企业从严掌控；(5) 粮油业务销售收入占全部主营业务收入的比重不低于80%；(6) 新准入企业参与生产经营的自有流动资金比率不得低于20%，准入前他行贷款物资保证率不得低于100%；(7) 仓库或加工区域必须安装有远程监控设备；(8) 履行向粮食行政管理部门报送统计报表义务；(9) 其他条件。申请参加基金的粮食企业，须向当地贷款银行提交借款申请，填报“企业加入粮食收购信用保证基金申请表”贷款银行受理企业申请后，按照各金融机构规定的审查、审批流程严格把关。审查通过的给予书面答复，并确定认缴基金的最高限额。企业收到贷款银行书面答复意见后，提交当地基金管理小组，确认企业参与资格。确定参与的企业要与贷款银行、所在地县级或市本级基金管理小组，签订收购贷款信用保证基金合作管理三方协议。协议签订5个工作日内报基金管理人备案。企业按照不低于缴存起点、不高于贷款银行确定的最高限额，自主决定认缴数额，在签订三方协议后5个工作日内将资金存入基金管理人在贷款银行开立的基金专户。认缴基金日期为当年6月1日至9月30日。

在银行、贷款方面，规定贷款银行是江西省辖内各银行业金融机构。金融机构遵循自愿原则参加。贷款银行总行或省分行要与基金管理人签订合作协议，由基金管理人报省基金管理小组备案。贷款银行原则上按企业实际缴存额度不超过10倍发放收购贷款。具体贷款放大倍数，由贷款银行根据企业信用评级、盈利水平、风险承受能力、企业资金需求等情况综合研究确定。贷款合作银行应主要参考贷款市场报价利率（LPR）定价，在全国银行间同业拆借中心公布的最近一期的贷款市场报价利率（LPR）基础上适当加减点，但加点幅度最高不超过60BP。贷款银行通过信用保证基金增信方式向符合条件的企业发放贷款，执行时间为当年7月1日至次年1月31日，专项用于省内稻谷品种收购。贷款银行要认真审查企业基本条件，按照审批工作流程，严格落实贷前调查、贷时审查等要求，及时办贷。要简化办贷手续，优化工作流程，提高办贷效率。贷款合同签订后5个工作日内报基金管理人备案。

在收储、监管、出库、价格方面，规定贷款企业利用基金增信方式贷款收购的稻谷，必须存放在指定的收储库点内，实行专仓保管。收储库点的指定工作，由本级基金管理小组和贷款银行根据收储条件、库贷风险防控等具体情况共同负责。收储库点必须在本级政府所辖地。贷款企业收购稻谷存放在非自有收储库点的，保管费用及相关商务事项由贷款企业与承储企业签订合同或协议，明晰双方的权利和义务。贷款企业利用基金增信方式贷款收购的稻谷库存，由贷款银行、本级基金管理小组指定监管人（当地粮食行政管理部门或其指定的国有粮食企业）共同监管，监管办法由本级基金管理小组和贷款银行共同制订。贷款银行负责按照信贷管理规定做好指定收储库点库存稻谷的确权及质押等工作。指定监管人负责指定收储库点库存稻谷值守，确保不被企业擅自动用。收购贷款坚持封闭管理、库贷挂钩。在粮食入库环节确保资金专款专用，实行稻谷入库验收制度，做到“一手粮一手钱”，不出现赊欠情况。在粮食出库环节实行“钱货两清”，贷款企业既可一次性还款，也可按还款额度同比例放粮。鼓励企业通过规范粮食市场交易出库。贷款企业利用基金增信方式贷款收购的稻谷库存，出现市场价格低于收购合同所载价格的10%时（贷款银行以第三方粮食交易市场价格为依据认定），贷款银行有权要求企业在10日内以向基金专户缴存价格保证金的方式，补齐贷款基金项下稻谷市场价格与收购价格之间的差价。市、县级基金管理小组、贷款银行和指定监管人，应加强贷后库存监管，适时进行库存核查。库存监管核查旺季10天至少一次、淡季每月至少一次，每季度至少组织一次贷款项下稻谷库存全面核查。

在代偿、追缴、损失方面，规定贷款银行到期未收回的贷款本息，实行基金过渡性代偿办法。代偿资金原则上由被代偿企业，在代偿发生后90天内全额补充到位。代偿顺序和额度为：首先，被代偿企业缴存的全部出资额；其次，贷款银行承担20%，剩余部分由省财政、县（市、区）财政从出资额中各出50%，顺序为先县（市、区）财政后省财政。若县（市、区）财政出资额不足50%的，差额部分由省财政出资额垫资。如发生代偿事项，由贷款企业或贷款银行提出申请附相关佐证材料，经本级基金管理小组审核确认后，本级基金管理小组报上级基金管理小组审查确认、提出处理意见后，一并报基金管理人审批。基金管理人在接到申请后提出处理意见，报省级基金管理小组办公室。省级基金管理小组办公室接到基金管理人的报告后，召开省级基金管理小组会议研究代偿事项。符合代偿条件的按规定给予过渡性代偿。存在以下事项，不予代偿：(1) 违反本办法规定，不是规定稻谷品种，不是用于收购稻谷，不在规定的贷款时限，不存放在指定收购库点，不执行验收入库制度，不对库存稻谷确权和质押，不指定库存监管人，发生经济损失的；(2) 贷款银行与借款人签订的借款合同无效或抵（质）押无效，贷后无实际收粮，发生经济损失的；(3) 贷款银行存在串通贷款、恶意欺骗，发生经济损失的；(4) 贷款银行实际放款额，超过对应本级政府基金额度比例以外部分的；(5) 法律、法规、政策和制度规定的其他不予代偿项目。使用基金进行过渡性代偿的，由贷款银行和基金管理人，在企业所在地地方政府组织、相关部门配合下，通过法律程序依法依规进行追偿，并冻结政策性粮食保管费用补贴。追缴回资金或企业恢复还款收回资金，按代偿实际比例，偿还代偿各方和银行贷款。基金管理人对代偿资金追缴后，追缴超过一年仍未追回的部分（含相关费用），依据法院判决、清算组清算等形式确认为损失，报省级基金管理小组履行清算程序。基金净损失实行风险共担原则。先依协议清缴债务企业基金全额，再由贷款银行承担20%，剩余损失由基金承担。

在基金管理、费用方面，规定基金管理人对基金专户管理、单独核算，每月向省级基金管理小组办公室报送基金收支节余情况。基金收支及其业务应与基金管理人日常业务分开，不得挤占、挪用基金。基金业务形成的一切收益和损失属于基金。基金管理人不享受和承担基金融资增信业务而形成的债权债务。基金运作和财务会计核算实行年度审计制度，由省级基金管理小组委托社会中介审计机构进行审计。同时，基金运作期间还将由省级基金管理小组组织开展综合示范工作绩效评价，及时发现并解决基金运作和资金管理等存在的问题。管理费用包括基金管理人费用和库存监管费用，由财政按收支两条线予以安排，费用总额不超过省级财政出资产生的利息收入。基金管理人费用由省粮食和物资储备局与省财政厅共同商定。库存监管费用参照中储粮政策性粮食库存监管费用标准（6 元/吨），按省、市县各分摊 50% 的原则，省负责基金贷款实际发生额省分摊部分，市县负责本级分摊部分。库存监管费只拨付给基金管理小组指定监管人，贷款银行不享受。

在基金退出、终止方面，规定企业认缴后，原则上在一年内不得退出。企业申请退出的，出具贷款银行无欠银行本息函后可申请退出。发生代偿事件，基金管理人按规定完成代偿后企业可退出，但基金管理人的追偿不中止。基金存续期暂定三年，期满后如需延长按程序报省政府同意。基金终止后，省级基金管理小组负责组织清算，按照基金净值及产生的利息计算退回金额，返还各缴存单位。

在基金管理责任追究方面，规定辖区内出现两起或两起以上企业贷款损失，省级基金管理小组有权减少、停止该地区增信贷款业务；有以下行为之一的，追究相关单位、企业或个人责任：（1）违反本暂行办法，企业不如实提供有关资料，不按规定进行库存管理、履行贷后管理义务的，不配合有关部门进行相关监管的，依协议或合同取消企业贷款资格或追回企业贷款；（2）企业不及时归还贷款，逃废银行债务，提交征信部门，依照相关规定将企业及其相关管理人员列入违法经营“黑名单”，涉嫌犯罪的移交司法机关；（3）企业准入、贷款发放审查不严格认真，造成损失的，涉嫌违纪的依党纪政纪处理，涉嫌犯罪的移交司法机关；（4）贷后库存不按规定管理，监管不到位造成损失的，追究监管单位或个人责任，涉嫌违纪的依党纪政纪处理，涉嫌犯罪的移交司法机关；（5）贷后资金未按要求进行封闭管理，存在内外勾结、恶意欺骗等行为的，涉嫌违纪的依党纪政纪处理，涉嫌违法犯罪的移交司法机关；（6）监管库存稻谷的粮食行政管理部门（或其指定的国有粮食企业）造成国家损失，被认定监管失职的，涉嫌违纪的依党纪政纪处理，涉嫌犯罪的移交司法机关。

《辽宁省粮食收购贷款信用保证基金管理办法》规定信用保证基金管理应坚持服务改革，政府主导，企业自愿，互利共赢，风险共担，齐抓共管原则。省级粮食行政管理部门负责牵头组织综合协调，基金归集管理，调整、补充基金额度，研究审批基金代偿动支事项，监督检查基金管理使用情况，定期报告基金运行情况，确保资金安全。贷款行要严格按照有关规定制定企业贷款基本条件，审核企业资金来源，及时审批、投放贷款，组织追缴代偿资金，在粮食收购期间定期向省有关部门通报贷款审批、投放和收回等情况。省财政厅负责筹集财政注入资金，监督基金使用。省银保监局负责指导贷款行开展粮食收购信贷业务，积极支持企业有钱收粮。市级相关部门负责确定辖内企业上报名单、基金代偿申请，受省委托，督促县（区）政府帮助所在地贷款行清收贷款。县级相关部门负责核实企业上报名单、贷款行基金代偿申请，在当地政府领导下配合贷款行追缴代偿资金，定期对贷款企业进行库存核查，核实库贷挂钩情况，协助贷款行贷后管理等。受省委托，当地粮食行政主管部门与贷款行、参与企业签订基金管理协议书。

在基金规模、筹措方面，信用保证基金规模暂定为2.5亿元，并根据运营情况适当调整。资金来源主要有：(1) 信用保证基金由省级政府和参与企业共同出资建立，其中省级政府出资比例为20%，参与企业出资比例为80%；省级政府出资由省财政厅从粮食风险基金中安排；参与企业需用自有资金出资。严禁使用贷款资金、借入资金、职工及社会集资、预收货款等非权益性资金出资。

在企业、参与、准入方面，规定符合贷款银行贷款基本条件的粮食企业（含饲料加工及粮食深加工企业)。贷款用途为粮食（玉米、稻谷、杂粮等）市场化收购，贷款定价实行优惠利率。准入企业产权和管理权清晰，经营正常，财务正常，账务规范，诚实守信，近2年无连续亏损。其具体要求是：(1) 注册资金国有及国有控股企业100万元（含）以上，民营500万元（含）以上；持有有效的“粮食收购许可证”；信用等级BB级（含）或相应等级以上；有效仓容1万吨（含）以上，年收储能力3万吨（含）以上；生产经营活动正常，无不良记录。同时规定参与企业不得参与民间借贷、不得盲目扩大投资、不得偏离主业、不得随意对外担保、不得体外循环企业资金、不得逃避银行监督。

在基金备案、认缴方面，规定在企业自愿申请的基础上，由当地粮食行政主管部门和贷款行共同协商确定，报上级有关部门备案。县、市级粮食行政主管部门分别于7个工作日内，将辖区内签订的基金管理协议书，以正式文件形式逐级报上一级粮食行政主管部门备案。企业在自愿的基础上缴存信用保证资金。企业缴存起点额度为100万元，原则上每户认缴额度不超过2000万元。贷款行按缴存额度的10倍～15倍发放贷款，具体比例由贷款行根据企业信用评级、盈利水平、风险承受能力和企业资金需求等情况综合研究确定。以企业认缴的资金额度为限，对其他参与企业不能清偿的贷款部分承担代偿责任。省级财政出资和企业出资统一缴存在省级信用保证基金专户，省级粮食行政管理部门负责基金的归集管理。信用保证基金专户存款执行优惠利率，按人民银行同期存款利率上浮上限利率执行。不满半年，按半年期利率执行；超过半年，按一年期利率执行。利息收入归各出资方所有。

在基金代偿方面，规定贷款行到期未收回的贷款由信用保证基金偿还。信用保证基金偿还贷款是过渡性代偿，代偿的资金额度由被代偿企业在代偿发生后一年内全额归还到位。先使用企业自身缴存的资金，不足部分由其余信用保证基金按出资份额比例代偿。代偿金额不超过扣除自身缴存后未还贷款额度的2/3，其余1/3由贷款银行承担。由贷款行提出申请，经当地相关部门核实确认，逐级报省相关部门研究确定。信用保证基金的管理使用事项，由涉及各方以协议形式约定。信用保证基金根据协议约定代偿损失。使用信用保证基金代偿的，贷款行要组织追缴，并按银行贷款的有关规定对欠款企业予以处理。市县粮食主管部门要报知贷款行当地政府组织相关部门给予配合追缴。对拒不执行还款计划的，通过经济、行政、法律手段追缴，对恶意逃废银行债务的企业，提交相关部门将企业及其相关管理人员列入违法经营的“黑名单”。属于国有企业的，建议其主管部门依党纪政纪严肃追究企业负责人和直接责任人员的责任。全部追回收购贷款的，追回资金将全部补偿已代偿的信用保证基金和归还贷款本息；部分追回收购贷款的，追回的资金按代偿资金份额比例补偿保证基金，最后补偿银行贷款本息损失。

在基金退出方面，规定信用保证基金应保持相对稳定，持续运作，根据粮食行业实际需求决定存续期。企业缴存的信用保证基金，一般情况下在本粮食年度内不得退出。在贷款行收回信用保证基金担保的全部贷款本息的前提下，年度终了经清算可根据出资份额比例收回资金，或将应收回资金继续保留在账户内，参与下一粮食年度的基金运作。每年 9 月 30 日为信用保证基金清算日。企业退出信用保证基金应收回出资基金额清算公式如下：（1）企业应收回出资基金额 = 该企业年度出资基金总额 + 该企业出资基金存款利息收入 - 该企业应承担的基金代偿额；（2）该企业应承担的基金代偿额 =（到期未还收购贷款本息 - 未还贷款企业自身缴存基金）×2/3 × 该企业缴存基金/（全部缴存基金 - 未还贷款企业缴存基金）。发生信用保证基金代偿后，在规定时限内追回的代偿资金，将按份额比例退还已退出企业。在贷款行确认结零企业缴存资金无需承担贷款损失的情况下，可对已结零客户进行提前清算退出。未通过贷款审批的，缴存资金不承担代偿责任，及时退回企业。信用保证基金粮食年度期满终止后，省级有关部门负责组织清算。

在基金管理责任追究方面，规定年度内发生信用保证基金代偿损失，影响基金存续期内正常运营的，将根据有关法律法规追究相关单位及当事人责任。同时，省级有关部门要将有关情况上报省政府，报请省政府批准补充政府出资基金额度。

2. 玉米临时收储和价补分离

玉米是我国播种面积最大、产量最多和种植范围最广的粮食品种。2019 年我国玉米播种 4128 万公顷、产量 2.6 亿吨，分别占粮食播种面积和产量的 36% 和 39%。作为重要的饲料粮，玉米还事关畜牧业的健康发展和肉蛋奶等畜产品的保供稳价，重要性不言而喻。2016 年 3 月 28 日，在国家发展改革委等部门联合召开的新闻通气会上，时任国家发展改革委经贸司副司长刘小南表示，2016 年，东北三省一区将玉米临时收储政策调整为“市场化收购”和“补贴”的新机制。至此，市场关注良久的临储政策调整方向总算落定。玉米收储政策的调整，是继实行大豆和棉花目标价格试点后，农产品政策领域的又一重大改革，它的出台有着深刻的现实背景和深层次原因，是加快农业农村改革，推进我国现代农业发展的客观需要。

从宏观经济背景来看，2016 年，我国经济发展从高速增长转向中高速增长，如何在经济增速放缓背景下继续强化农业基础地位，推进现代农业发展，是我国农业面临的重要课题。从农业自身发展面临的条件来看，一方面，农业发展取得了显著成就，物质技术装备基础更加雄厚。农业综合生产能力显著提升，粮食生产实现“十二连增”，棉油糖、肉蛋奶、果菜茶、水产品等重要农产品丰产丰收，供应充足；农业现代化建设步伐显著加快，农业机械化快速推进，农业科技支撑能力明显提高，农业转方式调结构打开新局面；农业农村改革稳步推进，农村土地承包经营权确权登记颁证试点范围逐步扩大，新型农业经营体系加快构建，农业补贴制度逐步完善，棉花、大豆目标价格改革试点顺利开展。另一方面，我国已经进入传统农业向现代农业加快转变的关键时期，农业发展面临的挑战和困难也日益凸显。农业基础设施仍然薄弱、经营规模小、科技支撑不足问题突出，农业发展方式迫切需要加快转变，农业依然是“四化同步”的短板，对进一步夯实农业基础提出了迫切要求；国内农业生产成本快速攀升，大宗农产品价格普遍高于国际市场，农产品产量、库存量和进口量“三量齐增”，天花板和地板的“双重挤压”对创新农业支持保护政策、提升农业竞争力提出了迫切要求；农业资源短缺、开发过度、污染加重，资源环境约束加剧对保障农产品有效供给和质量安全、提升农业可持续发展能力提出了迫切要求。2016 年“中央一号”文件提出要推进农业供给侧结构性改革，正是从根本上提高我国农业竞争力、加快实现农业现代化而做出的统一部署。玉米收储制度改革正是在这样的背景下启动的。

我国玉米临时收储政策始于 2008 年，其基本政策内涵是，国家在东北及内蒙古东四盟地区按每年一定的收购价格向农民敞开收购玉米。这个每年一定的价格通称为临时收储价格，以区别于水稻和小麦的最低收购价。但就其执行的实质效果而言与水稻和小麦的最低收购价并无本质区别。从玉米临时收储政策出台的背景看有四点不可忽略：一是自 1999 年以后国内粮食产量连续 5 年下降，由 1998 年的 5. 1 亿吨下降到 2003 年的 4. 3 亿吨，下降幅度为 15. 7%。2004 年以后粮食“直补”及其免除农业税政策的实施调动了农民的生产积极性，粮食产量转降为增，到2007年已经达到5亿吨，接近1998年的粮食总产量，但由于其间人口的增长，使按人均计算的粮食占有量仍低于1998年的水平。因此，调动农民种粮积极性、增加粮食产量仍然是政策的主要目标。二是玉米市场在加工业的推动下出现供给紧张态势，玉米零出口，2007年国家发改委叫停玉米加工业投资项目。三是农业生产资料涨价后，使玉米种植成本出现刚性增长，减少了农民的净收入。四是水稻和小麦有国家保护价收购政策，而作为三大谷物之一的玉米被搁置在政策保护大门之外。正是在此种背景之下，国家为继续调动玉米主产区农民的粮食生产积极性、增加国家粮食供给，于2008年秋粮上市之际，在东北三省及内蒙古东四盟实施了玉米临时收储政策。2008年，国家发改委联合各有关单位发布《关于对部分重要商品及服务实行临时收储价格干预措施的办法》，启动了对玉米等重要农作物的临时收储，这是继稻谷、小麦实行最低收购价格政策之后我国又一项农业价格支持政策。2008年—2014年，内蒙古和辽宁玉米收购价格从每公斤1.52元上升到2.26元，涨幅为48.68%；吉林玉米收购价格从每公斤1.50元上升到2.24元，涨幅为49.33%；黑龙江玉米收购价格从每公斤1.48元上升到2.20元，涨幅为50.00%。玉米临时收储政策的实施范围包括黑龙江、吉林、辽宁和内蒙古三省一区，对当年产玉米由国有指定收储企业按照临时收储价格进行政策性收储，收储时间主要集中在新粮上市至次年4月底。2015年玉米临时收储价格首次下调，内蒙古、辽宁、吉林、黑龙江的玉米临储价格均为每公斤1.0元。在玉米临时收储政策的刺激下，我国玉米连年增收，已呈现出阶段性供大于求的局面，库存积压、财政负担加重、国内外价差较大、收储和进口压力不断增大、用粮企业经营困难等问题。2007年，我国开始在东北和内蒙古实行玉米临时收储政策，这一政策对于保护农民玉米生产积极性，促进农民增收，平抑市场波动发挥了巨大作用，但只升不降的临储收购价格、垄断性的收购以及敞开收购、顺价销售的原则也确实造成了市场扭曲，干扰了市场机制的正常发挥，并由此对玉米市场带来了一系列负面影响和冲击，不利于玉米产业的健康发展：一是玉米供求关系失衡。2008年以来，我国玉米生产持续超常规增长，面积增长了29.3%，产量增长了47.5%，对我国粮食面积和产量增长的贡献率分别达到112.2%和60.3%，无论是面积还是产量，玉米均已成为我国最大的粮食作物，2015年我国玉米产量达到创历史纪录的2.25亿吨。与此同时，受经济增速下滑、生猪周期性波动等因素影响，玉米消费却持续低迷，甚至连续几年出现下降，2015年国内玉米消费量仅为约1.75亿吨，比2012年减少了1500万吨以上。生产超常规增长与消费持续低迷叠加作用，使国内供求关系由产不足需迅速转为产大于需，阶段性供大于求格局不断加剧，2015年产大于需量达到约5000万吨。二是玉米库存积压严重。由于持续产大于需，为了解决农民“卖粮难”问题，近年来国家连续4年启动了大规模玉米临时收储政策，2012年度至2014年度，临储玉米收购量分别达到3083万吨、6919万吨、8329万吨，2015年度截止到2016年3月25日，临储收购量突破1亿吨，达到创纪录的10353万吨。而由于拍卖底价偏高，成交率低，同期临储玉米拍卖只有近3000万吨，4年来临储库存结余已高达2.5亿吨，超过我国一年的玉米产量，库容爆满，收不进、调不动、销不出、储不下。三是财政负担沉重。实行玉米临储政策，国家财政需承担收购费、保管费、资金利息费、做囤费等支出。数据显示，每吨玉米每年库存成本在 252 元，据此计算，2016 年 2.5 亿吨玉米需要付出的库存成本费用高达约 630 亿元。四是玉米及其替代品进口压力加大。在临时收储政策的支撑下，国内玉米价格近年来一直处于高位，并在供大于求的情况下一度创出历史新高，而同期国际玉米价格却大幅下滑，导致国内外玉米价格出现倒挂，国内玉米价格已连续近 3 年高于国外玉米到港税后价，且价差不断扩大，价格倒挂常态化趋势明显。2015 年国内外玉米到港税后价平均价差每吨 778 元，同比扩大 153 元。进口配额外 65% 关税的美国玉米运抵我国南方港口的到岸税后成本也低于国内玉米。价格倒挂使我国玉米进口格局发生了根本改变，由原来的需求驱动型进口转变为价差驱动型进口。2010 年以来，玉米已连续 6 年出现净进口，2015 年进口量 472.8 万吨，同比增 82.0%。不仅如此，由于我国对玉米实行进口配额管理制度，而高粱、大麦、DDGS、木薯干等消费替代品的进口没有配额管理限制，在巨大的国内外价差面前，2014 年以来，企业为了应对成本上升压力，开始大量进口国外廉价高粱、大麦等替代玉米作为原料。2014 年，我国高粱、大麦、DDGS、木薯干进口量同比分别增长 435.8%、131.8%、35.3%、18.4%。2015 年进口量分别达到 1073.0 万吨、1073.1 万吨、682.1 万吨、925.3 万吨，同比分别增长 85.8%、98.3%、26.0%、8.0%，替代品进口总量达 3754 万吨，仅进口的高粱、大麦就可替代饲用玉米消费约 2000 万吨。玉米及其替代品大量进口，直接挤占了国内玉米市场份额，对国内玉米市场带来了明显冲击。五是下游产业受到较大冲击。玉米临储收购政策侧重于保护生产，没有充分考虑玉米全产业链的持续健康发展。不断上升的临储收购价格及垄断性收购，造成了国内玉米价格虚高，对下游市场主体产生了明显的挤出效应。玉米深加工企业原料价格高，成本压力加大，普遍经营困难，限产、停产企业数量明显增加，许多企业提前检修，玉米淀粉和酒精加工企业开工率低，出现产品价格、玉米加工量、销售收入和利润大幅下降的状况，甚至呈现全行业亏损局面。饲料加工企业受原料成本高和下游养殖业低迷的双重挤压明显，产量也出现下滑。经销企业市场业务也大幅减少，许多贸易商基本没有市场业务，仅靠参与临时收储玉米赚取国家补贴维持正常运转。六是资源环境压力加大。主要是“镰刀弯”地区等原来一些非玉米生产优势区面积增加较多，这些地区多为东北冷凉区、农牧交错区、风沙干旱区、石漠化区或山区。其生态环境相对脆弱，原有种植结构多为大豆、杂粮杂豆及其饲草，改种玉米后，不仅消耗了更多的水资源、农药、化肥、农膜等，而且形成了玉米“一粮独大”的局面，种植结构趋于单一，不利于生态多样性和水土保持，还改变了原来合理的轮作方式，不利于地力养护。

2016 年，中央“一号文件”提出要改革完善粮食等重要农产品价格形成机制和收储制度。按照市场定价、价补分离的原则，积极稳妥推进玉米收储制度改革，建立玉米生产者补贴制度。2016 年 5 月财政部印发《关于建立玉米生产者补贴制度的实施意见》，至此，玉米临时收储价格政策退出历史舞台，调整为“市场化收购”加“生产者补贴”的新机制。客观来讲，玉米临时收储政策的积极影响主要有两个方面：一是促进了粮食增产。在玉米临时收储政策和粮食最低收购价格的刺激下，2008 年—2015 年，我国的玉米产量持续增长，粮食持续增收，2015 年比 2008 年粮食增产了 23.6%，这其中玉米增产了 54%，水稻增产了 10%，小麦增产了 17%，可见，玉米对粮食增产的贡献是最大的。也可以说，我国粮食产量十二连增的成就是在密集的价格上调机制推动下实现的。受玉米临储政策推动，我国从 2014 年开始超过美国，成为全球玉米种植面积最多的国家。二是保护了农民收益。2004 年以来，我国的玉米连年丰产，按照正常的市场价格规律，玉米的价格应该逐年下跌，但玉米临时收储政策出台后，玉米的收购价格不降反升，最大程度地保证了种粮农民增产又增收，农民的种粮收益得到了有效保护，也提高了相对于其他作物的种植收益。玉米临时收储价格未出台前，玉米的最高市场价格出现在 2007 年，0.75 元/斤，到 2014 年玉米的临时收储价格已经达到了 1.13 元/斤，每斤高出 0.38 元，涨幅达 51%，按 2014 年辽宁省玉米单产 670 斤/亩计算，平均每亩增收 255 元。

欧美国家普遍存在着对粮食生产的保护性政策，而且这种粮食生产的保护性政策有着很长的历史。

美国具有得天独厚的自然条件，且较早完成了从传统农业向现代农业的技术升级，且是粮食供求相对宽松的国家，粮食经济呈现明显的外向性。第一次世界大战期间棉花市场波动频繁，美国政府于 1916 年颁布仓库法案，鼓励生产者存储以缓冲风险。参加项目的经营者需按规定标准化收储，并在交易过程中使用标准化仓单，后来这一法案的覆盖范围扩展到其他农产品，成为公共储备相关政策的基础。第一次世界大战曾使欧洲农业遭到重创，美国农业生产者借机扩大生产，大量出口。随着 20 世纪 20 年代欧洲农业恢复，对美国依赖降低，美国马上面临过剩问题。1929 年胡佛政府颁布农业营销法案，拨付 5

亿美元授权联邦农场委员会安排民间农业合作社收购过剩产量以维持农产品价格水平。这一法案开启了美国农产品价格支持政策序幕，但效果不佳。30 年代初经济大萧条给农业带来沉重打击，1933 年罗斯福政府颁布农业调整法案，强调政府干预，政府收储正式成为主要的价格支持手段，通过建立国有商品信贷公司，吸收过剩产量，给生产者以价格支持。没有采取直接收购的设计思路，而是出台了营销援助贷款项目，该项目的实质是以政府价格托底收购，但不同的是以信贷方式拉开了支付时序，使生产者能够感受到价格信号，优化了支持手段。与国内政府干预同时进行的是贸易保护主义，1930 年的《斯穆特—霍利关税法》将进口关税提高到历史最高水平，引发了其他国家同步提高关税，恶化了世界经济形势。在政策支持下，美国粮食产量持续过剩，导致政府干预性储备迅速积累。美国农业困境在二战得到一定缓解，主要原因是战争破坏了欧洲各国的农业生产，欧洲复兴计划在一定程度上促进了美国农产品出口。然而战后美国农业生产水平迅速提升，抵消了土地控制和涵养政策的效果，生产进一步过剩、价格持续低迷，政府干预性收购持续导致库存进一步累积。仅小麦 1948 年政府库存为 618 万吨、民间库存 218 万吨，到 1955 年政府库存提高到 2587 万吨、民间库存 225 万吨，到 1960 年政府库存进一步提高到 3382 万吨、民间库存为 459 万吨。为了存储过剩产量，美国政府在 1939 年—1956 年购买了大量仓储设施，1960 年仓容达到了 7.48 亿蒲式耳的峰值（2028 万吨）。高库存带来了巨大的财政负担和市场扭曲，美国从 50 年代即着手一系列对内和对外“去库存”，其中主要手段是实施国际多边粮食援助计划。国内手段包括实施学校午餐和直接产品分配。

1954 年美国国会通过 480 号公共法，该法实施头三个财政年度内覆盖的农产品出口占同期美国农产品出口总额的 26.31%，缓解了国内库存压力。与此同时，美国通过该法也帮助盟国稳定了政权，并换取了军事基地。后来该政策逐渐招致批评，1966 年美国国会通过食品换和平法案，但并未改变海外去库存的实质。20 世纪 70 年代，美国粮食市场从慢性过剩向周期性波动转变。1973 年世界粮食产量暴跌，美国饲料粮和小麦出口量相比 1971 年提高 88%，国内库存见底。粮食价格迅速上涨，美国农场人均纯收入首次超过了非农业人口的收入，进一步刺激了生产，结果是产量增加速度逐渐超过了出口增长。产量过剩以后，1975 年—1976 年，作物年度价格又断崖式下跌。这一时期美国农业政策以稳定市场、减少农业经营风险为主要内容。当时美国民间储备规模较小，难以稳定市场波动，消费者和生产者都给政府施压，希望其能稳定价格波动。1977 年美国食品和农业法案通过了农场自持小麦储备和农场自持饲料储备两个项目，旨在加强民间储备，提高应对波动风险的能力。FOR 项目是自愿参加的，有三个政策目标：一是在生产过剩时增加储备存量，提高农场的风险缓冲能力；二是将政府从繁重的储备任务中解脱出来；三是降低粮食价格波动程度，防止“米贵伤民、米贱伤农”。参加 FOR 项目需要与商品储备公司签订为期三年的合约，合约期内维持一定的储备，粮权属于农场，农场要对储备质量负责。以储备粮食为抵押物，农场可以获得贷款。政府通过释放价格和赎回价格控制 FOR 项目从而调控粮食市场。后来美国农业部进一步规定了 FOR 项目的储备上限，1985 年上限为小麦 7 亿蒲式耳（相当于 1905 万吨）、饲料粮 10 亿蒲式耳（2540 万吨）。1990 年进一步调整，要求参加营销贷款项目的农场参加满9个月之后才能获得FOR贷款。民间储备成为缓冲市场波动的主要力量，政府储备则在这一时期逐渐收缩。最后一批国有储备和储备设施直到1974年出售完毕。20世纪80年代至90年代，政府"战略"收储，"托市"收储萎缩。1979年美国对苏联实行粮食禁运，为了保证国内粮食产出有销路，同年卡特政府建立了粮食安全小麦储备，将原本计划出售给苏联的小麦转变为国家储备。1980年农业法案正式确立这一储备计划，并将规模设定为400万吨，储备用途是通过480号公共法对发展中国家进行粮食援助。与此同时，起到国内价格干预的收储则逐渐萎缩，1985年食物安全法案取消了商品信贷公司的粮食储备。1996年美国农业法案强调破除贸易扭曲，彻底取消FOR项目。FSWR变更为粮食安全商品储备。1998年FSCR项目被命名为Bill Emerson人道主义信托基金项目，允许持有小麦、玉米、高粱和稻谷实物储备，以及部分现金储备。2008年世界粮食价格上涨时，基金持有的实物储备出清。此后美国不再补充实物储备，仅持有现金储备，利用储备的现金在受援国周边地区就近采购农产品，运往受援国。当前，美国政府不再持有政府储备，与民间储备相关的也仅有营销援助贷款项目，民间储备占据了主导。为了强化民间储备，美国政府出台了专门针对农场储备设施的设施信贷，并取得了良好的效果。根据美国农业部农场服务局的商品运营2017年度报告，农场依托库容和设施条件获得仓库法案授权的有58亿蒲式耳，获得商品信贷公司合约的有92亿蒲式耳（1.58亿吨、2.50亿吨）。其中，商品信贷公司实际控制和管理的仓容占当年产量的比重其实比较低，从2008年以来该公司年末均不持有小麦和玉米。从美国收储政策演变过程可见，美国的政府收储主要是价格干预性收购，没有专门应对突发事件的战略储备。过剩时期，政府有意识地压缩干预性收购，将收储职能让位给广大农场，把稳定市场的责任交给市场。这一格局的形成与美国农产品长期过剩、人口规模较小密切相关，更离不开美国强有力的国际政治话语权与粮食企业全球控制力。要注意到，营销援助贷款项目的实质是政府托底收购，尽管被限制在了极小范围内，但美国从未将其取消。这一政策设计说明美国干预性收储虽然不占据主导，但其政策框架仍在，具备随时启动的能力和确保稳定的铺底作用。

和美国有所不同的是，欧盟二战前基本依赖殖民地或者附属国的低价农产品进口，其自身农业发展水平相对较低。二战后殖民体系逐渐瓦解，欧洲农业因受到战争重创而不得不转向美国进口粮食，但进口加速美元消耗。欧共体 6 国在 1957 年的谷物产量仅为 5037 万吨，到 1960 年也仅为 5455 万吨。由于人口较多、农产品消费量大，粮食供应保障压力很大。1962 年欧盟共同农业政策出台，以政府干预支持农业发展。其中与收储相关的是价格干预体制和非价格支持工具。价格干预体制由共同市场组织（Common Market Organization，CMO）负责执行。实施干预价格依托收储政策实现，当市场价格下降到干预价格时，共同市场组织负责以干预价格收购农产品，防止价格继续下跌。自 60 年代开始，CMO 负责给欧共体 70% 的农产品提供价格支持，95% 的农产品提供关税保护，3% 的农产品提供直接补贴、产量或者面积补贴。非价格支持工具中包含农业生产资料补贴、基础设施补贴、退耕还林和农村发展补贴等，其中包括对农产品存储进行补贴。在强有力的政策支持下，欧共体粮食产量60年代末实现自给。硬质小麦自给率从1973年的66.2%提高到1983年的100.0%。玉米自给率从1973年的56.6%提高到1983年的64.7%，1989年达到93.1%。软质小麦自给率在1973年就已达到100.8%，1983年增加到122.1%。共同责任征税使得欧共体各国粮食产量快速提升。世界粮食价格在1973年—1974年暴涨后开始下降，欧共体价格则出现了倒挂现象。为了保障农民收入不下降，欧共体继续开展干预性收购，由此形成的储备规模不断扩大。1983年之间谷物干预储备在1000万吨以下，1984年达1400万吨，1985年1800万吨。尽管1988年回落到1000万吨以下，但此后储备规模节节攀升，1992年高达3400万吨。从欧共体1980年—1985年间共同农业政策支出占总支出的60%～75%水平来推测，高库存、高成本与欧共体内部高价格并存。这一时期欧共体内部的谷物价格多维持在1.5倍世界价格的水平。为应对过剩，欧共体采取了出口补贴和生产限制等市场干预措施。但政府库容爆满之后只能靠出口解决，而此时美国一道竞相输出粮食，加剧了出口竞争。为了提高竞争力，欧共体对农产品出口进行补贴，由此导致其他各国竞争性补贴出口。为了缓解财政压力，1986年欧共体引入共同责任征税制度，要求谷物贸易商从欧共体粮食生产国购买谷物时，必须支付3%的特殊税。迫于财政预算和乌拉圭回合农业谈判的双重压力，欧盟开始调整农业政策，1992年共同农业政策改革全面开展。保障农民收入的部分被直接支付政策取代，保障市场稳定的部分调整为公共干预和私人储备支持。其中谷物支持价格大幅降低，干预购买规模显著减少。但世界粮食价格低迷，欧盟削减支持阻力非常大。直至2000年以后国际粮价上升，欧盟内部改革阻力减少，给进一步改革提供了难得的机遇。此轮改革以精简机构和调整政策范围为主，公共干预政策仍发挥铺底支持作用。2000 年欧盟《2000 年议程》继续降低挂钩支持、增加脱钩补贴。2003 年 6 月欧盟下调了谷物的基准干预价格，对过剩比较突出的黑麦，直接取消了干预价格；出台额外补贴政策用于个别品种的改良。2007 年 21 个 CMO 整合为一个单一机构，称为单一共同市场组织（Single Common Market Organization，SCMO）。2008 年取消了强制休耕规定。2013 年的共同农业政策改革方案强调普通小麦仍为强制干预，硬麦、大麦、玉米和水稻从强制干预改为适时干预。应该讲，欧盟的公共储备是在公共干预运行过程中形成的，并非政府战略储备。与美国仅对私人存储提供设施贷款不同的是，欧盟仍通过私人存储支持保持对市场的调控能力。2005 年欧盟拥有谷物公共储备 1493 万吨，其中面包用小麦 859 万吨、稻谷 29.7 万吨、玉米 261 万吨、大麦 113 万吨、黑麦 231 万吨、高粱 2338 吨。到 2007 年，公共储备总量下降到 137 万吨，包括面包用小麦 15 万吨、玉米 122 万吨和黑麦 35 吨，其余均无库存。2013 年以来欧盟谷物公共储备量一直为 0。从财政支出上来看，2002 年储备政策支出高达 11.63 亿欧元，其中公共储备为 9.63 亿欧元，占总支出的 82.8%；2017 年，储备支出下降到 2760 万欧元，其中公共储备支出只为 960 万欧元，占总支出比重下降到 34.8%。从库容分布来看，2015 年农场库容 1.43 亿吨，占欧盟总体的 39.9%；合作社库容 3800 万吨，占比 10.6%；加工行业库容 3150 万吨，占比 8.8%；零售和贸易商库容 1.15 亿吨，占欧盟总库容的 32.1%；还有一部分在交通枢纽环节，约为 3110 万吨，占比为 8.6%。

位于亚洲的日本，适宜耕种土地面积仅占国土面积的12%。保障粮食安全是日本历届政府的中心工作之一。二战结束后，日本的粮食严重短缺，粮食进口额占全国进口总额的50%~60%。为了实现经济复兴，日本采取优先煤炭、钢铁等基础工业发展的“倾斜生产方式”，在价格、购销及财政方面对农业开展掠夺性经营。1945年—1967年，政府采取垄断收购的方式主导稻谷流通。根据《粮食管理法》，国家向农民购买稻谷，根据配给制度分配给消费者，并负责粮食进口。农民生产出的稻谷除了留作自用外，由各级农协逐层上缴到全国农协，再出售给粮食厅。粮食经批发商分发，最后到达消费者手中。20世纪40年代，政府制定的稻谷价格极低，被占领期间的价格甚至低于平均生产成本。直到1953年，日本国内农产品的价格低于当时的国际水平。政府需要给予进口农产品补贴才能在国内找到销路，这给实行较大力度的支持政策提供了良好的外部条件。此后日本对收购制度进行了两次调整。第一次是1955年稻谷大丰收以后，政府将配给制改为事前申请销售制，减轻政府收购的压力。第二次是1960年将稻谷定价方式从平价方法改为生产成本和收入补偿法，以城镇工资水平计算农业劳动成本，这迅速拉高了生产者卖价，从1960年的每60公斤4162日元上涨到1968年的8269日元。在政府大力支持下，1967年—1969年稻谷产量连续三年突破1400万吨，实现了稻谷自给。但此同时美国小麦和饲料进口激增，民众消费逐渐倾向高质量化和“西化”饮食，稻谷消费开始减少。1963年稻谷消费总量达到1341万吨以后开始下降，政府库存增加，1970年政府库存中的过剩稻谷高达720万吨。政府开始着力去库存，一方面维持稻谷收购价格基本不变，另一方面通过补贴调减生产面积，到 1973 年左右实现粮食供需基本平衡。但 1973 年世界粮食危机使得日本政府再次提高收购价格，政府库存在 1980 年再次回升到 660 万吨。财政成本开支方面，20 世纪 70 年代至 80 年代期间每年的粮食管理费在 4000 亿日元以上，其中 1974 年到 1980 年长期在 1 万亿日元以上。为了控制生产，1987 年首次降低收购价格。1969 年—1994 年市场上出现了自主流通米，消费者愿意为高价优质稻谷买单，一部分优质稻谷进入市场。这却使优质稻谷进入自由市场，留下低质量的稻谷在政府流通渠道中。日本对稻谷的高保护引发了激烈的贸易争端，特别是日美贸易摩擦加剧。美国和日本在 80 年代进行了长达 6 年的农业贸易谈判，日本在其他领域做出让步，但始终死守稻谷，导致美国稻谷加工企业在 1986 年对日本提起超级 301 诉讼。由于经济严重受制于美国，日本被迫将经济结构转向对美协调型。日本于 1994 年出台《主要粮食的供求及价格安定法》替代 1942 年出台的《粮食管理法》，对稻谷收储政策进行改革。这轮改革收缩政府收购和支持范围，放开自由米流通，控制稻谷种植面积，直接补贴农民收入。改革以后，政府收储也收缩为应急性质，且被写入《粮食法》，不再具有价格支持功能。2001 年农林水产省修订了收储规模，按照应对 10 年一遇歉收或者连续两年普通歉收的标准，设定为 100 万吨。政府只在储备规模范围内收购，收购价格根据自主流通米的价格和成本走向确定，与市场价格贴近。政府主要采取委托收储形式，通过招标交农协或专业储存公司管理 85 万吨，政府仓库存储 15 万吨。政府对粮食储备给予补贴，按每年每吨稻谷 1.2 万日元的标准补贴民间代储。1999 年稻谷储备为 287 万吨，到 2001 年下降到 190 万吨，2004 年进一步减少到60万吨，此后维持在80万吨～100万吨。目前，100万吨政府储备稻谷的轮换周期为5年，每年轮出约20万吨、新采购约20万吨。轮换稻谷通常不会直接进入主食市场，基本作为饲料。截至2017年6月末，政府稻谷储备共91万吨，其中2013年产18.5万吨、2014年产25万吨、2015年产25万吨、2016年产22.5万吨。目前日本政府基本退出稻谷管理，不再有过去的干预性收购，仅持有和管理应对突发事件的战略储备。从2013年以来基本维持在91万吨的水平。除了稻谷储备之外，还有食用小麦储备和饲料储备。日本食用小麦储备依靠国外进口，大约满足2～3个月的消费量；私人承担饲料作物储备，总量约85万吨。日本稻谷私人库存结构相对稳定，生产阶段、出货阶段和销售阶段库存所占比例大致维持在30%、50%和20%。目前，日本政府储备方式采取面积订购。订购以招标方式进行，稻谷生产者提出竞标申请，通过资格筛选的生产者对生产数量和单价向政府投标。中标生产者与政府签订收购协议，政府确定每个生产者的生产规模，生产者提供当年的经营计划。近年来订购面积不断增加，2011年政府订购1.2万公顷水稻作为储备稻谷，2013年提高到3.3万公顷，是前两年的一倍多。

《参考消息》2016年9月15日报道，针对我国对水稻、小麦和玉米的所谓“不公平”补贴，美国奥巴马政府2016年9月13日在世贸组织提出了投诉。美国官员称，自2012年起，我国方面对粮食产品的补贴就超过了参考价格上限8.5%的规定水平，这些补贴扭曲了我国产品价格，使美国农户处于价格劣势，违反了我国在加入WTO时的承诺。当时商务部表示，我国对大米、小麦和玉米的补贴符合世贸组织的相关规定。我们的补贴并没有超过参考价格上限8.5%。中美贸易战警示我们的是：必须改革粮食托市收购政策，玉米价补分离、补贴生产者的路子是正确的。小麦、稻谷也要完善托市收购主体和价格机制，走农民卖粮卖得出、不赔钱，居民吃粮买得到、价格不大起大落的路径。但是，在农业保险机制没建立起来之前，继续保留小麦、稻谷托市收购政策是明智的选择。必须苦练内功，改革完善粮食等重要农产品价格形成机制和收储制度是大势所趋。坚持市场化改革取向与保护农民利益并重，采取“分品种施策、渐进式推进”的办法，完善农产品市场调控制度。继续执行并完善稻谷、小麦最低收购价政策，深入推进新疆棉花、东北地区大豆目标价格改革，按照市场定价、价补分离、补贴生产者的原则，积极稳妥推进玉米收储制度改革。在使玉米价格反映市场供求关系的同时，综合考虑农民合理收益、财政承受能力、产业链协调发展等因素，建立玉米生产者补贴制度。按照政策性职能和经营性职能分离的原则，改革完善中央储备粮管理体制。深化国有粮食企业改革，发展多元化市场购销主体，科学确定粮食等重要农产品国家储备规模，完善吞吐调节机制。在现阶段如何切实保障种粮农民收益，是两难的事情。一方面由于种粮成本高等因素，国内粮价高于国际粮价，持续提高农民种粮收入是道门槛或者说是瓶颈，也就是“怎么种粮”；另一方面种粮比较效益仍然较低，农民种粮成本和效益不成比例。农民农村农业收入单一低下是一个长期的问题，也就是“谁来种粮”“谁能种粮”的问题。在建立起农业收益保险等有效的保护体系前，不能简单地将国家粮食托市收购的制度性安排废止。目前国内的情况是，对生产者的保护主要集中在粮食收购环节政策之上，缺乏对粮食价格波动导致的生产者收益下降的农业保险的制度安排。在国内粮食市场发育不全、无形的手失灵的情况下，为确保生产流通，托收收购就要继续。在粮食市场不完全发育，生产流通信息不对称，面对国情、粮情，总结 1997 年面对供大于求而出台的粮食“三项政策、一项改革”的教训，必须用市场无形的手和国家粮食宏观调控有形的手，精准发力，逐步引导粮价由市场完全形成。提高粮食流通市场化、流通业态现代化水平，目前应继续坚持和完善小麦、稻米主粮托市收购政策，并且加快现代农业发展步伐，按市场需求调整农业结构，走一条安全、高效、绿色粮食和农业发展道路。小麦、稻米等口粮托市收购暂时不能取消。2018 年小麦、稻谷继续实行最低收购价政策，较大幅度调低收购价，落实“有保有压”。农产品价格主要由市场形成，实行粮食品种差别化价格政策的具体举措，继续调低托市收购价格，接近市场价格或生产成本。改革的取向是完善最低收购价政策，综合运用价格和补贴等手段，建立起既能充分发挥市场机制作用，又能保障农民利益、促进粮食生产稳定发展的粮食价格支持政策体系。粮食最低收购价对托起粮食价格和市场、保护农民利益，起到了根本性保护作用。但是由于我国粮价市场形成机制不健全、不完善，并且受政府定价的惯性思维影响，目前，最低收购价在执行过程中起到了市场参考价的作用，形成了“风向标”和“标杆效应”。很多用粮企业和收购企业就是参照最低收购价收购，无形中形成当前市场粮价由最低收购价来左右的实际情况。鉴于当前国际国内粮价倒挂，市场粮价形成过程的复杂性，国际国内、现货期货两个的共同作用，玉米、大豆、棉花收储制度改革、操作的精准性仍是问题。而小麦、稻米是主粮，其价格受国内粮食生产的制约性很大，近年全面实行粮食特别是口粮目标价格补贴政策的条件不成熟，可操作性不强。当前应着力健全完善粮食最低收购价政策，国家在制定最低收购价时，要慎之又慎、综合考虑、通盘测算，力求科学合理，探索最低收购价形成机制。把农业生产成本、历年粮食市场及收购价格、近年来的最低收购价水平、国际市场粮价等诸多因素作为形成价格的参照依据，出台既能增加农民收入，又能有效稳控粮价，实现顺价销售，兼顾国家利益，保护低收入人群利益的最低收购价。小麦、稻谷应稳控价格，避免继续上涨或下降。粮食产量及价格牵动各方利益，政策措施事关粮食安全全局，事关基层种粮积极性的调动。完善政策，执行小麦最低收购价预案至关重要。粮食托市收购主体要全，应结合粮食三项补贴改革试点，改变粮食补贴方式，综合考量托市收购和种粮补贴。一改种粮补贴方式，改为卖粮补贴，农民卖一斤粮，给一斤补贴。同时加快粮食立法进程，用法律的形式调整粮食收储体制及粮食市场价格形成机制，用法律规范托市收购主体、职责范围、质量标准、价格形成机制、竞价拍卖销售的办法，以及监督检查主体和对象，把粮食产、购、储、销统一纳入调整利益关系范畴，形成粮食政府宏观调控和市场调节有机结合，这也是粮食人和农民多年的期盼。粮食生产有保有压。粮食价格由供求关系决定，粮食供求由生产决定。面对粮食供求需要新平衡，要立足确保粮食生产，走安全、高效、绿色农业之路，转变农业发展方式，调整农业种植结构，发展规模种植和规模经营，提倡农业轮耕休作，落实国土空间战略，发展粮食主体功能区，对粮食主产区实行特殊的保护政策。这事关国计民生，有利于国家长治久安。从社会和民生的角度看，粮食具有公共物品属性，粮食生产是一种带有社会公益性的行为；从产品生产效率的角度考察，粮食是一种自然与市场风险大、供给与需求弹性小、投入回报率低的产品。对粮食主产区实行保护粮食耕地和支持粮食生产的补偿政策，符合社会公平、正义的原则。适应国土空间开发以及建立粮食主体功能区总体要求，加大财政转移支付力度。中央财政应继续完善粮食主产区激励约束机制，加大奖补力度，引导并帮助地方建立基层政府基本财力保障制度，增强粮食主产区基层政府实施公共管理、提供基本公共服务和落实各项民生政策的能力。中央财政在均衡性转移支付标准财政支出测算中，应当考虑属于地方支出责任范围的粮食主产区以及生态保护支出项目和自然保护区支出项目，并通过明显提高转移支付系数等方式，加大对重点粮食和生态功能区的均衡性转移支付力度。粮食主产区要明确中央和地方财政等各项扶持的政策措施，保持政策的连续性，甚至用立法的形式加以固定。省级财政要完善对省以下转移支付体制，建立省级农业、粮食及生态环境补偿机制，加大对重点粮食、生态功能区的支持力度，建立健全有利于切实保护粮食生产、生态环境的奖惩机制。鼓励探索建立地区间横向援助机制，探索建立粮食主销区或粮食调入区补偿粮食主产区和调出区的利益机制，粮食调入或生态环境受益地区应采取资金补助、定向援助、对口支援等多种形式，对重点粮食、生态功能区因加强粮食生产和流通及生态环境保护的投入以及造成的利益损失进行补偿。

2016 年，国家按照“市场定价、价补分离”的原则对东北四省（区）玉米收储制度进行改革，将玉米临时收储政策调整为“市场化收购 + 补贴”的新机制。同时，配套出台了调减非优势产区玉米种植面积，加大政策性玉米库存消化，扩大生物燃料乙醇生产和推广使用车用乙醇汽油，对玉米深加工企业给予加工补贴等一系列政策。经过四年多不断推进，玉米收储制度市场化改革成效显著。一是激发了多元主体、多渠道资金入市收购。扭转了临储制度下玉米收购几乎是由中储粮公司独家收购，资金由农发行一家供应的局面。提高了中央储备企业、地方储备企业、加工企业、购销贸易企业等多元购销主体入市收购积极性，以及形成农发行、商业银行、农村信用社、邮储银行等各类金融机构支持收购的格局。二是理顺了玉米价格形成机制，推动玉米产业链上下游健康协调发展。改革后，玉米价格由供求关系自发形成，重新回归到合理水平。加工企业可以随行就市自主采购玉米原料，降低了加工成本，加工规模不断扩大，开工率明显回升，临储制度下企业多年亏损局面得到扭转。三是缓解了国库玉米库存和国家财政支持压力。改革刺激了各类企业积极入市收购，减少了由国家收储带来的仓容紧张矛盾及损失损耗，玉米去库存超预期提前完成，减轻了财政压力。

玉米收储制度市场化改革实现了预期目标，激活了市场要素，缓解了库存和财政压力，解决了供给端阶段性过剩的问题。但一些新的苗头性问题也开始浮出水面，特别是随着政策性库存下降，市场看多情绪日益增强。2020 年以来玉米价格不断上涨，使得目前部分地区深加工企业收购价已经超过了 2015 年临储价格。应该讲，玉米临时收储政策在执行初期达到了提高农户收入、保护国家粮食安全的目标，但政策副作用于后期逐渐凸显。特别是生产成本增加和国际市场玉米价格滑落的双重影响，使临储政策给政府财政带来巨大压力。同时，农民因为政策保障，不愁销量，玉米种植热情高涨，导致农作物种植结构失衡、玉米质量下降、库存积压和一系列环保问题。在收储政策下玉米价格不断提高，最终出现国内粮价高于国际粮价的情况。国产粮食被收储于粮仓，库存成本加大，大量的粮食面临腐败变质的风险；玉米的下游生产企业成本激增，迫使其大量进口国外玉米。我国玉米进口量从 2009 年的 8.6 万吨猛增至 2015 年的近 500 万吨，影响到了国家粮食的安全。进入 2016 年后，生产过剩又转为供不应求。一方面，国家加大玉米播种面积调减力度，2019 年全国玉米播种面积 61926 万亩，较 2015 年最高峰值减少 5527 万亩，减幅 8.2%，玉米产量也由 2015 年的 5300 亿斤下降到 2019 年的 5215 亿斤。另一方面，玉米深加工新增产能开始生产，特别是 2020 年以来各地狠抓各项生猪扶持政策落实，促进生猪存栏连续回升，二季度末全国生猪存栏 33996 万头，比一季度末增加 1875 万头，已连续三个季度环比增长。玉米需求增加和供给减少“双碰头”，连续三年缺口亟需补供增存。2019 年—2020 年玉米产量保持在 5215 亿斤，但国内消费量达到 5439 亿斤，产需缺口 224 亿斤。临储库存不断下降，对市场调控能力减弱。到 2020 年 8 月，临储玉米累计拍卖成交了 5062 亿斤，剩余临储玉米总量仅在 100 亿斤左右，主要集中在黑龙江地区，吉林和辽宁临储玉米剩余量均已不多，预计两省临储玉米将率先见底。临储玉米库存不断下降以及饲料需求恢复和深加工需求增加，玉米交易又出现了过热的问题。虽然国家及时出台提高预付款水平，缩短付款周期，调整限制出库率低的企业参与交易等措施，但玉米拍卖成交依然火爆。目前，临储玉米拍卖百分之百且溢价成交，而 2016 年玉米临储拍卖平均成交率仅有18.3%。玉米价格上涨后所带来的就是粮食企业开始屯粮。供需偏紧推动2020年玉米价格普遍上涨。7月底黑龙江绥化深加工企业三等玉米进厂价每吨2100元~2120元、每吨环比上涨120元，吉林长春进厂价每吨2200元~2230元、每吨环比上涨180元，均高于2015年临储收购价每吨2000元。东北三省一区大部分深加工企业依赖临储玉米生产，玉米进厂成本远高于挂牌价格。玉米价格的上涨，推高贸易商后市看涨预期，囤粮积极性更高。由于深加工产能大幅增加，行业开工率和利润大幅下滑。据农产品网统计，2019年全国玉米深加工企业159家，年玉米加工能力达到1893亿斤，较2018年增加148亿斤，新增产能主要集中在东北地区。加工产能扩张加剧行业竞争，7月份玉米淀粉行业平均开工率60%，环比下降4个百分点、同比下降3个百分点；玉米酒精行业平均开工率51%，环比、同比均下降4个百分点。目前，河南南阳加工酒精每吨亏损65元，吉林长春加工淀粉每吨亏损80元。托市价格连年提高直接助推了粮价上涨，下游深加工企业怨声载道。由于国内粮价大幅高于国际市场价格，进口冲击严重，玉米体系内忧外患。在上述背景下，虽然我国玉米产量不断增长，但是进口玉米和玉米的替代品也在不断增长，我国自己生产的玉米没有价格竞争优势，不得不进了仓库，玉米库存基本达到了历史上的最高水平。玉米临时收储政策的负面作用全面显现。在这个背景下，酝酿已久的"价补分离"政策开始进行试水。

"价补分离"指的是政府不直接入市收购农产品，而是制定目标价格，再将目标价格和市场价格之间的差价直接补贴给农民。"市场价格+生产者补贴"的玉米购销新机制，通过调低乃至取消价格支持来消除其对市场的干预和扭曲影响，把粮食价格形成还给市场机制，另外通过直接补贴措施来“保收益”。2015 年 11 月 4 日，中央农村工作领导小组副组长陈锡文在国新办新闻发布会解读新发布的《深化农村改革综合性实施方案》时，谈到粮食价格问题，他表示，下一步还要继续推进粮价的改革，原则是使得价格和补贴能够分开。这样一来，粮食价格紧跟市场，避免了价格脱离实际，稳住了粮食的产业链。同时，“价补”分离也同时调动起农民的种粮积极性，为粮食的安全生产提供保证。陈锡文强调，如果说粮食市价过低，政府要采取适当的政策，直接补贴农民，但是和价格分开走。这是基本的原则，未来走势也是这样，“价补”分开，贴近市场的价格，价格的形成机制是贴近市场，注意保护农民的合理的利益。2016 年 3 月 28 日，国家发改委等部门联合宣布持续 8 年的玉米临时收储政策取消，取而代之的是“价补分离”政策。新政策的框架是建立市场形成价格的机制，即在玉米收购市场上，国家不再干预价格，价格完全由供求关系决定；为保护生产者利益，国家根据区域差异实行一定额度的价格补贴。“价补分离”政策旨在让玉米价格回归市场，减少临储价格干预下的过度供给，并增加玉米消费市场的需求。

“价补分离”政策实现了农产品价格形成机制的重大转变，扭转了玉米价格不断被抬高、库存不断增多、市场竞争力减弱以及亏损不断增加的局面，调动了玉米加工企业的积极性，激活了多年深陷困境的玉米加工业，为下游产业提供新的发展机遇。产业上下游关系从 2017 年开始趋于协调，但是加工企业开工率仍偏低。“价补分离”政策的实施，促进了粮食种植结构调整优化和生产方式转变；玉米供求关系决定价格机制基本形成；没有出现农民“卖粮难”的问题，缓和了国际市场冲击；多数种植玉米的农民基本收益有所保障；财政负担总体上大幅度减少。“价补分离”政策在释放如此多的正面效应的同时，也产生了一系列新的问题。比如农民收入的显著下降，特别是规模化经营主体收入所受影响更大，以及地方种植结构调整存在盲目性。“价补分离”政策实施之后，“卖粮难”集中显现，种粮收入显著降低，粮农生产投入意愿和能力均明显下降，农民调减玉米意愿增强，但盲目性大。地方种植结构调整存在一定的盲目性。玉米价格对农户的玉米种植结构调整影响最大。对农户种植决策的影响呈显著的因素主要包括经济效益、政策导向、劳动强度以及作业方式。玉米出售价格、对玉米生产者补贴标准的满意程度以及土地流转的难易程度是优势产区农户种植结构调整意愿影响的主要因素，而耕地面积、农业劳动力数量、贷款状态、玉米出售价格、是否了解玉米收储制度改革的具体内容是非优势产区的主要影响因素。

2016 年，东北地区（四省区）实行“价补分离”政策，玉米价格逐步实现市场机制。随着市场价格逐渐回归合理水平，农户会根据市场价格的高低决定是否增加或者减少玉米种植面积。2017 年玉米市场价格略微上升，2018 年玉米种植面积出现小幅增长。可以看出，上一年玉米销售价格呈上涨趋势时，农户可能会选择增加玉米种植面积；反之，则会减少玉米种植面积。玉米的种植决策同时还受到补贴额度的左右。2016 年，国家财政向东北地区（四省区）共拨付 390 亿元作为玉米生产者补贴，平均每个省 90 亿元左右。玉米生产者补贴发放给农民之后，农户自然会把每公顷获得的补贴折算成价格。吉林省玉米生产者补贴折算到每公斤的价格基本在 0.3 元左右。在玉米市场价格随行就市、决定供求关系的情况下，农户会根据每公斤补贴价格来做决策，每公斤补贴额度越多，农户越有可能增加玉米种植面积。即使玉米市场价格不是很高，农户也会在原来基础上，根据每公斤补贴额度继续扩大玉米种植面积。“价补分离”政策的另一个目标是调整种植结构。不同区域农户种植玉米的决策也是有差别的，虽然玉米高产地区（如玉米核心产区）和玉米非高产地区（如镰刀弯地区）都主要以种植玉米为主，但是较低的产量（镰刀弯地区）导致农户种植效益不高，会使农户调整种植决策。而玉米高产区域，种植玉米的收益明显高于其他作物，农户不会轻易改变玉米种植决策，对于调整结构响应不敏感。随着“价补分离”政策的持续推行，考虑政府补贴的情况下，农民会减少玉米的种植，改变种植结构。同时，实行“价补分离”政策后，在缺乏政府兜底价格的情况下，大量库存和当年高产的玉米会快速流向市场，市场价格随行就市迅速下降。

3. 政策性农业保险制度

政策性农业保险是国家为农业提供风险保障而出台的一项惠民政策，农户支付少额保费、政府补贴大部分保费，把农户农业生产经营过程中因自然灾害或意外事故造成的财产损失风险转嫁给保险公司，从而减少自然灾害对农业生产影响的一项民生工程。政策性农业保险是以保险公司市场化经营为依托，政府通过保费补贴等政策扶持，对种植业、养殖业因遭受自然灾害和意外事故造成的经济损失提供的直接成本补偿。政策性农业保险将财政手段与市场机制相对接，创新政府救灾方式，提高财政资金使用效益．分散农业风险，促进农民收入可持续增长，为世贸组织所允许的支持农业发展的“绿箱”政策。和商业性农业保险不同的是，政策性农业保险由政府直接组织并参与经营，或指派并扶持其他保险公司经营，不具有营利性；而商业性农业保险的经营范围由商业性保险公司承担，以盈利为目的。

政策性农业保险险种主要是关系到国计民生和国家粮食安全的农产品，在稳定农村社会生活、支持农业和农村经济发展等方面具有重要的意义。第一，开展政策性农业保险是确保农业安全的需要。农业是受自然制约因素较多的高风险产业，唐山是自然灾害多发的地区，各类突发性自然灾害经常造成巨大的社会经济损失，此外，市场风险、社会风险等非自然性风险的不确定性也极大影响着农业生产的稳定和安全。由于农业安全是农业可持续发展的最根本基础，因此，必须通过农业保险分散风险功能和补偿机制，迅速恢复农业生产能力，确保农业安全。第二，开展政策性农业保险，是建设现代农业的需要。现代农业是在农业领域推广应用现代科学技术，推动农业现代化建设，逐步使农业从全自然农业的束缚中解脱出来，提高人类规避和抗御自然风险的能力。不论是在农业土壤改良，良种研究、农业科技运用等方面，还是在发展农业环保、生态农业等方面，都需要依靠农业保险，特别是农业政策性保险的保障与支持。第三，开展政策性农业保险是增加农民收入的需要。农业保险是一种分散农业风险的经济补偿制度，通过投保可以降低农业生产的风险预期，获得相当的经济补偿，从而给农民收入安了个“稳定器”和“助推器”，确保农民利益。由于没有了后顾之忧，农户就敢于投入大量的资金发展农业，从而加快农业生产产业化和现代化，增加农业效益，进一步发展农村经济。第四，开展政策性农业保险是增强农产品竞争力的需要。当前农产品面临国内、国际双重市场竞争的压力逐年增大，政府可以运用农业保险这一“绿箱”政策对农业生产提供各级财政补贴，促进农业生产的产业化、规模化、标准化，提升农产品竞争力，在巩固国内农产品市场地位的同时，还可以实现高品质、高附加值的出口创汇农业。第五，开展政策性农业保险是构建新农村建设的需要。农业保险在一定程度上能降低农业生产投资的风险预期，进一步提高农民收入，而农民收入水平的提升有助于农村社会的稳定，促使广大农民更加积极地投入到农村经济发展，建设一个繁荣、安定的社会主义新农村。

政策性农业保险的基本原则是：一是坚持政府引导。运用财政补贴等手段，发挥政府组织推动作用，引导广大农户、种养大户、龙头企业和农村经济合作组织参加农业保险，不断促进农业保险业务的健康开展。二是实行市场运作。遵循市场经济规律，发挥保险机构风险控制优势，建立风险预警监控机制，由保险公司代办，积极运用市场化手段，防范和化解农业风险。三是秉持自主自愿。农户、种养大户、龙头企业和农村合作经济组织自愿参加农业保险，不得采取强制手段。四是主张协调推进。县财政、农业、宣传、水务、气象、民政等部门，应合力推进农业保险工作，对保险经办机构的各项工作给予积极支持。将农业保险补贴政策与各项支农惠农政策有机结合，发挥各项支农政策的综合效应。

政策性农业保险的覆盖范围主要包括有种植业（小麦、水稻、玉米）；养殖业（能繁母猪、奶牛、育肥猪）；高效设施农业（设施大棚、池塘淡水鱼；大豆、花生、大蒜、桃、羊）。

农业保险的业务种类繁多，目前主要的分类方式有以下两种：一是按照承保对象与范围不同的分类。这种划分方式是沿袭农业的广义与狭义分类而形成的，将其相应分为广义的农业保险和狭义的农业保险，或称作“大农险”与“小农险”。“小农险”的承保对象与范围仅限于种植业和养殖业，通常被称作“两业保险”；“大农险”的承保对象与范围则涉及广义农业的各个环节，因此也被称为“农村保险”。二是依据经营目标不同的分类。按照经营目标的不同，可以将农业保险分为商业性农业保险和政策性农业保险两类。其中，商业性农业保险的经营目标是获取利润最大化；政策性农业保险的经营目标是最大程度地实现政府预定的政策目标，而不以利润最大化作为经营的首要目标，或不作为唯一的经营目标。在我国保险实践中，又常根据保费补贴主体的不同，将政策性农业保险分为中央政策性农业保险和地方政策性农业保险。

目前，在国外文献中尚未找到能完全与我国的“政策性农业保险”相对应的称谓。中国人民财产保险股份有限公司在《政策性农业保险业务管理办法》中规定，政策性农业保险是指中央或地方财政给予保费补贴的农业保险业务。目前主流的观点是将政策性农业保险解释作政府为了实现特定的政策目标，通过参与部分农业保险产品的运营，或对相关农业保险业务参与主体提供一定的扶持、优惠或补贴等促进政策的一种制度安排。政策性农业保险的特征主要有：

（1）特定政策目标性。政策性农业保险制度的建立是为特定的政策目标而服务的，因此，无论是政策性农业保险的险种选择，还是保险责任的确定，抑或是实施方式和实施范围的确立，都是围绕着提高政策目标的实现程度和效果而设计的。正因为如此，在实践中，随着国家所处的发展阶段、公共财政的能力和重点目标、产业政策等众多因素的不同，政策性农业保险的政策目标会呈现出动态发展性和差异性。相应地，政策性农业保险的业务种类和实施范围等内容也会随着其实施目标的转变而发生一系列的调整与变动。而且需要说明的是，即使在某一特定时期，一个国家或地区实施政策性农业保险的目标通常也并不是唯一的，更多是一个具有共同取向的目标群。如我国目前实施政策性农业保险的目标也并不是仅仅为了管理农业风险，或稳定农民收入等，而是包括提高农业风险管理水平、稳定农民收入和保障农产品供给等内容的一个多目标集合。

（2）经营目标多元性。从产业经营层面分析，农业保险属于经济产业，在市场经济条件下应以经济利润最大化作为其经营目标。然而在实践中，绝大多数政策性农业保险产品是具有高风险、高成本和高价格等典型特征的农业保险险种，在完全市场机制中不能自发形成市场均衡。同时，这些险种的开办与经营又是政府实现特定经济或社会等政策目标所必须的，因此政府必须通过直接参与或介入这些险种的运作过程以保障其政策目标的实现。由政府职能决定，政府参与运营政策性农业保险的首要目标并非是经济利益的最大化，而应是最大程度地实现特定的政策目标，同时增进社会福利水平，促进社会公平。

（3）经营模式多样性。从经营模式视角，受各国或地区的经济发展水平与财政能力等因素影响，政府介入政策性农业保险的方式会有所不同，因而也形成了不同类型的政策性农业保险经营模式。在实践中，目前主要有政府通过设立专门的政策性农业保险公司自办经营模式；政府通过指定商业保险公司为其代收保费、代付赔款的代办经营模式；政府与其他保险供给主体（股份公司、相互公司、合作社等）合作，按比例分担保费、承担赔偿责任的联办经营模式。但无论采用何种模式，政府都会通过一定的方式给予政策性农业保险业务相应的扶持、优惠或补贴等促进政策，以诱引相关业务的稳定发展。

（4）承保风险可保性。保险业持续稳定经营必须满足的要件之一就是以可保风险为经营对象。所谓可保风险，简单地说，就是可以被保险公司所接受的风险；更明确地说，可保风险必须满足独立性、偶然性和意外性等要件。然而，由农业生产的特殊性决定，许多农业风险具有高度的相关性和系统性，如农业自然风险一旦发生，不但可能会同时造成较大区域范围内保险标的的损毁和灭失，而且还会引发其他农业风险的发生，甚至造成农业巨灾损失，由此可能会导致农业保险公司面临巨额赔偿，威胁保险公司的财务稳定性，因此使得这类农业风险不符合理想的可保风险要件。同时，在保险实践中，农业保险也呈现出了高成本、高赔付和低利润的显著特征，进而导致在完全市场条件下商业性农业保险市场的均衡数量较低甚至不存在的局面。然而，从宏观经济及社会层面，此类险种所涵盖的农产品关系到国计民生，或对农业和农村经济社会发展具有重要意义，因此迫切需要政府发挥其职能，通过建立政策性农业保险制度参与到该类险种的市场活动中，从而促使一定规模的市场均衡的实现。因此，从风险可保性角度，政策性农业保险承保的风险大都是无法单独依靠市场而转移的风险，即属于弱可保性风险。

目前，普遍认为现代保险具有经济补偿、资金融通和社会管理功能。其中经济补偿功能是保险的本质核心，也是保险的基本功能；资金融通和社会管理功能则是保险随着经济与社会发展需要，在其基本功能基础上产生的衍生功能。同样，政策性农业保险的基本功能，是指在政策性农业保险运营过程中，由其自身内部活动所产生的最根本、最直接的有利功效。具体如下：

（1）分散农业风险与补偿农业损失。该项功能体现在相辅相成的两个方面。一方面，政策性农业保险各经营主体，通过其在不同地区的分支机构承保政策性农业保险业务，并建立起保险基金，将某些少数农业生产经营者所遭遇的特定农业风险分散在所有参保主体间，以实现农业风险在空间、时间和作用对象等方面的分散与转移；另一方面，当被保险农业生产经营者在保险有效期内，由约定的农业风险导致农业损失发生后，政策性农业保险人将在约定的责任范围以及保险金额内，按照保险标的实际损失对被保险人给予一定的损失补偿，履行补偿损失功能。其中，分散农业风险是补偿农业损失的手段，而补偿农业损失则是分散农业风险的目的。因为如果不能做到农业风险在空间、时间和作用对象等方面的有效分散，就不可能对农业损失进行补偿。在现代农业建设与发展中，虽然随着农业生产条件的改善，部分农业风险得以有效控制或减弱，但与此同时也增添了一些前所未有的风险，而且农业风险损失程度不但没有减弱反而有所增强。如随着设施农业、精准农业等现代农业的大力发展，农业生产设施一旦遭遇风险损毁，所造成的损失可能更为严重。因此，通过建立政策性农业保险制度，充分发挥其分散和转移农业风险、补偿农业损失等功能更为重要。也正因如此，分散农业风险与补偿农业损失不仅是赋予政策性农业保险的基本功能，而且也是最核心的功能。

（2）规避与消减农业风险。虽然从表层上看，政策性农业保险只能通过其特有的运作机制分散和转移农业风险，并不能将农业风险化为乌有或减弱。但在实践中，由于政策性农业保险公司在经营中遵循的是“防赔结合”的风险管理理念，即保险公司为了有效控制风险，提高风险管理的效果与效率，不仅会在承保时对承保标的所处的风险状况进行检查、评估和提出改进建议，而且在整个保险期间都会进行定期或不定期的风险检查与监督，以及实施必要的防灾防损措施。通过保险公司专业风险管理者的指导与帮助，以及得益于保险公司为了提高自身经济效益而实施的减灾防损措施，如农业技术培训、人工降雨等，都会促使农业生产经营者提高农业风险管理意识，提升防灾防损的水平与能力，减少农业风险事件发生的概率和降低农业风险损失程度，进而从客观上起到规避和消减农业风险的功能。因此，规避和消减农业风险是政策性农业保险的另一重要的基本功能。

政策性农业保险的衍生功能，也即是由其基本功能所派生的功能，是指政策性农业保险在发挥其基本功能的基础上，对外部所产生的间接的有利功效。具体如下：

（1）激活与融通农村资金。政策性农业保险经营者，通过收取保险费而积聚大量保险基金资金，并通过对保险基金的合理运用，以促进农村闲散资金转化为投资，在提高资金使用效率的同时，有利于分散金融风险，推动农村资本流动，实现农村金融资源的优化配置。该功能是由政策性农业保险运作机制所衍生的功能之一，并将随着政策性农业保险的不断创新与发展，以及经济金融环境的不断完善而越来越突出。尤其是在我国，通过大力发展政策性农业保险，不仅可以有效改善农村居民传统上所形成的以储蓄作为单一投资的理财方式，进而分散农村居民储蓄过于集中银行所形成的金融风险，而且还有利于优化农村金融资源配置，提高金融资源配置效率。

（2）承载支农惠农工具。政策性农业保险业务通常都是具有“高损失、高赔付、高费率”等典型特征的农业保险险种，因此在完全市场经济条件下，以经济利益最大化为经营目标的商业保险公司不愿经营此类业务，由此造成此类险种不能单独依靠市场机制而完成市场交易，存在严重的市场失灵。这样不仅使农业因高风险而处于难以为继状态，而且也会使整个农村经济与社会处于高风险与不稳定状态。政府通过建立政策性农业保险制度，一方面通过转移和分散农业风险，实现农业风险承担主体多元化，减少农业生产经营者的风险，为农业提供更高的风险保障，以促进农业的平稳健康发展；另一方面，可以利用保险运作机制，通过对政策性农业保险承保险种、风险责任、实施范围、保险费数额和缴纳比例、保险费与保险基金管理方式等方面的设计与管理，保障农民收入稳定增长和农村社会经济的稳定持续健康发展，从而实现对农业、农村和农民的支持与扶持。同时，这也是 WTO 规则下各国常用支农惠农的重要工具。

（3）参与农村社会管理。参与农村社会管理也是政策性农业保险一项重要的衍生功能，其主要表现在两个方面：一是政策性农业保险经营者通过对受灾被保险农业生产经营者进行及时有效的损失补偿，不但为农业生产和农村经济的稳定发展，以及农村居民生活安定提供了强有力的经济保障，而且还利用保险赔偿机制实现了所有参保农户间的收入再分配，缓解了社会矛盾，消减了农村不安定因素。同时也增强了社会应急能力，减轻了政府对受灾群体进行救济的财政压力。二是政策性农业保险经营者通过防灾防损措施的实施，不仅增强了自身的偿付能力，而且还通过其对农业风险管理的督促与示范，提高了被保险人以及其他农业生产经营者的风险防范意识和防灾减损的能力，减少了社会财富损失，有效地承担了风险管理的社会责任。

政策性农业保险以纳入民生工程为契机，紧紧围绕农业增效、农民增收、以保护农民灾后能够得到及时经济补偿尽可能恢复生产能力为出发点，其作用主要有：

(1) 促进农业生产要素投入，诱导农业健康持续发展。建立政策性农业保险制度对农业发展的有利影响主要体现在两个方面：一是通过降低农业风险预期，可以有效促进农业生产经营者对农业生产要素投入的增加。农业生产经营者通过参加政策性农业保险，不仅将不确定性的农业风险损失转移了出去，稳定了农业预期收益，为农业生产的持续稳定发展提供了保障，而且还借助农业、畜牧业和气象等部门专业技术指导与防灾防损措施的实施，规避和减少了农业生产经营风险，从而提高了农业投资预期收益。这不仅会促使农业生产者增加对农业生产要素尤其是高级生产要素的合理投入，而且还会刺激与吸引社会对农业的投资，非常有利于促进农业资本的形成，加速发展以高效、生态和精准农业为主的现代农业，进而保障国家粮食安全和提升农业在国际市场的竞争力。二是通过政策性农业保险制度的创新设计，可以有效诱导现代农业的健康持续发展。政府通过设计特定目的性的政策性农业保险的险种、风险责任、实施范围、优惠政策等内容，可以有效诱导某一地区农业生产结构的调整与优化，促进农业产业化的形成。同时又通过保险运作机制，转移与消减农业产业化发展中的农业风险及其损失，为农业产业化的发展与壮大保驾护航，从而实现现代农业的健康持续发展。

(2) 稳定和提高农民收入水平，促进农业良性循环发展。政策性农业保险在为农业发展提供风险保障的同时，也为稳定农民收入奠定了基础。尽管农业生产经营者在购买政策性农业保险时，需要支付一定的保险费，从某种程度上增加了生产成本，从而减少了其可获得的最大纯收入。但同时，农业风险损失发生后的保险赔偿也减少了因损失发生而引起的收入大幅度减少的可能性。更为重要的是，政府建立政策性农业保险制度后，一方面可以在世贸组织规则允许的范围内，通过实行低费率、高补贴政策或再保险机制等规避农业风险尤其是农业巨灾风险对农民和农业的影响，改变“一次重灾，即刻致贫”的困境；另一方面，通过对险种的创新设计，还可以使政策性农业保险成为补贴农民与扶持农业的有效工具，进而成为保障农民收入稳定增长的有效载体。而且，当农民收入得到稳步提高后又会加强对农业生产的投入，从而促进农业的快速发展。如此反复就会促进农业发展与农民收入增长进入良性循环发展之中。

(3) 激活农村消费市场，实现对国民经济增长的乘数效应。农业不仅是国民经济的基础，而且与国民经济的其他产业、农村与城市具有高度联动性。农业的健康稳定发展和农民收入的持续增长，不仅会直接带动农业产前、产后相关服务业的发展，还会促进农民对工业品、服务等产品消费需求的增加，进而驱动国民经济的快速增长，也表明了农业保险对整个国民经济的增长具有积极的乘数效应。因此，通过完善政策性农业保险运作机制，在提高政府支农惠农政策效率的同时，还能更好地实现其对国民经济增长的驱动力。

(4) 提高农民的经济与信用地位，促进农村金融体系高效有序发展。在商业性农业保险经营条件下，农业生产经营者受收入低微与农业保险的高费率等因素制约而无力购买农业保险。在农业生产遇到严重的自然灾害和意外事故后，农民只能依靠储蓄、亲属援助、救济或贷款等方式恢复生产与建设。这不仅使农民经济收入低下而且也无保障，甚至会导致原有贷款因无力偿还而拖欠或产生新的债务。加之由农业风险特性所决定，一般农业灾害影响范围都较广，由此可能会导致许多农户陷入上述困境。同时，农村信贷机构将因农民的违约遭受损失或因农民的经济与信用地位低下而缩小信贷规模，降低对农业生产的支持力度。在政策性农业保险实施后，一方面通过为农民提供风险保障和损失补偿，保障农业生产稳定进行，提高农民收入，进而提高农民的经济地位和信用地位，帮助农业生产者冲破原有的农业生产投入资金难以获得的窘境，可以有效解决农业资金投入的瓶颈制约，从而促进现代农业稳定持续发展；另一方面，政策性农业保险作为农村金融体系的重要组成部分，通过完善农村金融体系，激活农村流动资金，分散金融风险和提高金融效率，对促进农村金融乃至整个金融体系的高效、稳健、有序发展具有重要的作用。

（5）提高农业风险管理的水平与能力，减少社会损失，减轻政府救灾救济财政压力。农业风险的多样性、复杂性和系统性等特征决定了农业的脆弱性与损失的严重性。然而，在传统的农业风险管理模式中，受经济发展阶段、农业科技水平和风险管理技术等因素的制约，普遍存在着“轻风险管理过程、重损失补偿”的现象。一旦农业灾害损失发生，只能通过农民动用储蓄自救、社会救助、商业性农业保险赔偿和政府救济等方式渡过难关。然而由于农民收入水平普遍较低，自救能力非常有限；社会救助又具有较大的不确定性；商业性农业保险无论是保障范围和程度，还是覆盖面又明显不足，对损失赔偿微不足道；最后只能依靠政府财政救济尤其是受灾地区的地方财政救济，这一方面必然导致政府背负沉重的救灾救济的财政压力，另一方面还往往难以有效弥补农业损失，从而导致部分灾民陷入因灾返贫的困境。通过开展政策性农业保险，政府将部分灾后救助资金转变为事前参保资助或保险投入补贴，不但可以调动中央和地方政府、保险公司和农户等多方主体直接参与农业生产各个环节的风险管理，提高各主体尤其是农民的风险管理意识，引导其科学管理农业风险；而且还可以动员和集结多方力量提升农业抵御自然灾害的能力，有效提高抗灾救济资源的配置效率，并有利于风险防范措施制度化，从而减轻政府农业灾害救济的财政压力。

（6）完善收入再分配机制，促进社会公平与农村稳定。政策性农业保险在履行补偿农业损失和承载支农惠农工具等功能时，可以有效补充国民收入在农业与其他产业，以及被保险人之间的收入再分配，有利于促进社会公平，实现农村社会的稳定。首先，政府无论是通过对投保人进行保险费补贴的方式，还是通过对保险人进行补贴或给予优惠政策等方式实施政策性农业保险，都将使一部分国民收入传递给农民。这无疑从客观上起到了对农业部门进行转移支付的作用，实现了整个国民经济和农业部门间的再分配，进而缩小了农业这一弱势产业与其他产业间的收入差距。其次，政策性农业保险经营主体通过对受损被保险人农业损失的赔偿，不仅实现了在所有被保险人之间的收入再分配，而且通过介入灾害事故的紧急处理，履行了社会管理职能，有效减少了社会摩擦，从而保障了农村社会的稳定。

国内农业保险业务起步于 1982 年。2002 年之前，由于农业风险大，经营成本高，农险业务发展缓慢，一度出现萎缩。随着农村多种经营的发展，农民对保险需求越来越迫切，建立符合我国国情的有政策扶持的农业保险制度刻不容缓。2004 年，“中央一号”文件提出“加快建立政策性农业保险制度，选择部分产品和部分地区率先试点，有条件的地方可对参加种养业保险的农户给予一定的保费补贴”。2005年，宁夏、内蒙古、湖北、云南、北京、黑龙江、四川、安徽、重庆9个省（区，市）的部分地市相继开展农业保险试点。保障品种扩大到包括奶牛、生猪、烟叶、西瓜等多种牲畜和农作物。2005年上半年，农险保费收入4.27亿元，同比增长22.63%，超过了2004年全年的保费收入3.96亿元，初步扭转了农业保险逐年萎缩的局面。2007年，中央财政在吉林、内蒙古、新疆、江苏、四川、湖南6个省（区）对大豆、玉米、小麦、水稻、棉花、能繁母猪6个品种保险实施了保费补贴，鼓励地方政府设立保险保费补贴。财政部先后发布了《能繁母猪保险保费补贴管理暂行办法》《中央财政种植业保险保费补贴管理办法》《中央财政农业保险保费补贴试点管理办法》和《中央财政养殖业保险保费补贴管理办法》等文件，对玉米、水稻、小麦、棉花、马铃薯、大豆、花生、油菜、糖料、能繁母猪、育肥猪、奶牛、天然橡胶、森林、青稞、藏系羊、牦牛17个品种实行保费补贴。2012年，农业政策性保险已扩大到全国。2016年，主要农作物承保面积达到11亿亩，参保农户超过2亿户。农业保险保费总收入达到417亿元，各级政府补贴318亿元，其中中央财政补贴158亿元，保险赔付金额348亿元。现行的农业政策性保险具有广覆盖、低保障的特点，但农作物保险金额仅覆盖物质与服务费用，未包括人工成本和土地成本，而上述两项近几年增长较快，在农业生产总成本中的份额也逐年上升。为进一步提升农业保险的保障水平，探索完善市场化的农业生产风险分散机制，2018年，财政部在河北、内蒙古、辽宁、安徽、山东、湖北6省（区）各选4个县开展为期三年的农业完全成本保险和收入保险试点。完全成本保险的保险金额覆盖物质与服务费用、人工成本和土地成本等农业生产总成本；收入保险的保险金额体现农产品价格和产量，覆盖农业生产产值。农业保险的保障水平进一步提高。

对参保农户来讲，参加政策性农业保险后，并不是万事大吉，平时还是要精心管理，积极进行灾害预防。目前政策性农业保险是一种低保障、低收费的保险形式，保障的仅仅是生产成本的一部分，一旦发生损失，并不是任何损失都赔偿。所以，平时要认真做好田间管理，按照农技部门的要求做好病虫害防治。参加养殖业保险的农民朋友平时要做好畜牧管理部门和保险公司的防疫、配种、妊娠等记录，建立和执行防疫、治疗的各项规章制度，认真做好防灾防损工作。保险的畜禽发病后要及时给予治疗，做到早报告、早隔离、早治疗，不能弃之不管，应当积极施救，降低灾害损失，否则保险公司将根据农户未尽义务致使损失发生或扩大的程度少赔甚至拒赔。

农户要获得正常的赔付，需承担的主要义务有：一是危险增加的通知义务，在合同有效期内，一旦发生危险增加，投保人应该按照约定及时通知保险人。二是保险事故通知义务，在合同有效期内，如果发生保险责任范围内的风险事故，投保人应当及时通知保险人，以便保险人迅速地调查事实真相，收取证据，及时处理。三是防灾防损和灾害积极救助的义务，投保人投保后仍然要采取积极的措施，防止灾害损失，尽量将灾害损失降低到最小程度。四是提供有关证明、单证和资料的义务，保险事故发生后，投保人依照保险合同请求保险人赔偿时，应当向保险人提供能确定保险事故性质、原因、损失程度等有关的证明和资料。

发生灾害后，参保农户应采取措施，保护好灾害现场，没有经过保险人的允许，投保人不能随意对灾害现场进行处理。同时及时通知保险机构，把受灾的情况跟保险机构讲清楚，以便保险机构判断。农户要配合保险机构进行查勘、定损。提供相应的单据，列入保单、相关部门的证明等。每一种农业保险所需要的单据是不一样的，参保农户可具体参照相应保险合同的规定。

政策性农业保险申请理赔的基本程序要经历以下几个步骤：第一是通知保险人，提出索赔要求。保险事故发生后，投保人应将事故的发生时间、地点、原因及其他情况，以最快的方式通知保险人，并提出索赔请求。索赔请求是有时间限制的，超过请求期限，就丧失了向保险人请求索赔的权利。第二是进行合理的施救。保险事故发生时，投保人有责任尽力采取必要的措施，防止或减少损失。在保险人查勘、核实或同意之前，投保人应当保护好本事故现场，不得自行处理。第三是提供索赔的单证。主要包括有：保险单或保险凭证的正本；已交纳保险费的凭证；有关证明保险标的或当事人身份的原始文件，比如身份证、户口簿等；证明保险事故及其损失后果的文件，诸如出险证明、损害鉴定证明等；索赔清单。第四是接受保险人的检验。在保险人到达事故现场后，投保人应积极配合保险人查明事故原因，确定损害程度和损失数额。第五是领取保险赔款。

据统计分析，政策性农业保险，保险公司的综合成本率多数在 85% 以上，有的甚至超过了 100%。从全国看，个别地方梨、苹果等果树最高赔付率超过了 200%。目前我国的政策性农业保险仍处于发展初期，保障的是农作物基本成本投入，而不是农产品的收益，赔付款可以帮助农民恢复再生产，却不足以弥补收成损失。中央提出：要把农业保险作为支持农业的重要手段，扩大农业保险覆盖面、增加保险品种、提高风险保障水平。除了目前实施的“低保障、广覆盖”的“保成本”模式，还有以保障农民福利为政策目标的“保收入”模式，但这种模式对政府补贴的财力和农户自身支付能力都提出了更高的要求，需要在较高的赔付水平与较合理的保费投入间寻找平衡。进入“十四五”后，各省将根据农业生产的实际情况逐步提高有关险种的保险金额，推广分档投保，同时进一步研究农业保险从保成本向保收入转变，让农业保险这把“保护伞”撑得更牢。

对农业生产通过政策性农业保险制度来建立保护屏障是欧美国家普遍的做法，而且有着成熟的管理经验。其主要的模式有：

政府主导、商业保险公司经营的美国模式。美国 1938 年，美国政府颁布了《联邦农作物保险法》，联邦农作物保险公司随后成立，确立了美国现行的农作物保险制度。随着时代的变迁与发展，该制度也在不断完善。在美国，农业保险是由国家专门的保险机构为主进行经营，同我国一样是政策性保险。美国从 1939 年开始实施政府农作物保险计划，至今已经有近 70 年的历史。农作物保险制度经过了多次的改革，形成了目前的政府主导、私营商业保险公司经营的模式。这种模式是以国家专门保险机构主导和政策性农业保险为主要特点。联邦农作物保险公司只负责规则的制定、履行监督等职能，并提供再保险，政府对农业保险保费、经营管理费用给予一定比例的补贴；而农作物保险的直接业务全部由商业保险公司经营或代理。它有比较完善的法律法规作为依托，利用优惠政策诱导商业性组织介入其中，最终实现政府淡出、市场主导农业保险的局面。从制度变迁的角度来看，它先是一种强制安排，通过诱致性制度实现制度的演进。为了提高参保率，政府对农业保险采取自愿保险与相对的强制性保险相结合的方式。

政府主导、政府成立公司经营的加拿大模式。加拿大于1959年通过《联邦农作物保险法》，该法授以联邦政府和省政府共同支持办理农作物保险，建立联邦和省二级政府组织的农作物保险机构，由其直接负责经营，保险补贴、经营管理费用由政府承担。联邦政府和各地政府按照一定比例进行负担，对农作物保险公司进行业务经营费用补贴，并对经营农作物保险实行免税和再保险政策。加拿大政府对保费的补贴比例为50%。政府对保险采取强制保险和自愿保险相结合的方式。

政府补贴和再保险、社会组织经营（民间非盈利团体经营）的日本模式。日本20世纪30年代，在经济危机的背景下，1938年日本政府颁布了《农业保险法》，1939年开始实行。法令颁布的主要目的，一方面是通过采用农业保险的方式保证粮食供应；另一方面，保证农业稳定及持续发展，维护农村秩序。1947年12月日本政府重新颁布了《农业灾害补偿法》，开辟了依法强制参加农业保险和以合作组织为基本形式的农业保险制度的先河。日本的农业保险采取区域性农业共济体制，组织形式采用“三级”制村民共济制度，即以市、町、村的农业共济组合为基层组织，县级机构（都、道、府、县）成立农业共济组合联合会，承担分保，政府通过再保险特别基金会和国家农业保险协会等机构，为共济组合联合会提供再保险和保费补贴，将农业风险在全国范围内分散。日本采取强制保险与自愿保险相结合、强制保险为主，政府对主要农畜产品生产的保险都是强制性的，达到预定规模的种植稻谷、小麦、养殖的农户必须参加农业保险。农户参加保险仅承担很小部分的保费，大部分由政府进行补贴，还对农业保险实行再保险政策。

政府政策支持、自愿互助合作经营的法国模式。法国的农产品出口量位居世界第二，仅次于美国。早在 1840 年，为了补偿因自然灾害对农户造成的经济损失，法国就建立了地区性的农业保险互助组织。历经 100 多年的发展和完善，法国农业保险已经相当成熟，被公认为农业保险发展最成熟的国家之一。法国模式的特征是农业保险主要由各级相互保险公司或保险合作社经营，政府对各种形式的互助保险从法律和财政上给予大力支持。法国政府的政策支持包括通过提供优惠利率贷款和担保、提供公共灾害援助金来补偿商业保险公司的损失，如通过公共援助金对由于干旱给畜牧业造成的损失以及其他灾害造成的损失进行补偿。遇到大灾时，政府对商业保险公司实行优惠税收或免税政策，并提供止损再保险。

在我国，由于地域辽阔且各个区域农业发展的水平与需求不同，政策性农业保险制度主要由于各个地方结合自己的需要来制定，不尽相同。

广东省政策性农业保险 2018 年—2020 年工作实施方案在基本原则方面，规定第一，政府引导。各级政府加强对政策性农业保险工作的领导，积极宣传推广，引导农业生产者参保，落实财政配套补贴资金，加强理赔监管服务，保护农户的生产积极性。第二，市场运作。充分发挥市场配置资源的决定性作用，通过公开招标、竞争性谈判、竞争性磋商等方式引入商业保险运营机构进行经营管理，承担理赔责任风险。通过年度工作考核实行奖惩制度，保持竞争提升保险服务水平。第三，自主自愿。通过政策引导、保费补贴、理赔服务和农户参保受益实例宣传等方式调动参保积极性，农户自愿投保。第四，协同推进。保费补贴政策与其他惠农政策有机结合、共同推进，发挥财政资金支农惠农强农的综合效益，切实提高财政资金支农绩效。

在实施内容方面，规定政策性农业保险范围是全省行政区域（不含深圳市、军事管理区、农垦）。时间是2018年—2020年，共3年。增加政策性农业保险品种，扩大保险覆盖范围，实行目录清单适时动态调整机制。其中，中央财政补贴（同时享受省级财政补贴）的品种保持险种有，种植类：水稻、玉米、花生、马铃薯、甘蔗。畜牧类：能繁母猪、生猪、奶牛。拟新增水稻（制种）保险。省级财政补贴的品种保持险种有，种植类：荔枝、龙眼、香蕉、木瓜。畜牧类：家禽（肉鸡）。新增柑桔橙柚种植险、农业设施险。鉴于广东省特色农业品种较多，为扩大农业保险的受惠面，通过省级财政适当补贴的方式，引导支持各地市自行开办地方特色农业保险。每个地级以上市可自行选择、新增设立1个申请省级财政补贴的地方特色险种（其中，2017年农业总产值达到300亿元以上的地级以上市，可选择新增设立2个申请省级财政补贴的地方特色险种）。各地市设立的地方特色险种实施方案经省农业厅、财政厅、广东保监局批准同意后纳入省级财政补贴范围，补贴期限为2018年—2020年。

在参保对象方面，广东省扩大参保对象范围到全省种植和养殖以上品种的所有农户、企业、农场。种养场所必须不在禁养、禁种区范围内且养殖废弃物排放实现达标排放才能参保；养殖类需按照强制免疫程序进行预防接种，参保的养殖户、企业、农场必须全场投保，不得选择性投保。

在保险期限方面，以一年（自然年度）为一个投保周期：荔枝、龙眼、香蕉、木瓜、柑桔橙柚、能繁母猪、奶牛、农业设施险。以一造（一个生长周期）为一个投保周期：水稻、水稻（制种）、玉米、花生、马铃薯、甘蔗。还可按批次（从出生到出栏）投保，或者也可按年度（出栏量）进行投保：生猪、家禽。

在保险责任方面，规定扩大保险责任范围，增加地震、火灾等保障条款；取消绝对免赔额的条款，达到起赔点后按照损失全赔，不得设置免赔金额。采用天气指数定损方式，发生自然灾害（台风、暴雨、低温）达到起赔标准，保险公司按照保险合同的约定负责赔偿。适用该类保险品种：荔枝、龙眼、香蕉、木瓜、柑桔橙柚。由政府气象部门负责天气指数计算并向社会公布。采用现场定损方式，因自然灾害（含地震、泥石流等）、意外事故（含火灾）、虫草鼠害、疫病造成的损失，保险公司按照保险合同约定进行赔偿，人为因素故意造成的损失不在赔付范围内。如果政府为防止疫情扩散而要求对种养品种进行扑杀消灭处理等行为，政府补偿标准不及保险赔付标准的，不足部分由保险公司赔付；政府补偿标准超过保险赔付标准的，保险公司不再赔付。适用该类保险品种：水稻、水稻制种、玉米、花生、马铃薯、甘蔗、能繁母猪、生猪、家禽、奶牛、农业设施险。

在保险金额方面，根据近年来农业生产成本不断上涨的实际情况，适度提高各保险品种的保险金额。

以一年（自然年度）为一个投保周期的，香蕉，保额从1200元/亩/年提高到1500元/亩/年；木瓜，保额从1200元/亩/年提高到1500元/亩/年；荔枝，保额从900元/亩/年提高到1000元/亩/年；龙眼，保额从900元/亩/年提高到1000元/亩/年。新增柑桔橙柚，保额1000元/亩/年。能繁母猪，保额不变，1000元/头/年。奶牛，保额不变：1～3周岁4000元/头/年、3～7周岁8000元/头/年、7～8周岁6000元/头/年。新增农业设施险，简易大棚保额3000元/亩/年；钢结构大棚保额8000/亩/年。

以一造（或畜禽生长周期）为一个投保周期的，水稻，保额从400元/亩/造提高到800元/亩/造。普通玉米，保额从400元/亩/造提高到500元/亩/造；甜玉米，保额从600元/亩/造提高到800元/亩/造。花生，保额从300元/亩/造提高到800元/亩/造。马铃薯，保额从1000元/亩/造提高到1200元/亩/造。甘蔗，保额从650元/亩/造提高到800元/亩/造。新增水稻（制种），保额2000元/亩/造。家禽（肉鸡）：保额不变，养殖保险每只12元，批发价格附加险每只5元。生猪保险分不同的养殖类型进行投保。其中，购买猪苗养殖猪场。按批次投保，且只能投保育肥猪保险，育肥猪保险从每头500元提高到每头800元。“自繁自养”猪场。即养殖场自己繁育仔猪并全部饲养至育成肥猪出栏，该类猪场可以合并仔猪和育肥猪2种保险类型进行投保，也可以单独投保仔猪保险或者育肥猪保险，按年出栏量投保，出栏仔猪每头200元、出栏育肥猪每头800元。“自繁自养+外卖仔猪”猪场。即养殖场繁育仔猪部分在本场饲养至育成肥猪出栏，部分仔猪出售给其他猪场饲养。鉴于仔猪自养和外卖动态变化较大，数量核定较复杂，该类猪场原则上只能投保仔猪保险，按年出栏量投保，出栏仔猪每头200元。如果该猪场要同时投保仔猪和育肥猪，则必须提供每季度和年度仔猪、育肥猪出栏销售有关凭证，以实际出栏数量作为最终审核结算仔猪、育肥猪投保数量的依据。养殖场繁育仔猪全部出售给其他猪场饲养，该类猪场投保仔猪保险，按年出栏量投保，出栏仔猪每头200元。各地根据存栏能繁母猪数量的16~22倍推算年度仔猪、育肥猪的出栏数量（由各地畜牧兽医部门核定）。仔猪是指2.5公斤（含）~20公斤（含）的小猪，育肥猪是指20公斤（不含）至出栏阶段的猪。

在保险费率方面，根据各险种近年来的理赔情况对保险费率进行调整。水果类种植保险采用天气指数定损方式，费率由各地市在费率范围内自定。荔枝、龙眼、香蕉、木瓜、新增的柑桔橙柚根据地理位置分为二个档次，湛江、茂名、阳江、汕尾、揭阳、汕头、潮州、江门等8个地市15%（含）以下；珠海、中山、东莞、惠州、韶关、梅州、云浮、肇庆、清远、广州、佛山、河源等12个地市10%（含）以下。各地市根据当地自然灾害频率在费率范围内确定费率，报省农业厅、财政厅、保监局备案。费率保持不变的品种主要是：能繁母猪6%、奶牛6%、家禽（养殖险2%、批发价格附加险4%）、花生5%、玉米5%、马铃薯5%、甘蔗5%。费率调整的品种主要是：水稻保险费率从5%下调为4%。生猪保险进行细分调整，仔猪费率从4%提高到6%，育肥猪费率从4%下调为2.5%。新增险种费率主要是：水稻（制种）保险费率6%。农业设施险：简易大棚费率6%，钢结构大棚费率4%。

在保费承担比例方面，中央财政补贴品种中，属于种植类里面水稻、水稻（制种）、玉米、花生、马铃薯、甘蔗保险，种植农户负担20%；中央财政补贴35%；省级财政对粤东西北欠发达地区和江门恩平市补贴30%，对江门开平市、台山市补贴21%，其余由市县财政负担；珠三角地区（广州、深圳、珠海、佛山、东莞、中山、江门部分地区，下同）由市县财政负担45%，省级财政不予补贴。产粮大县三大粮食作物农业保险保费补贴比例按《中央财政农业保险保险费补贴管理办法》执行。属于畜牧类里面能繁母猪保险，养殖农户负担11.67%；中央财政补贴40%；省级财政对粤东西北欠发达地区和江门恩平市补贴35%，对江门开平市、台山市补贴24.5%，其余由市县财政负担；珠三角地区由市县财政负担48.33%，省级财政不予补贴。属于生猪保险，养殖农户负担25%；中央财政补贴40%；省级财政对粤东西北欠发达地区和江门恩平市补贴20%，对江门开平市、台山市补贴14%，其余由市县财政负担；珠三角地区由市县财政负担35%，省级财政不予补贴。属于奶牛保险，养殖农户负担20%；中央财政补贴40%；省级财政对粤东西北欠发达地区和江门恩平市补贴30%，对江门开平市、台山市补贴21%，其余由市县财政负担；珠三角地区由市县财政负担40%，省级财政不予补贴。

省级财政补贴品种（中央财政没有保费补贴）中，属于种植类里面的荔枝、龙眼、香蕉、木瓜、柑桔橙柚，种植农户负担20%；省级财政对粤东西北欠发达地区和江门恩平市补贴50%，对江门开平市、台山市补贴35%，其余由市县财政负担；珠三角地区由市县财政负担80%，省级财政不予补贴。属于畜牧类里面的家禽（肉鸡）保险，养殖农户负担30%；

省级财政对粤东西北欠发达地区和江门恩平市补贴50%，对江门开平市、台山市补贴35%，其余由市县财政负担；珠三角地区由市县财政负担70%，省级财政不予补贴。而属于农业设施险的，农户负担40%；省级财政对粤东西北欠发达地区和江门恩平市补贴40%，对江门开平市、台山市补贴28%，其余由市县财政负担；珠三角地区由市县财政负担60%，省级财政不予补贴。

地方特色品种（中央财政没有保费补贴）中，属于省级财政对粤东西北欠发达地区和江门恩平市给予保费补贴30%，对江门开平市、台山市给予保费补贴21%，对珠三角地区不予保费补贴。

在保费补贴资金管理和拨付方面，规定各级财政承担的政策性农业保险保费补贴资金实行国库集中支付管理。市县财政、农业部门要掌握当地各级财政补贴资金的使用进度情况。各级保险承办机构对政策性农业保险保费补贴资金实行专项管理、分账核算。市县政府加强对保费补贴资金使用情况的监督、检查和审计，确保专款专用。如发现保险经办机构和有关单位提供虚假材料骗取保费补贴资金，将追回相应补贴资金，并视情节轻重追究有关人员责任，相关情况要及时上报省农业厅、财政厅、广东保监局。保费补贴按季度拨付。各县（市、区）保险经办机构编制保险承保情况，经县级农业（畜牧兽医）局审核后抄送县级财政局，报市级保险经办机构。市级保险经办机构审核汇总各县（市、区）上报的承保情况，编制省级、市级财政保费补贴申请，报送地级以上市农业（畜牧兽医）局审核后，送地级以上市财政局审核。承保和财政保费补贴情况在市农业（畜牧兽医）局、财政局门户网站公示7天，公示期满无异议后按程序办理补贴资金拨付手续。各县（市、区）保费补贴资金拨付办法可以参照市级保费补贴资金拨付办法实行。财政省直管县（市、区）的保费补贴资金参照各市做法，由当地财政局按程序拨付。每年省级保费补贴资金由省财政厅根据有关业务主管部门制定的安排方案，审核后按程序预拨到各市财政局、财政省直管县（市、区）财政局，次年根据实际保费补贴支出情况进行结算。

广东省政策性农业保险制度要求建立省级农业保险大灾风险准备金制度，以各承保保险公司经过注册会计师审计通过的年度财务报表为依据，考察经办机构政策性农业保险的整体承保利润率情况，计提省级农业保险大灾风险准备金。采取超额累计计提制度，年度承保利润率超过10%的，按照超过部分的30%计提；承保利润率超过20%的，超过部分按照50%计提；承保利润率超过30%的，超过部分全部计提，省级农业保险大灾风险准备金划拨到指定账户。农业大灾风险准备金账户委托第三方金融机构管理，要求管理机构承诺资金保本并取得一定利率的增值收益。当发生农业大灾造成较大的理赔损失时，采取超额累计补贴制度，保险公司的年度承保利润率低于-10%后，启动大灾风险准备金使用程序，承保利润率低于-10%的，补贴超过-10%部分的30%；承保利润率低于-20%的，补贴超过-20%部分的50%；承保利润率低于-30%的部分，全额补贴。大灾风险准备金不足弥补的部分，仍由保险公司承担。参与投标的保险公司必须出具承诺函，同意执行省级农业保险大灾风险准备金制度，否则取消投标资格。《省级农业保险大灾风险准备金管理细则》由省农业厅、财政厅、金融办、广东保监局另行制定。

表 1　　广东省农业保险省级险种保险金额、费率、保费补贴比例一览表

险种	保险金额（元/亩、头、羽）	基础费率（每造、每年）	中央财政补贴比例		省财政补贴比例		市县财政补贴比例		农户自负
			珠三角	粤东西北 江门恩平 台山开平	珠三角	粤东西北 江门恩平	珠三角	粤东西北 江门恩平	
水稻	800	4%	35%	35%	0	30%	45%	15%	20%
水稻制种	2000	6%	35%	35%	0	30%	45%	15%	20%
玉米	500/800	5%	35%	35%	0	30%	45%	15%	20%
花生	800	5%	35%	35%	0	30%	45%	15%	20%
马铃薯	1200	5%	35%	35%	0	30%	45%	15%	20%
甘蔗	800	5%	35%	35%	0	30%	45%	15%	20%
香蕉、木瓜	1500	≤10%（15%）	0	0	0	50%	80%	30%	20%
荔枝、龙眼、柑桔、橙柚	1000	≤10%（15%）	0	0	0	50%	80%	30%	20%
能繁母猪	1000	6%	40%	40%	0	35%	48.33%	13.33%	11.67%
仔猪	200	6%	40%	40%	0	20%	35%	15%	25%
育肥猪	800	2.5%	40%	40%	0	20%	35%	15%	25%

续表

险种	保险金额（元/亩、头、羽）	基础费率（每造、每年）	中央财政补贴比例		省财政补贴比例		市县财政补贴比例		农户自负
			珠三角	粤东西北江门恩平台山开平	珠三角	粤东西北江门恩平	珠三角	粤东西北江门恩平	
奶牛 1 ~ 3 岁	4000	6%	40%	40%	0	30%	40%	10%	20%
奶牛 3 ~ 7 岁	8000	6%	40%	40%	0	30%	40%	10%	20%
奶牛 7 ~ 8 岁	6000	6%	40%	40%	0	30%	40%	10%	20%
家禽养殖	12	2%	0	0	0	50%	70%	20%	30%
家禽价格险	5	4%	0	0	0	50%	70%	20%	30%
简易大棚	3000	6%	0	0	0	40%	60%	20%	40%
钢结构大棚	8000	4%	0	0	0	40%	60%	20%	40%
地方特色险种	自定	自定	0	0	0	30%	自定	自定	自定

贵州省按照省委、省政府对脱贫攻坚、乡村振兴、农村产业革命以及政策性农业保险的安排部署，结合工作实际，规定主要任务是提高中央财政保费补贴农业保险覆盖面。用好用足11个中央财政保费补贴险种和三大粮食作物制种保险保费补贴支持政策，继续对产粮大县三大粮食作物实施保费补贴支持政策，明确2020年度全省中央财政保费补贴农业保险标的保额、费率以及保费分担比例，进一步提升中央财政保费补贴农业保险覆盖面、保障程度。同时，按照省委、省政府关于调整农村产业革命特色产业的决策部署，重点围绕茶叶、蔬菜、食用菌、牛羊、特色林业、水果、生猪、中药材、刺梨、生态渔业、辣椒、生态家禽等12个特色农业产业和坝区农业产业结构调整，加大保险产品创新力度，用好用足我省茶叶、蔬菜纳入中央财政奖补试点范围政策，因地制宜开办地方特色农业保险险种，确保12个特色农业产业全覆盖，省绿色产业扶贫投资资金投放项目全覆盖，各经办机构在地方特色农业保险产品创新上均须实现新突破；加快推进毕节试验区集中连片1000亩以上农产品目标价格指数保险，及时总结好的做法和经验，各地要结合农产品价格发布机制建设情况，适时推出适合本区域特点的完全成本和收入类保险。贵州省的政策性农业保险制度规定了继续实施贫困地区费率优惠。根据《我国人民银行银保监会证监会财政部农业农村部关于金融服务乡村振兴的指导意见》、《我国银保监会关于做好2019年银行业保险业服务乡村振兴和助力脱贫攻坚工作的通知》文件精神，结合贵州省保险助推脱贫攻坚示范区建设实际，在中央财政保费补贴农业保险险种费率统一下调的基础上，对明确的区域，保险费率再降低20%，并报我国银保监会依法备案；针对“9+3”县区，省级财政优先给予农业保险保费补贴资金安排。省农业保险工作联席会议办公室将适时组织对贫困地区费率优惠执行情况进行抽查检查，并纳入对经办机构年度考核。

贵州省政策性农业保险制度要求加大产品和模式创新。提出探索构建涵盖财政补贴基本险、商业险和附加险等的农业保险产品体系；稳步推广价格指数保险、区域产量保险、涉农保险，探索开展一揽子综合险，将农机大棚、农房仓库等农业生产设施设备纳入保障范围；鼓励运用大数据技术探索发展气温、降水等气象指数保险，推广应用茶叶低温气象指数保险以及辣椒干旱、水灾气象指数保险，试点水果气象指数保险；创新开展农产品质量险。针对本地区优势农产品品种因地制宜建立适用于当地的价格采集发布机制，最大限度满足发展价格指数保险和收入保险的市场需求。进一步升级改造贵州省农业保险综合信息服务平台，有效整合财政、农业农村、林业、扶贫、保险监管、气象等部门及经办机构的涉农数据和信息，不断提升农业保险信息化水平，为我省农业保险规划发展、资金划拨、监督检查等提供支撑。与此同时，建立健全大灾应急机制。结合本地实际情况，积极与辖内农业保险经办机构制定大灾应急预案，建立完善大灾理赔标准化程序，明确赔款预付、人员应急调度、理赔进展报告和信息披露等工作程序，完成每个险种的理赔操作规程，提升我省大灾应急能力。探索开展巨灾保险，创新政府救灾工作模式，推动以政府为主的灾害风险分散机制向“政府 + 市场”的风险分散机制转变。

在保障措施方面，贵州省规定了：第一，切实加强统筹领导。调整优化省农业保险工作联席会议机制，组建贵州省农业保险工作小组，进一步强化全省农业保险工作统筹领导。各地人民政府可参照组建本级农业保险工作小组，进一步明确责任分工，健全工作机制，强化责任落实，切实承担属地主体责任，统筹做好工作谋划、协调配合、绩效考评、督导检查、宣传引导等工作。第二，切实抓深入抓具体。各地要认真贯彻落实本方案，因地制宜细化工作方案，进一步明确辖内本年度政策性农业保险的目标任务、工作措施和责任主体，按照省农业保险工作联席会议啲具体部署；切实做到财政保费补贴资金到位、责任落实到位、协作配合到位、宣传引导到位、督查考核到位。各经办机构要认真清收历年滚存的应收保费，力争2020年起每年应收保费率不高于所属总公司平均水平。第三是及时拨付补贴资金。要求建立健全农业保险保费补贴保障机制，将本级财政承担的保费补贴资金列入同级财政年度预算，并及时足额拨付省、市、县三级财政农业保险保费补贴资金。对于近年来累私形成的未拨付到位的农业保险保费，力争于2020年12月底前全部拨付到位；2020年起，各级财政部门应根据农险经办机构申请按季拨付上季度出单承保的保费补贴资金，不得拖欠，同时进一步加强保费补贴资金管理，确保资金专款专用，确保不新增未拨付农业保险保费，对未按时拨付补贴资金的单位予以问责处理。第四是严格保险责任和理赔程序。严格执行《贵州省人民政府办公厅关于进一步做好全省政策性农业保险工作的通知》明确的种植业、养殖业、森林的保险责任，不得无故删减保险责任。各地、各经办机构要依法依规组织农户和新型农业经营主体投保，规范承保管理；优化查勘定损标准，加快查勘定损速度；简化理赔流程、规范理赔管理、加快理赔速度，及时足额支付应赔偿的保险金。

在工作要求方面，本着总体稳定、积极推进的工作要求，继续执行中央财政保费补贴农业保险险种共保制度，经办机构不变；继续执行2019年度工作方案中确定的各险种补贴政策，各级补贴比例总体不变，其中茶叶和蔬菜按《关于全面推进中央政策对贵州特色农业保险奖补工作的通知》执行；继续执行农业保险工作经费支付比例及支付要求；继续支持经办机构针对建档立卡贫困户开发专属产品和实施生态护林员捐赠保险，相关政策按2019年方案执行。同时要求任何单位和个人不得挪用、截留、侵占经办机构应当赔偿被保险人的保险金，不得编造虚假赔案套取保险资金，不得虚构保险标的骗取财政补贴资金。对于违法和违规情节严重的经办机构，一律取消其承保资格。自本方案印发后，经办机构仍未按照本方案划定区域签订中央财政保费补贴农业保险合同的（承保机构与划定区域经办机构协商同意，并共同向省农业保险工作联席会议提交书面材料备案的除外），省农业保险工作联席会议将责令其改正并进行全省通报。对于跨划定区域签订的中央财政保费补贴农业保险合同将一不再拨付中央财政及省级财政补贴保费，并扣减该经办机构2021年度5%的中央财政保费补贴农业保险市场份额，情节严重的将取消其2021年度参与中央财政保费补贴农业保险经营资格。地方特色农业保险承办不受本方案划分区域约束，由地方政府和投保人在具有农业保险经营资质的人保财险、平安保险、国寿财险、太平洋财险、国元农险、锦泰保险等6家保险公司中自主选择，其中锦泰保险目前仅可开展农业价格指数保险试点。

表 2　　贵州省 2020 年度中央财政保费补贴分担比例表　　单位：元、元/亩、头

品种	保额	费率	保费	中央补贴	省级补贴	市级补贴	县级补贴	农户部分
水稻	600	5%	30	40%	30%	4.5%	10.5%	15%
其中：产粮大县	600	5%	30	47.5%	33%	4.5%	—	15%
玉米	600	5%	30	40%	30%	4.5%	10.5%	15%
其中：产粮大县	600	5%	30	47.5%	33%	4.5%	—	15%
小麦	480	2.5%	12	40%	30%	4.5%	10.5%	15%
其中：产粮大县	480	2.5%	12	47.5%	33%	4.5%	—	15%
油菜	500	4%	20	40%	30%	4.5%	10.5%	15%
甘蔗	600	4%	24	40%	30%	4.5%	10.5%	15%
马铃薯	580	3.5%	20.3	40%	30%	4.5%	10.5%	15%
奶牛	8000	6%	480	50%	17%	9%	9%	15%
能繁母猪	1500	5%	75	50%	17%	9%	9%	15%
育肥猪	800	4%	32	50%	17%	9%	9%	15%
公益林　综合险	1250	0.24%		50%	30%	6%	14%	0
公益林　火灾险	1250	0.16%		50%	30%	6%	14%	0

续表

品种		保额	费率	保费	中央补贴	省级补贴	市级补贴	县级补贴	农户部分
商品林	综合险	1250	0.24%		30%	30%	7.5%	17.5%	15%
	火灾险	1250	0.16%		30%	30%	7.5%	17.5%	15%
作物制	水稻	600	5%	30	40%	30%	4.5%	10.5%	15%
	玉米	600	5%		40%	30%	4.5%	10.5%	15%
	小麦	500	3%		40%	30%		10.5%	15%

国家和省级自然保护区及省属国有林场统一实施综合险，按照每亩保额 1250 元，保险费率 0，24% 的标准执行。所需保费扣除中央财政负担部分，其余全部由省级财政承担。

贵州省对2020年享受中央财政保费补贴农业保险保费优惠县（区）名录规定了有：关岭县、七星关区、织金县、思南县、德江县、松桃县、普安县、贞丰县、黄平县、岑巩县、天柱县、台江县、黎平县、荔波县、独山县、平塘县、长顺县、正安县、水城县、紫云县、赫章县、纳雍县、威宁县、沿河县、从江县、剑河县、榕江县、三都县、册亨县、晴隆县、望谟县、普定县、大方县、罗甸县、锦屏县。对极贫乡镇名录规定了有：威宁县石门乡、晴隆县三宝乡、榕江县定威乡、镇宁县简嘎乡、雷山县大塘镇、赫章县河镇乡、贞丰县鲁容乡、望谟县郊纳镇、长顺县代化镇、德江县桶井乡、从江县加勉乡、盘县保基乡、务川县石朝乡、石阡县国荣乡、黄平县谷陇镇、册亨县双江镇、平塘县大塘镇、紫云县大营镇、水城县营盘乡、纳雍县董地乡。

中央财政保费补贴农业保险经营区域方面，贵州省对2020年中央财政保费补贴农业保险经营区域规定如表3所示。

在投保理赔流程规定方面，贵州省对2020年中央财政保费补贴农业保险规定解释基本如下：

签订合同。要求各级经办机构应当因地制宜确定具体投保模式，坚持在尊重农户意愿基础上，积极发挥新型农业经营主体、乡镇林业等工作机构、村民委员会、村民小组等组织服务功能，采取多种形式组织农户投保。并规定可由农民、新型农业经营主体自行投保，也可以由新型农业经营主体、村民委员会等单位组织农民投保。集中组织投保的，经办机构应当在订立补贴险种合同时，制订投保清单，详细列明投保农户的投保信息及赔付范围和标准，并由投保农户或其授权的直系亲属签字确认。经办机构应当将承保情况予以公示，并进行回访。

表 3　贵州省 2020 年中央财政保费补贴农业保险经营区域规定

地区	人保财险	平安财险	太平洋财险	国寿财险	国元农险
贵阳市	清镇市、开阳县、花溪区、南明区、白云区、市本级		乌当区	息烽县云岩区观山湖区	修文县
遵义市	播州区、凤冈县、道真县、余庆县、务川县、红花岗区、市本级	赤水市、湄潭县、正安县	绥阳县仁怀市	习水县	桐梓县汇川区新浦新区
安顺市	西秀区、市本级、平坝县	紫云县	关岭县	普定县	镇宁县
黔南州	荔波县、独山县、惠水县、长顺县、三都县、龙里县、都匀市、福泉市、州本级	瓮安县、平塘县、罗甸县	贵定县		
黔东南州	锦屏县、黎平县、岑巩县、三穗县、丹寨县、台江县、镇远县、榕江县、剑河县、雷山县	凯里市、州本级天柱县、施秉县	从江县	黄平县麻江县	
铜仁市	沿河县、石阡县、思南县、松桃县、德江县、玉屏县、万山区	碧江区、市本级	印江县	江口县	
毕节市	大方县、赫章县、黔西县、七星关区、市本级	威宁县	金沙县	纳雍县、织金县	
六盘水市	盘州市	钟山区、市本级	水城县		六枝特区
黔西南州	兴义市、州本级册亨县	兴仁县、普安县、望谟县	贞丰县	晴隆县义龙新区	安龙县
贵安新区				贵安新区	

定损理赔。经办机构接到报案后24小时内进行现场查勘，因不可抗力或重大灾害等原因难以及时到达的，应及时与报案人联系并说明原因。经办机构应及时核定损失，种植业保险发生保险事故造成绝收的，应在接到报案后20日内完成损失核定；造成部分损失的，应在农作物收获后20日内完成损失核定；养殖业保险应在接到报案后3日内完成损失核定。发生重大灾害、大范围疫情以及其他特殊情形除外。保险合同另有约定的，从其规定。必要时保险机构可邀请出险地乡镇（街道办）农业（畜牧）、林业等农业保险协调工作小组成员单位相关人员参与查勘、定损工作。查勘、定损工作完成后，在赔款支付前，理赔清单应当由被保险人签字，并在被保险人所在的行政村或新型农业经营主体显著位置进行不少于3天的张榜公示，公示结束和资料收集完毕，如有异议，在与被保险人达成赔偿协议后，经办机构应在10个工作日内将保险赔款足额直接支付给被保险人。经办机构原则上应当通过财政补贴“一卡通”、银行转账等非现金方式，直接将保险赔款支付给农户。如果农户没有财政补贴“一卡通”和银行账户，经办机构应当采取适当方式确保将保险赔款直接赔付到户。

争议处理。农户或新型农业经营主体与经办机构因保险事宜发生争议，可通过自行协商解决，也可向当地政策性农业保险工作联席会议（或工作领导小组）或人民政府申请调解；如调解无法达成一致，可申请仲裁或向当地人民法院提起诉讼。

作为浙江省台州市所属县级市临海市，根据《临海市人民政府办公室关于进一步做好政策性农业保险工作的通知》、《台州市人民政府办公室关于印发台州市政策性农业保险实施方案（2020年—2022年）的通知》文件精神，对其2020年—2022年度政策性农业保险参保品种规定如下：水稻、油菜、大小麦、设施大棚、大棚蔬菜、生猪、能繁母猪、鸡、鸭、公益林火灾、葡萄种植、杨梅采摘期降雨气象指数保险及茶叶低温气象指数保险试点。参保条件及保额标准规定能繁母猪、生猪参保对象为所有养殖农户，公益林火灾全市统保，其他品种的参保对象以大户为主，兼顾部分散户，鼓励农业龙头企业、农村经济合作组织、农民专业合作社在有效控制风险和提高农业产业化水平前提下，组织规模以下种养殖户参保。具体参保条件及部分品种的保额标准分险种如下：

水稻：大户20亩以上参保，每亩保额1000元。

大棚蔬菜：种植面积在5亩以上。

油菜：种植面积在10亩以上；种植面积未达到10亩的种植户，可以通过专业合作社组织或以村为单位统一参加保险。

生猪：各镇街道统计农户的养殖详细分户清单，有母猪的统计母猪存栏数，无母猪的统计生猪存栏数，母猪按存栏数20倍，生猪按存栏数2.2倍作为全年出栏数为承保依据，按镇（街道）分别出具保单。

能繁母猪：按户投保，存栏母猪30头以上的养殖户全年接受农户参保。

鸡：单个场（户）存栏种鸡或蛋鸡2000羽以上，存栏肉鸡8000羽以上。

鸭：单个场（户）存栏种鸡或蛋鸭1000羽以上，存栏肉鸭5000羽以上。

大小麦：种植面积在10亩以上，种植面积未达到10亩的种植户，可以通过专业合作社组织或以村为单位统一参加保险。保额为600元/亩。

公益林火灾：统保。

葡萄种植保险：种植面积在5亩以上，种植面积未达到5亩的种植户，可以通过专业合作社组织或以村为单位统一参加保险，保额最高为3000元/亩。

设施农业大棚：符合建造技术要求，能够正常使用且占地面积在5亩（含）以上的。

杨梅采摘期降雨气象指数保险：相对连片种植面积在5亩（含）以上，且投产一年以上；种植面积未达5亩的种植户，可以通过专业合作社或以村、乡为单位的统保方式参保。

茶叶低温气象指数保险：根据试点文件方案实施。

在保费补贴标准方面规定：中央、省、市三级财政安排了专项资金，对参加政策性农业保险的生产品种给予保费补贴。其中，公益林、生猪补贴100%；水稻、大小麦补贴93%；能繁母猪、油菜补贴90%；鸡、鸭补贴65%；设施大棚及大棚蔬菜补贴70%；葡萄种植补贴70%。

表 4 政策性农业保险省级险种保险金额、费率、保费补贴比例一览表

险种	保险金额（元/亩、株、头、羽）	基础费率（一年期）	中央财政补贴比例		省级财政补贴比例		县财政级补贴比例		农户自负
			一般地区	加快发展县岛地区	一般地区	加快发展县岛地区	一般地区	加快发展县岛地区	
水稻	1000	5%	35%	35%	32%	48%	26%	10%	7%
小麦	600	3.75%	35%	35%	32%	48%	26%	10%	7%
大麦	600	3.75%			50%	68%	43%	25%	7%
油菜	500	3%	35%	35%	30%	45%	25%	10%	10%
大棚	参照实际价值	3%（单体钢架） 2%（连栋）			28%	42%	42%	28%	30%
大棚蔬菜	叶菜类 400～1800； 非叶菜类 1000～2400； 多年生蔬菜 1600～3300	6%			28%	42%	42%	28%	30%
露地西瓜	300～500	7.5%			28%	42%	42%	28%	30%
露地蔬菜	叶菜类 200～900； 非叶菜类 900～1800	6%			28%	42%	42%	28%	30%

续表

险种	保险金额（元/亩、株、头、羽）	基础费率（一年期）	中央财政补贴比例		省级财政补贴比例		县财政级补贴比例		农户自负
			一般地区	加快发展县岛地区	一般地区	加快发展县岛地区	一般地区	加快发展县岛地区	
葡萄	1000～3000	6% 8%			28%	42%	42%	28%	30%
大棚西瓜	600～1500	7.5%			28%	42%	42%	28%	30%
公益林火灾	450	0.1%	50%	50%	20%	40%	30%	10%	0%
商品林火灾	200～800	0.1%	30%	30%	18%	27%	27%	18%	25%
林木综合	200～1000	0.6%，0.8%	30%	30%	18%	27%	27%	18%	25%
柑橘树	1000，2000～4000	4%			30%	45%	45%	30%	25%
生猪（A款）	600 / 900（种猪1000）	4.5%	40%	40%	20%	35%	25%	10%	15%
生猪（B款）	900 /1200	4.5%	40%	40%	20%	35%	25%	10%	15%
能繁母猪	1500	6%	40%	40%	20%	40%	30%	10%	10%

续表

险种	保险金额（元/亩、株、头、羽）	基础费率（一年期）	中央财政补贴比例		省级财政补贴比例		县财政级补贴比例		农户自负
			一般地区	加快发展县岛地区	一般地区	加快发展县岛地区	一般地区	加快发展县岛地区	
奶牛	2000～6000	6%	40%	40%	18%	27%	27%	18%	15%
鸡	肉用鸡6～10 散养肉鸡20 种鸡、蛋鸡 快大型鸡6～10	4% 5% 1.4%			26%	39%	39%	26%	35%
鸭	肉用鸭7～9 种鸭和蛋鸭20～40	4% 5%			26%	39%	39%	26%	35%
鹅	肉用鹅30，种鹅70	3%，4%			26%	39%	39%	26%	35%
淡水养鱼	1400、2000、2500、5000、7000	4%（主险） 2%（附加险）			24%	36%	36%	24%	40%
稻田养鱼	500、800、1000	4%			24%	36%	36%	24%	40%

4. 粮食最低收购价

粮食最低收购价政策是国家为了保护农民利益、保障粮食市场供应而实施的粮食价格调控政策，是为实施工业反哺农业而采取的重要手段。一般情况下，粮食收购价格受市场供求影响，国家在充分发挥市场机制作用的基础上实行宏观调控，必要时由国务院决定对短缺的重点粮食品种，在粮食主产区实行最低收购价格。当市场粮价低于国家确定的最低收购价时，国家委托符合一定资质条件的粮食企业，按国家确定的最低收购价收购农民的粮食。

粮食最低收购价政策的出台实际上是粮食流通市场化改革的阶段性产物。自 1978 年我国实行家庭联产承包责任制以后，1978 年—2004 年，我国粮食收购价格政策历经统购统销，粮食市场初步放开（1978 年—1984 年）、价格双轨，定购价格稳步提高（1985 年—1997 年）和市场定价，价格保护逐步弱化（1998 年—2003 年）多个阶段。粮食产量由改革开放前的“供求绝对短缺”逐步进入“基本解决温饱”和“供求基本平衡、丰年有余”阶段。粮食产量连年攀升，至 1996 年粮食产量突破 5 亿吨，人均粮食占有量增至 414.39 公斤，我国粮食生产进入供需总量基本平衡，丰年有余的新阶段，我国农业也开始进入了以结构战略性调整为主线的发展时期。但这些也给粮食生产带来了隐患，1998 年—2003 年，政府部门在粮食生产方面过度放松于市场自由调控，一方面粮食连年丰产，但粮食价格持续下跌，另一方面农业生产结构调整致使粮食播种面积下降，粮食产量严重滑坡，国家粮食安全再度陷入严峻状态。2003 年我国粮食播种面积降至 9941 万公顷，比 1996 年减少了 1314 万公顷，粮食产量降至 43069.53 万吨，比 1996 年减少了 7384 万吨，粮食人均占有量降至 334.29 公斤，比 1996 年减少了 80 公斤，粮食安全问题日益严峻。出于粮食生产长期安全稳定的考虑，基于国内的条件，以工业反哺农业、城市支持农村、多予少取放活方针指导下，中央政府自 2004 年开始陆续出台了多项惠农政策来支持农业生产。特别是避免“谷贱伤农”的老问题重现，稳定粮食生产，国家决定实施粮食最低收购价政策。2004 年，《粮食流通管理条例》《国务院关于进一步深化粮食流通体制改革的意见》相关文件出台，提出要放开粮食收购和价格，健全粮食市场体系，由市场供求形成粮食收购价格，国家在充分发挥市场机制的基础上实行宏观调控，当粮食供求发生重大变化时，为保证市场供应、保护农民利益，必要时可由国务院决定对短缺的重点粮食品种在粮食主产区实行最低收购价格。这为最低收购价政策的制定和完善提供了强有力的政策依据。同年，中央政府出台早籼稻最低收购价政策，随后两年内扩大至中晚籼稻、粳稻和小麦，自此，基本口粮全面进入最低收购价政策调整阶段。

粮食最低收购价政策设计的出发点是充分发挥市场机制的基础上实施国家宏观调控。中央政府每年在粮食作物播种前公布当年各品种最低收购价格并出台政策执行预案。在粮食收获季节，如果粮食市场价格高于最低收购价格，市场粮价反映供求关系，粮食经营企业按实际市场价格收购农民粮食，市场机制发挥作用；如果粮食市场价格低于最低收购价格，政策执行主体我国储备粮管理总公司及其委托公司将按照最低收购价格入市收购粮食，其他粮食企业还是随行就市进行收购。关于政策实施品种与地区。最低收购价政策只限于规定品种的主产区范围，在品种和区域范围外的粮食价格完全由市场供求决定，不执行最低收购价政策。其中，早籼稻 2004 年—2007 年执行省份包括湖南、湖北、江西和安徽，2008 年开始将广西纳入政策执行范围，中晚籼稻和粳稻 2004 年—2007 年执行省份为黑龙江、吉林、湖南、湖北、江西和安徽，2008 年开始将辽宁、广西、江苏和河南纳入政策执行范围；2006 年开始，小麦执行省份始终为河北、河南、山东、湖北、江苏、安徽六省。

粮食最低收购价政策的初始目标是“保供给”，即保障国家粮食安全和实现粮食有效供给。作为粮食生产的直接参与者，农户种粮存在比较收益时才会增加粮食供给，为实现粮食供给稳定目标，政府需要通过提高种粮收益来刺激农户生产积极性，增加粮食市场供应量，最低收购价政策目标逐渐演化为“保供给”和“保收益”两大基本目标。历史经验表明，产量和收益目标关系在不同时期和背景下会呈现出较大的差异性。计划经济体制下，粮食价格固定不变，产量越多意味着农户售粮收益越多，产量与收益目标关系呈相容性和一致性特征。市场经济体制下，对单个农户来讲，可能是生产越多收益越多；但对农民整体而言，产量多意味着市场供给增加。市场价格下降，如果价格降低的幅度大于产量增长的幅度，农民平均收益反而减少，两个目标的矛盾性就会显现出来。根据政策内容，粮食市场价格低于最低收购价格时，政府按照最低收购价格向农户收购粮食，政策实施不仅有效刺激了农户种粮积极性，还弥补了市场价格较低可能造成的农户种粮损失。国内粮食供给不足，国内粮价低于国际粮价背景下，若政策实施得当，两个目标是可以兼顾的。当国内外粮食市场进入供大于求、国内外粮价倒挂阶段，持续提高最低收购价格能够实现粮食增产和保障种粮收益目标，但客观存在的粮食库存积压、进口激增外部不利因素会使政策非常困难。继续兼顾两个目标，不仅政府部门面临巨额、低效的财政支出，农民利益也无法得到有效保障。总体来看，粮食市场短缺或者粮食生产过剩但国内粮价较低阶段，产量与收益目标短期内是可以兼顾的，长期来看，政府想要通过持续提高最低收购价格实现粮食增产和农民增收目标并不现实。

按照政策规定，粮食最低收购价格政策的执行主体是我国储备粮总公司及其分公司，各省的地方储备粮管理公司。当市场价格低于最低收购价时，中储粮总公司和其委托的公司必须按照最低收购价收购粮食，而其他粮食企业可以按照市场价格自行收购。粮食最低收购价格政策的执行有三个条件：一是当市场价格低于最低收购价时，粮食最低收购价预案才启动。二是政策实施范围有限制。粮食最低收购价政策只限于规定品种的重点主产区，早籼稻是湖南、湖北、江西、安徽四个省（2008 年增加广西），中晚籼稻和粳稻是湖南、湖北、江西、安徽、四川、吉林、黑龙江七个省（2008 年增加辽宁、江苏、河南和广西），小麦是河北、河南、山东、湖北、安徽、江苏六个省，范围之外的省份粮食价格完全由市场决定，不执行最低收购价政策。三是政策运行时间有规定。最低收购价政策并不是全年实施，而是按照粮食收获季节和农民售粮习惯规定了一定的时间期限，农民在此时间内售粮可以按照最低收购价进行收购，超出期限则按市场供求关系自主决定价格。

自 2004 年实行粮食最低收购价格政策以来，粮食最低收购价格历经数次调整。2004 年—2007 年的粮食收购价格较稳定。2004 年稻谷最低收购价分别是早籼稻每斤 0.7 元，中晚籼稻每斤 0.72 元，粳稻每斤 0.75 元，由于当年稻谷的市场价格高于最低收购价，最低收购价政策执行预案没有启动。2005 年，稻谷最低收购价与 2004 年相同，政策首次启动，此后二年一直保持这个价格未变。小麦也于 2006 开始执行最低收购价格政策，白小麦每斤 0.72 元，红小麦、混合麦每斤 0.69 元，2007 年未调整。在此期间，稻谷小麦的产量、播种面积持续上升。2008 年—2014 年期间收购价格上调。2004 年—2007 年粮食连年丰产，但农业生产资料价格也快速上涨，农民种粮成本增加过快，种粮收入整体持平或者下降，农民种粮积极性下降。2008 年国家发改委对粮食最低收购价格开始上调，此后连续 6 年上调粮食最低收购价格，至 2014 年，粮食最低收购价格分别为早籼稻每斤 1.35 元，中晚籼稻每斤 1.38 元，粳稻每斤 1.55 元；小麦每斤 1.18 元。与 2007 年相比，早籼稻每斤上调了 0.65 元，中晚籼稻每斤上调了 0.66 元，粳稻每斤上调了 0.8 元，小麦每斤上调 0.48 元。在政策刺激下，2008 年—2014 年我国小麦、稻谷的播种面积和产量持续上升，粮食播种面积和总产量也持续上升，粮食产量先后突破 5 亿吨、6 亿吨。2015 年—2019 年期间粮食收购价格进入稳中下调。2004 年—2015 年，国内粮食产量实现十二连增，但又出现了新问题，一是粮食库存量激增，阶段性过剩；二是结构性矛盾突出，生产出来的粮食产品满足不了市场需求，粮食去库存受阻；三是由于粮食生产成本不断上涨，最低收购价格不断上调，导致国产粮食价格远高于国外粮食价格，粮食进口量增加，高产量、高库存、高进口的“三高”现象制约了农业生产的正常发展。2015 年国家停止上调粮食最低收购价格，并从 2016 年起下调了早籼稻最低收购价格，此后三年国家连续下调粮食最低收购价格，至 2019 年粮食最低收购价格分别为早籼稻每斤 1.2 元，中晚籼稻每斤 1.26 元，粳稻每斤 1.3 元，小麦每斤 1.12 元。粮食最低收购价格政策从 2015 年起进行了新一轮的改革，改变了价格持续上调的预期，2016 年—2019 年持续向下微调，至今虽未能从根本上解决粮食价格保护和农民生产积极性稳定问题，但在强化市场机制、改善贸易状况、加速农业转型方面取得了一定成效。2018 年，小麦和稻谷最低收购价执行预案对比往年有了一些调整：一是收购的粮食，应为当年生产且符合三等及以上国家标准，四等及以下的粮食由地方政府组织引导实行市场化收购，往年可以收四等五等粮；因自然灾害或其他原因造成不符合质量标准或食品安全指标的小麦和稻谷，由各地按照粮食安全省长责任制和食品安全地方政府负责制的要求组织收购处置；二是对启动时间作了适当延后，缩短了最低收购价收购期。小麦启动时间延后了 11 天，早籼稻启动时间延后了 16 天，中晚籼稻启动时间延后了 24 天，粳稻启动时间延后了 22 天。新粮上市初期，市场较为活跃，多元主体入市收购积极，适当延后启动时间，可以为市场化收购腾出空间，有利于市场机制发挥作用、形成价格。同时此次改革强化了地方政府的责任，发挥地方粮食行政管理部门对政策性收储的监管作用。2019 年 10 月 12 日，国家发改委、国家粮食和物资储备局会同财政部、农业农村部、我国农业发展银行联合出台《关于完善小麦最低收购价有关政策的通知》相关政策文件，限定2020年最低收购价小麦收购总量为3700万吨。2020年2月28日，五部委再次联合出台《关于完善稻谷最低收购价有关政策的通知》相关政策文件，要求自2020年起对最低收购价稻谷限定收购总量，限定2020年最低收购价稻谷收购总量为5000万吨（籼稻2000万吨、粳稻3000万吨）。

我国粮食处于长期供需紧平衡状态，但品种之间差异较大，供给过剩与产不足需、库存压力与大量进口同时存在。

稻谷是我国主要的口粮，全国约60%以上的人口以大米为主食。在保证口粮绝对安全的要求下，国家从2004年起对国内早籼稻、中晚籼稻和粳稻实行最低收购价政策。2004年最低收购价标准为国标三等早籼稻每吨1400元、中晚籼稻每吨1440元、粳稻每吨1500元，随后逐年上涨，2016年最高分别为早籼稻每吨2660元、中晚籼稻每吨2760元、粳稻每吨3100元，之后连续两年下调，2019年分别为早籼稻每吨2400元、中晚籼稻每吨2520、粳稻每吨2600元。最低收购价政策对整个稻谷市场影响主要体现在以下几个方面。一是最低收购价的逐年提高抬升了整个市场价格。历史数据也可以反映这一趋势，以产量占比较大的粳稻为例，随着托市收购价从每吨1500元上调至3100元而后又下调至每吨2600元，市场平均价格也从2007年的每吨1700元左右上涨至2016年的每吨3100元左右，2019年下降至每吨2600元左右。二是稻谷价格提高直接带来种植收益的提高，进而刺激全国稻谷种植面积增加。根据国家统计局数据，2018年全国稻谷播种面积3018万公顷，比2017年减少56万公顷，粮食市场与交易比2004年增加181万公顷，增幅6.3%。由于最低收购价政策并不严格要求稻谷的品种和质量，只要符合要求标准即可，此即意味着高产量就会带来高收益。因而多年来种植稻谷大多以追求高产为主，加上种子、生产和管理的技术进步，稻谷单产逐年增加，从而促进了我国稻谷的产量连续多年持续提高，基本保障了国内口粮的安全。最低收购价政策也带来了一些问题。一是导致了全国稻谷供给过剩，带来了库存压力和资源浪费。最低收购价政策有效刺激了稻谷生产，在完全满足国内口粮需求后，产量仍保持继续增长的态势。但口粮消费弹性较小，满足基本需求后难以继续增长，并且随着城镇化率的提高，人均口粮消费呈现出下降趋势，产量增加消费减少导致稻谷呈现供大于求局面。以粳稻为例，进入 2019 年后，2014 年产国家政策性库存粳稻销售底价每吨 1600 元，而当年收购价每吨 3100 元，净财政损失 1500 元。二是普通稻谷供给过剩，优质品种供给不足。在最低收购价政策框架下，种植稻谷以追求高产为主，许多优质品种大多产量不如普通稻，导致优质并不一定优价，进而国内普通品种供给大幅过剩而优质品种供给不足。在全国最大的稻谷主产区黑龙江省，有当地农民称呼普通圆粒粳稻（该稻质量一般、产量高）为“国库稻”，生产出来就是等国家开库收购。三是造成了国内外价差大，过度进口难调控。在国内价格大幅上涨的同时，国际价格从 2008 年粮食危机以来一直处于低位，国内外价差保持在较高水平。世界主要出口国越南白米到港价与我国南方早籼米价差在 2015 年曾超过每吨 1200 元，近年来随着国内市场大米价格下降有所降低，但仍保持在每吨 500 元以上。由此导致进口大米利润丰厚，刺激了非正常边贸进口，加剧了国内稻谷供给过剩的局面。

小麦是我国主要的口粮，我国自 2006 年对小麦实行最低收购价政策，意味着每年的小麦市场价格底部确立。从 2006 年开始，国标三等白麦最低收购价从每吨 1440 元，随后 2014 年上涨至每吨 2360 元并维持稳定，至 2019 年连续两年均下调每吨 60 元至每吨 2240 元。2007 年我国小麦播种面积 2300 万公顷，2007 年小麦产量 10700 万吨，较上年的 10447 万吨增长 253 万吨，增幅 2.43%。小麦最低收购价政策促进了农民种粮的积极性，稳定了粮食生产，促进了农民收入的提高。最低收购价政策的实施使得以往出现过的粮食产量增长之后，随之实际市场价格下滑，从而影响生产者积极性的情况没有出现。2006 和 2007 年度小麦价格水平明显高于 2005 和 2006 年度，保护了小麦生产者的积极性。如果 2006 年不启动最低收购价执行预案，小麦的市场价格可能会降到相当低的水平。正是由于认真执行最低收购价政策，使得小麦的实际价格一直维持在高位运行，有效地激发了农民种粮的积极性。数据显示，1996 年至 2002 年，城市居民收入增长了 3326 元，增幅达 76%，粮食消费价格指数却发生了较大幅度下降，农民收入在较低基数上增幅仅 28.5%。而根据最近的数据显示，2006 年实施小麦最低收购价政策的地区，农民增收 40 亿元以上，没有实行最低收购价政策的地区由于粮食价格的上涨，也不同程度的增加了农民的收入，据有关部门统计，2006 年农村居民人均纯收入比上年实际增长了 7.4%，应与最低收购价政策的执行有很大的关系，从这层关系上来说，最低收购价政策基本上达到了增加农民收入的预期目标。由于最低收购价政策，市场小麦优质优价难以体现，高产带来高收益，而高质量并没有带来明显的收益提高，因而近年来大多以追求高产为主，加上种子、农药、化肥方面的技术进步，国内小麦单产大幅提高。国内小麦需求量并没有随小麦产量的增加而逐年提高。近年来国内小麦供大于求约1500万吨左右，导致库存持续累积。但小麦相比稻谷耐存储，因此政策性小麦销售价差损失大多在每吨200元以内，国内小麦供需基本平衡。随着国内小麦最低收购价的提高，小麦市场价格也稳步上升，近两年国内南方港口小麦价格基本保持在每吨2400元以上，而国际小麦价格低位徘徊，到我国南方港口完税价格大多在每吨2000元以下，进口优势明显。但受配额管制，小麦每年进口数量均保持在960万吨的配额数量以内。国内强筋弱筋等优质小麦供给不足，优质小麦国内外价差相比普通小麦更为明显，因此每年进口大部分优质小麦，用于弥补国内优麦缺口。

玉米是农业供给侧改革的重点品种，也是近几年供需变化最大的品种。2008年—2015年，东北三省一区实行玉米临时收储政策，其政策效果与口粮市场的最低收购价政策基本一致，刺激了玉米生产的积极性，带来了高产量、高库存和高价差。但与口粮市场不同的是，虽然配额制度挡住了玉米的进口，但口粮市场不存在大量的替代品，而玉米则存在大量的替代品，如高粱、大麦等谷物可以完全替代玉米用于饲料消费，木薯可以替代玉米用于工业消费。替代品进口没有配额控制，并且国际上替代品价格大多参考玉米价格，因此国内外高价差直接刺激了替代品进口的大量增加。2016年国家按照市场定价、价补分离原则，推进玉米收储制度改革，取消玉米临时收储政策。改革措施最后达到“去库存”的目的。在降产量方面，一是由于收储制度取消，市场价格大幅回落，北方港口玉米平均价格2015年每吨2000元左右，2016年最低下降至每吨1500元以下，价格降低削弱了农民种植玉米的积极性。二是国内玉米最大的主产省黑龙江鼓励玉米改种大豆，在部分地区实行每亩150元的轮作补贴制度。三是调整生产者补贴比例。黑龙江省玉米生产者补贴2016年约为每亩153元，2017年下降至每亩133元，2018年下降至每亩25元，而大豆生产者补贴2016年约为每亩153元，2017年上涨至每亩173元，2018年上涨至每亩325元。2018年，全国玉米面积4213万公顷，比2015年下降284万公顷，全国玉米产量25733万吨，比2015年下降766万吨。在挡进口方面，一是随着国内玉米价格大幅下降，国内外价差缩小甚至出现倒挂，进口没有利润。二是商务部自2017年1月12日起，对原产于美国的进口干玉米酒糟征收反倾销税及反补贴税，2018年2月4日起对原产于美国的进口高粱进行反倾销和反补贴调查，玉米替代品进口数量大幅下降。2018年国内玉米替代品进口量为1890万吨，远低于2015年的4230万吨。在增需求方面，一是随着玉米价格下降，相比其他饲料谷物具有替代优势，出现了反替代，增加玉米饲料消费用量。二是玉米价格下降，其深加工下游产品价格随之下降，创造出许多新增需求，如下游玉米淀粉替代面粉、淀粉糖替代白糖。加之国家为防止农民出现“卖粮难”，2016年开始连续两年给予东北三省一区符合条件的饲料和玉米深加工企业每吨100元～300元不等的加工补贴，加工利润大幅增加，许多企业纷纷新增产能和扩大规模，加工用量大幅增加。2016年以来的三年中，深加工玉米消费量增长超过3000万吨。在一系列政策组合拳下，2017年—2019年，消化玉米库存总量的70%左右，去库存效果明显。在国内玉米产需存在缺口的情况下，玉米及其替代品的进口直接影响国内玉米市场供需结构。美国是全球第一大玉米主产国和出口国，我国进口的玉米替代品中高粱和 DDGS 超过 90% 来自于美国。中美经贸摩擦阻挡了国内玉米替代品的进口，国内粮食加工企业只能依靠库存补充缺口，加速了去库存的速度。但是，若中美经贸磋商达成协议会带来市场价格方向性的改变，则可能意味着大量低价进口粮源进入国内，压迫国内玉米价格与国际接轨，国内玉米价格仍存在较大的下跌空间。

大豆市场是受进口冲击最严，也是受中美经贸摩擦影响最大的品种。受土地资源、生产成本、单产水平等多种因素影响，国内大豆价格持续多年高于进口大豆价格。2001 年我国加入 WTO 初期，大豆进口量不足 2000 万吨，之后逐年增加，2017 年共进口大豆 9553 万吨，占国内大豆消费总量的 86%。2017 年进口的大豆中，有 34% 约 3285 万吨来自美国，有 53% 约 5093 万吨来自巴西，进口来源国较为集中。2018 年中美经贸摩擦发生后，国内对美国大豆进口加征 25% 进口关税，美国大豆进口受阻，国内需求转向巴西，巴西大豆价格快速上涨，大幅高于美豆价格。2018 年我国共进口大豆 8806 万吨，其中 75% 来自巴西，19% 来自美国，进口集中度进一步提高。如果巴西大豆减产或者发生物流不畅等其他因素，可能造成我国大豆短缺，国内大豆供应面临较大的风险。中美经贸磋商达成协议将直接导致大豆进口来源和进口价格重新改变，美国大豆供给增加价格下跌。中美贸易磋商打打谈谈，增加了国内大豆价格波动的不确定性和企业经营的风险。

从我国粮食波动发展的历史看，在连续丰收之后必然伴随着连续的减产，除了一些不可控因素之外，最重要的就在于“谷贱伤农”情况的发生，卖粮难的现象一再发生，导致丰年歉年有序循环的规律。国家决定执行最低收购价政策预案，正是为了预防历史重演而采取的一项重要措施。同时，随着我国工业化进程的加快，“三农”问题越来越成为制肘我国经济发展的主要因素，而粮食增产，农民增收是“三农”问题的关键一环，工业反哺农业已提到实施的层面，为此，从 2004 年以来，国家采取了一系列对粮食的宏观调控措施，涉及农田和耕地、粮食生产、市场价格、进出口和库存等多个方面，如通过控制保护农田和耕地，确保粮食生产和粮食安全的基础条件；通过实行“三补贴”政策，鼓励粮食生产、调动农民种粮积极性；而通过实施最低收购价政策来稳定粮食生产、引导市场粮价和增加农民收入是众多宏观调控措施中的重要一项.它与其他宏观调控政策一样，是实施工业反哺农业而采取的重要手段。最低收购价政策的实施有效地抵御了国际粮价的大幅上涨对我国小麦市场的冲击。

2018 年 5 月 22 日，国家发展和改革委员会出台了改革后《小麦和稻谷最低收购价执行预案》文件，对粮食最低收购价制度重新进行了顶层设计。预案所称粮食，指小麦、早籼稻、中晚籼稻、粳稻。

文件规定，小麦预案执行区域是：河北、江苏、安徽、山东、河南、湖北 6 省，执行时间为当年 6 月 1 日至 9 月 30 日；早籼稻预案执行区域为安徽、江西、湖北、湖南、广西 5 省（区），执行时间为当年 8 月 1 日至 9 月 30 日；中晚稻（包括中晚籼稻和粳稻）预案执行区域和时间是：江苏、安徽、江西、河南、湖北、湖南、广西、四川 8 省（区）当年 10 月 10 日至次年 1 月 31 日，辽宁、吉林、黑龙江 3 省当年 11 月 1 日至次年 2 月末。其他省（区）是否实行最低收购价政策，由省级人民政府自主决定。在规定的执行区域和时间内，当粮食市场收购价格持续 3 天低于国家公布的最低收购价格时，由中储粮分公司会同省级粮食、价格、农业、农业发展银行等部门和单位提出启动预案的建议，经中储粮集团公司报国家粮食和物资储备局批准，在省（区）内符合条件的相关地区启动预案。

文件规定，执行预案收购的粮食，应为当年生产且符合三等及以上国家标准，四等及以下的粮食由地方政府组织引导实行市场化收购。小麦具体质量标准按国家标准（GB1351）执行，稻谷具体质量标准按国家标准（GB1350）执行。因自然灾害或其他原因造成不符合质量标准或食品安全指标的小麦和稻谷，由各地按照粮食安全省长责任制和食品安全地方政府负责制的要求组织收购处置；有关费用从本省粮食风险基金中列支，风险基金不足部分由省级财政负担并列入省级预算解决。

文件规定，最低收购价是指承担最低收购价收购任务的收储库点向农民直接收购三等标准品粮食的到库价。具体价格水平以国家发展改革委等有关部门公布的当年最低收购价格为准，相邻等级之间的等级差价按每市斤 0.02 元掌握。非标准品粮食最低收购价的具体水平，按照国家有关部门《关于印发〈关于执行粮油质量国家标准有关问题的规定〉的通知》（国粮发〔2010〕178 号）有关规定执行。

文件规定，中储粮集团公司受国家有关部门委托，作为最低收购价政策执行主体。中粮、我国供销、中化、农垦集团受中储粮集团公司委托，有关省份地方储备粮管理公司（或单位）和地方骨干企业，以及其他符合条件的企业，受中储粮直属企业委托，按规定参与收购最低收购价粮食。作为委托收储库点参与最低收购价收购的各类粮食企业，应当具备以下条件：（1）在工商部门注册登记，取得粮食收购资格。（2）在农业发展银行开户。（3）有一定规模的自有仓容，仓储设施条件符合《粮油仓储管理办法》（国家发展改革委令2009年5号）和《粮油储藏技术规范》（GB/T29890）要求，具备必要的清理设备、机械通风设备、烘干设备、检化验设备（含必检食品安全指标快检设备）、计量称重器具和人员，对农民交售少量粮食要有可移动式磅秤。（4）执行粮油仓储单位备案相关规定，企业安全生产责任全面落实，相关设备齐备完善，符合消防安全要求，无重大消防隐患。（5）无不良信用记录，具有较高管理水平，三年内在收储及销售出库等方面无违规违纪行为。企业、企业法定代表人及主要股东无重大不良信用记录，无重大债权债务纠纷。（6）严格执行粮食流通统计制度，建立健全统计台账，准确、及时报送统计报表。具体条件由中储粮有关分公司会同省级粮食主管部门和农业发展银行省级分行根据当地实际细化。

文件规定，中储粮集团公司组织指导有关分公司与省级粮食主管部门、农业发展银行省级分行会商，按照“有利于保护农民利益、有利于粮食安全储存、有利于监管、有利于销售”的原则，合理确定执行最低收购价政策的委托收储库点，报当地省级人民政府备案，并在收购启动前将当地所有委托收储库点名称（与工商部门注册登记名称一致）、收储点地址和联系电话，通过当地主要新闻媒体和部门网站向社会公布。要充分利用现有仓储资源，每个县内委托收储库点可利用仓容总量或收储能力，应与当地最低收购价粮食预计收购量相衔接。确定收储库点的单位，对其确定的收储库点收储最低收购价粮食的监管、验收、库存管理、销售出库以及出现的风险等负责。执行最低收购价收储库点名单确定后，由确定收储库点的单位会同有关方面组织对委托收储库点储存的粮食进行逐仓清点登记，核实查验空仓，锁定拟收储货位。中储粮有关分公司要组织中储粮直属企业与委托收储库点签订委托收购合同，明确双方权利、义务等。委托收购合同的内容，不得违反国家法律和本预案有关规定。为防范履约风险，委托收储合同中可作出如下约定：地方国有粮食委托收储库点，按照20元/吨标准向有关中储粮直属企业交纳履约保证金，不能足额交纳的也可从收购费用中抵交；中粮、我国供销、中化集团等中央企业、省级大型国有粮食企业及其直属企业可免交履约保证金，但企业总部要提供担保并承担连带责任；非国有粮食企业向有关中储粮直属企业提供相应的抵押或担保。中储粮直属企业要将收取的保证金存入农业发展银行专户，待贷款本息结清后退还保证金本息。委托收储库点要严格按照本预案有关规定和委托收购合同开展收购活动。委托收购合同和空仓验收情况，报当地粮食主管部门、农业发展银行分支机构备查。

文件规定，政策执行过程中，符合资格条件的委托收储库点全部启动后，出现仓容及收储能力不足或委托收储库点布局不能满足农民售粮需要的，应及时通过安排县内集并等方式解决。仓容仍不能满足收储需要时，按照国家有关部门关于租赁社会粮食仓储设施收储国家政策性粮食的有关规定，可租仓收储最低收购价粮食。按照租赁方式确定的库点，在粮食收购、储存、销售等环节，均不得改变租赁性质。租赁双方要签订仓储设施租赁合同，明确双方责任、权利、义务。租赁社会仓储设施收储视同承租企业本库收储最低收购价粮食，须由承租企业开具收购发票、兑付粮款，并安排足够人员负责收购、保管，对收储的粮食和租赁设施进行封闭管理，承租企业对粮食数量、质量、粮款兑付、库存管理、销售出库、储粮安全等承担全部直接责任。企业租赁仓容的资格审核、确认流程、管理规定、责任划分等具体要求，按照国家有关部门关于租赁社会粮食仓储设施收储国家政策性粮食的规定执行。采取上述措施后，仓容仍然不足，需搭建简易储粮设施的，由中储粮分公司会同省级粮食主管部门、农业发展银行省级分行研究测算本省（区）预计搭建总量，经中储粮集团公司审核并报国家粮食和物资储备局、财政部、我国农业发展银行批准后实施。搭建的简易储粮设施应符合《粮油仓储管理办法》《简易仓囤储粮技术规程》及国家有关消防规定。为保证收储粮食储存安全，降低损耗，保证品质，一般情况下南方稻谷不采用简易设施储存。

文件规定，中储粮集团公司组织指导有关分公司按照本预案规定，在预案启动区域组织中储粮直属企业和委托收储库点及时挂牌收购，并做好库存管理等工作。中储粮集团公司要组织指导有关分公司建立定期巡查制度，逐级落实责任。按本预案规定确定的收储库点，在具体开展收购工作时，须在收购场所显著位置张榜公布实行最低收购价政策的粮食品种、收购价格、质量标准、水杂增扣量方式、结算方式和执行时间等政策信息，让农民交“放心粮”；不得压级压价、抬级抬价收购，不得拒收农民交售的符合本预案第三条规定要求的粮食；及时结算农民交售粮食的价款，不得给农民“打白条”；不得将农业发展银行贷款挪作他用；要依据农民交粮的实际情况，按照中储粮集团公司统一提供的规范收购凭证样式，当场如实填写统一规范的收购凭证，凭证所列重量、等级、水分、杂质、单价等内容必须填写齐全并妥善保存备查，不得篡改、伪造收购凭证；要积极创造条件，对最低收购价收购的粮食做到分品种、分等级专仓储存。

文件规定，委托收储库点收购最低收购价粮食所需贷款（收购资金和收购费用），由所在地中储粮直属企业统一向当地农业发展银行分支机构承贷，并根据收购情况和入库进度及时将资金直接支付给售粮者。农业发展银行分支机构要按照国家规定及时足额发放贷款，保证收购资金供应。对于没有中储粮直属企业的市（地）区域，为保证收购需要，可暂由中储粮分公司会同省级粮食主管部门、农业发展银行省级分行指定该区域内具有农业发展银行贷款资格、资质较好的收储企业接受委托并承贷；收购结束并经验收合格后，贷款要及时划转到中储粮直属企业统一管理。

文件规定，最低收购价粮食收购费用、保管费用、贷款利息补贴及销售盈亏负担等事项，按照《财政部关于印发最低收购价、临时收储粮食财政财务管理暂行办法的通知》（财建〔2013〕203号）、《财政部关于批复最低收购价等中央政策性粮食库存保管费用补贴拨付方案的通知》（财建〔2011〕996号）和《财政部关于调整中央临时收储和最低收购价粮食保管费补贴标准的通知》（财建〔2017〕1号）执行。中储粮公司要自粮食入库当月起，按季足额将补贴拨付到委托收储库点。

文件规定，中储粮集团公司组织指导有关分公司牵头及时对收购入库的最低收购价粮食品种、数量、质量和食品安全情况进行验收，并由确定收储库点的单位和负责检验的质检机构对验收结果负责。对最低收购价粮食食品安全指标，由确定收储库点的单位牵头委托有资质的第三方专业粮油质检机构进行检验。中储粮有关分公司将最低收购价粮食验收结果，按品种于本预案执行时间结束后 2 个月内汇总报中储粮集团公司，并抄送省级粮食主管部门和农业发展银行省级分行备查；同时，由省级相关部门和单位分解到所在地的市（地）或县级粮食主管部门和农业发展银行分支机构备查。对验收合格的，要归纳整理并建立账务凭证资料和质量档案，具体到货位。中储粮直属企业要与委托收储库点签订代储保管合同，明确品种、数量、质量、价格和保管、出库责任等，作为以后安排销售的依据。代储保管合同要报当地粮食主管部门、农业发展银行分支机构备查。中储粮分公司、直属企业及其委托收储库点要严格规范储粮行为，确保储粮安全。对验收发现入库粮食重金属、真菌毒素等食品安全指标超标的，由中储粮集团公司按品种在本预案结束后 3 个月内汇总审核报国家粮食和物资储备局、财政部、我国农业发展银行等有关部门和单位；国家有关部门和单位按照粮食安全省长责任制和食品安全地方政府负责制要求，划转给有关省级人民政府处置；有关费用从本省粮食风险基金中列支，风险基金不足部分由省级财政负担并列入省级预算解决。对经验收合格入库的粮食，在库存检查、其他质量检验中或出库时发现重金属、真菌毒素超标的，由收储企业承担质量安全主体责任和相关经济损失，由当地政府按照国家有关要求组织处置和监管，不得流入口粮市场。

文件规定，地方各级人民政府和有关部门要加强对收购工作的指导，采取有效措施，统筹组织引导辖区内中央企业分支机构、地方骨干粮食企业和其他多元市场主体积极入市，开展市场化收购和销售。要鼓励粮食企业与种粮大户、家庭农场、农民合作社等新型农业经营主体，通过订单收购、预约收购等方式，建立长期稳定的市场化购销合作关系。支持大型骨干企业充分利用自身渠道和资金优势，发挥市场化收购引领带动作用。协调组织辖区内中央和地方储备粮承储企业按照市场收购价格收购轮换粮源。建立健全粮食收购贷款信用保证基金融资担保机制。农业发展银行和其他金融机构，要积极为各类主体开展市场化收购提供信贷支持。

文件规定，预案执行期间，中储粮集团公司对分公司上报的收购进度和库存数据及时汇总并进行审核；每 5 日将最低收购价粮食的品种、数量汇总后报国家粮食和物资储备局，抄送我国农业发展银行。具体报送时间为每月逢 5 日、10 日期后第 1 个工作日 15 时之前。同时，中储粮有关分公司应将最低收购价粮食每月收购进度情况，抄送当地省级粮食主管部门、省级农业主管部门、省级价格主管部门、农业发展银行省级分行；每 5 日的收购进度，要及时通报省级有关部门。有关中储粮直属企业和各委托收储库点每 5 日要将实际收购进度数据同时抄报所在地的市（地）或县级粮食主管部门。各品种粮食最低收购价政策执行结束后 2 个月内，中储粮集团公司要将执行情况报告国家发展改革委、国家粮食和物资储备局、财政部、农业农村部、我国农业发展银行。农业发展银行省级分行在每月初 5 个工作日内将上月最低收购价收购资金的发放情况，报我国农业发展银行，并抄送当地中储粮分公司和省级粮食主管部门。我国农业发展银行汇总审核后抄送财政部、我国人民银行、国家粮食和物资储备局、中储粮集团公司。

粮食最低收购价政策的执行是一个延续不断的过程，最低收购价的政策标准每个年度不尽一样。2017 年，综合考虑粮食生产成本、市场供求、国内外市场价格和产业发展等各方面因素，经国务院批准，当年生产的早籼稻（三等）、中晚籼稻和粳稻最低收购价格分别为每 50 公斤 130 元、136 元和 150 元，比 2016 年分别下调 3 元、2 元、5 元。2018 年，国家继续在稻谷主产区实行最低收购价政策。综合考虑粮食生产成本、市场供求、国内外市场价格和产业发展等因素，经国务院批准，2018 年生产的早籼稻（三等）、中晚籼稻和粳稻最低收购价格分别为每 50 公斤 120 元、126 元和 130 元，比 2017 年分别下调 10 元、10 元和 20 元。2019 年小麦最低收购价，每斤 1.12 元，比上年下调 0.03 元。2020 年，国家继续在稻谷主产区实行最低收购价政策。综合考虑粮食生产成本、市场供求、国内外市场价格和产业发展等因素，经国务院批准，当年生产的早籼稻（三等）、中晚籼稻和粳稻最低收购价分别为每 50 公斤 121 元、127 元和 130 元。根据近几年稻谷最低收购价收购数量，限定 2020 年最低收购价稻谷收购总量为 5000 万吨（籼稻 2000 万吨、粳稻 3000 万吨）。限定收购总量分两批次下达，第一批数量为 4500 万吨（籼稻 1800 万吨、粳稻 2700 万吨），不分配到省；第二批数量为 500 万吨（籼稻 200 万吨、粳稻 300 万吨），视收购需要具体分配到省。如籼稻、粳稻各自的最低收购价全国收购量达到第一批数量的 90% 时，中储粮有关分公司应会同省级粮食等部门单位及时提出本省该品种第二批收购的计划数量建议。中储粮集团公司根据当年稻谷产量、收购量、农户余粮和市场价格等情况统筹平衡各省数量后，报国家粮食和物资储备局批准。国家粮食和物资储备局通过政府网站公布各省第二批收购数量。在第一批收购完成后，有关省份按照批准的第二批数量继续开展收购。当收购量达到本省批准数量时，立即停止该省最低收购价收购且不再启动。启动最低收购价执行预案后，中储粮集团公司要严格按照预案有关规定，加强统计监测，每5日向国家粮食和物资储备局报送收购进度；启动第二批收购后，中储粮集团公司要按日报送收购进度。国家粮食和物资储备局定期通过政府网站公布最低收购价全国收购总量。省级粮食等有关部门要结合稻谷商品量和农户余粮情况，及时开展调研调度，全面掌握收粮进度。中储粮集团公司作为最低收购价政策执行主体，要严格执行限定收购总量的收购政策，不得超量收购。财政资金支持限于最低收购价政策下的最高收购总量内。各地要认真落实粮食收储制度改革精神，规范粮食流通市场秩序，依法依规严厉查处粮食收储过程中的违法违规行为。同时促进种植结构调整优化，增加绿色优质安全产品供给。

5. 农机购置补贴

农机购置补贴，是指国家对农民个人、农场职工、农机专业户和直接从事农业生产的农机作业服务组织，购置和更新农业生产所需的农机具给予的补贴。国家提供农机购置补贴的目的是促进提高农业机械化水平和农业生产效率。农机购置补贴是国家“三补贴”强农惠农政策的重要内容，是贯彻落实中央一号文件的重要举措，对改善农业装备结构、提高农机化水平、增强农业综合生产能力、发展现代农业、繁荣农村经济具有重要意义。《中华人民共和国农业机械化促进法》第二十七条规定：中央财政、省级财政应当分别安排专项资金，对农民和农业生产经营组织购买国家支持推广的先进适用的农业机械给予补贴。补贴资金的使用应当遵循公平、公开、公正、及时、有效的原则，可以向农民和农业生产经营组织发放，也可以采用贴息方式支持金融机构向农民和农业生产经营组织购买先进适用的农业机械提供贷款。具体办法由国务院规定。按照国务院的部署，财政部、农业部于2004年共同启动了农机购置补贴政策，当年在66个县安排补贴资金0.7亿元。此后，中央财政不断加大投入力度，补贴资金规模连年大幅度增长，实施范围扩大到国内所有农牧县和农场，政策效果持续显现。截至2020年底，中央财政累计投入2392亿元，扶持3800多万农民和农业生产经营组织购置各类农机具4800多万台

(套)。党的十八大以来，中央财政农机购置补贴资金大幅增加，累计投入1863亿元，年均超过200亿元，扶持2459万农民和农业生产经营组织购置各类农机具3157万台（套）。农机购置补贴政策实施以来，推动了全国农机总动力快速增长，耕种收综合机械化水平持续提高，为保障我国粮食安全和农民增收，巩固农业在国民经济中的基础地位发挥了重要作用。

进入2021年，中央一号文件提出要提高农机装备自主研制能力，支持高端智能、丘陵山区农机装备研发制造，加大购置补贴力度，开展农机作业补贴。农业农村部2021年一号文件提出：实施新一轮农机购置补贴政策，加大粮食生产薄弱环节、丘陵山区和绿色智能农机等机具补贴力度，推进农机报废更新；农业农村部发布主要农作物、丘陵山区技术装备薄弱环节需求目录，引导企业生产农民急用、产业急需的农机产品，加快丘陵山区农田宜机化改造；开展主要农作物生产全程机械化示范创建，推广全程机械化+综合农事机械化+数字化等服务新模式；实施深松整地作业面积1亿亩；扩大薄弱环节农机作业补贴。从2021年中央一号文件和农业农村部一号文件不难看出，扩大薄弱环节农机作业补贴将成为2021年新亮点。农业农村部将会同财政部，指导各省按照农机购置补贴政策相关规定管好用好资金，加大对相关试点工作的跟踪指导，认真总结经验，不断完善机制，稳步推进补贴资金使用与管理方式的创新。同时，在深入实施深松整地作业补助政策的基础上，按照《国务院关于加快推进农业机械化和农机装备产业转型升级的指导意见》要求，研究和组织落实好对新型经营主体开展深耕深松、机播机收等生产服务给予补助的政策措施。为探索创新中央农机购置补贴资金使用与管理方式，农业农村部

2019 年曾在四川省利用农机购置补贴资金开展农机化发展综合奖补试点，支出方向包括机具的购置补贴、作业补贴、贷款贴息、融资租赁承租补助等。农机化发展综合奖补试点是农机购置补贴资金使用和管理的新的探索，从农机购买环节财政补贴逐步向农机作业环节补助、农机租用方式补助，以及金融扶持补助等方向积极探索转变，以改革试点推动国家三农扶持政策更好的适应新时期农机化发展的需要。

中央一直高度重视农业机械化，历年的中央一号文件都有加快推进农业机械化的相关内容。2004 年颁布实施《农业机械化促进法》后，先后出台农业机械购置补贴政策、农机深松作业补贴政策，极大调动了农民购机用机的积极性，农业机械化快速发展，农业生产机械化作业需求全面爆发。但农业机械化和农机装备产业发展仍存在不平衡不充分的问题，因此，2018 年国务院印发了《关于加快推进农业机械化和农机装备产业转型升级的指导意见》（以下简称“国发 42 号文”），对农业机械化发展做出全面部署，要求推动农机装备产业向高质量发展转型，推动农业机械化向全程全面高质高效升级。目前距离 2025 年农业机械化发展目标还存在着薄弱和不足。虽然农机作业水平在高位，但年度增速趋缓，2019 年全国农作物耕种收综合机械化率较 2018 年仅提高 0.9 个百分点，水稻机械种植率不足 55%，较机耕、机收环节低 40 个百分点，江西、湖南、广东、广西、四川等水稻主产省（区）机械种植率还未达全国平均水平；油菜机播率 33%、马铃薯机播与机收均为 28%、棉花机收率 50%，这些环节农机化率依然较低；甘蔗机收问题始终没有较大突破。新机械、新技术普及率高的背后离不开政府补贴强有力的支持。近几年，农机作业补贴已经在各地初露锋芒，成为继农机购置补贴后又一快速提升薄弱环节机械化水平的新利器。黑龙江省农机作业标准化质量提升三年行动方案（2021年—2023年）提出，依托国家北斗技术和全省农机调度指挥平台，加快配备农机智能监测设备，对有政策扶持的深松深耕、秸秆还田和免耕播种等作业全面实施信息化监测，争取达到作业补贴全监测全覆盖。广东省广州市明确，2021年全市安排农机购置补贴资金3175万元，在中央、省补贴标准的基础上提高市级购机补贴标准，并在全省率先组织开展水稻精量穴直播、水稻农用无人机直播作业补贴，实行定额补贴。发展水稻育插秧机械化作业、水稻精量穴直播、水稻农用无人飞机直播、无人机植保社会化作业服务，由市财政分别按每亩80元、50元、20元标准分别给予补贴，今年预计农机社会化服务作业补贴面积超10万亩。

提高农机购置补贴的重要作用需要系统规划和使用补贴政策。第一，增加农业发展中农机装备所占比例。受手工种植思想以及农机设备价格限制因素的影响，农民对于农机设备的需求会降低，导致整体农机设备的需求不景气，农机的生产量越来越低。随着农机购置补贴政策的不断推广，特别是农业合作社、农场等各类大型的农业种植组织对于整片农田大规模作业需求的增加，越来越多农业生产者开始主动意识到农机设备的应用，开始购置大型农业生产设备，整体市场环境有所调整。同时，需求变化的不断刺激，使农机设备的生产规模不断扩大，新农机设备的研发速度也不断加快，整体性能也有明显提升，对农业机械设备的优化设计以及持续性推广均起到了非常重要的促进作用。农机购置补贴政策的推进以及实施，能够帮助更多农民认识到了农业机械设备在农产业发展中的应用优势，减轻了农民的农机购买压力，也对农业科技成果的转化及生产力的提升起到了非常显著的促进效果，不管是在农机作业方面还是农业生产技术方面，都显示出了一定的优势，尤其是对完善装备结构有积极影响。目前各类农业机械设备的体积在不断扩大，不再局限于小型农机，机械设备的工作效率以及农产业经济效益也有了明显提升，农户对于农机设备的认可程度也不断提升。其次，农机购置补贴政策有效加快了各类农机设备的更替速度。农机购置补贴政策还使农机新机具、新技术得到应用推广，为农机具产业的发展创造了更广泛的空间，促进农机产业与农业经济发展的全面融合。第二，提高农业生产效率。农机购置补贴政策的推广加快了农业机械化以及现代化的发展和建设，促进了高质量、高性能农机设备的推广。第三，促进农机服务体系的建立。农机购置补贴政策提高了农民在购买农机上的积极性，涌现出了一批农机专业户、农机专业合作社、家庭农场，各类农机服务组织的规模越来越大，对于农机服务以及产业化发展均有促进作用。随着农业经济发展速度的不断加快，农民的农机购置能力也在不断提升，购机成本不断降低，逐步形成县（区）、乡镇、村、农机专业户四级农机服务网络。各类农业大户以及龙头企业在农机产业发展中的应用拓宽了农机服务范围，不仅涉及农业运输、机播、机种机收、农机维修，还涉及植保、农产品加工；服务对象不仅涉及乡镇，还涉及跨区作业。农机购机补贴政策加快了农机作业服务体系的构建。第四，促进农业现代化发展。农业机械化产业的发展会对农业整体产业环境产生积极的影响，也是促进农产业发展进步的关键，能够有效带动农业的作业速度以及作业水平，促进农业综合生产效率的提升，提高农业抗御自然灾害能力。农机购置补贴政策的实施对于农产业机械化的发展普及起到了显著的积极作用，有效促进了农业发展的规模化、标准化以及专业化，使农业产值不断增加，促进了我国农业经济的可持续发展。

2021 年 3 月 12 日，农业农村部办公厅、财政部办公厅印发了《2021 年—2023 年农机购置补贴实施指导意见》，对新一轮农机购置补贴政策实施工作作出了全面部署。指出了 2020 年农机购置补贴政策的实施，一是推动了农业机械化快速发展。农机装备总量持续增长，农机化水平快速提高。2020 年，全国农机总动力 10.3 亿千瓦，农机保有量 2.04 亿台（套），分别较 2003 年增长 72% 和 63%。全国农作物耕种收综合机械化率 71%，较 2003 年提高 39 个百分点，小麦、水稻、玉米等主要农作物耕种收综合机械化率均已超过 80%；畜牧养殖、水产养殖、设施农业、农产品初加工机械化率分别达到 36%、31%、40% 和 39%，均较 2003 年大幅提升。二是促进了农机工业发展壮大。2020 年，全国规模以上农机企业 1615 家，实现主营业务收入 2533 亿元，分别较 2003 年增长 10% 和 236%。适应我国农业生产的农机工业体系逐步完善，我国已成为世界农机制造和使用大国。三是加快了农业生产性服务业发展。2020 年，全国农机服务组织 19.46 万个，其中农机合作社 7.89 万个，占比超过 40%；农机户 4008 万个，其中农机作业服务专业户 423.2 万个；农机作业服务收入达到 3540 亿元，较 2003 年增长 80%，农机社会化服务成为农业生产性服务业的主力军、排头兵。跨区作业、生产托管等服务不断扩大，农机作业规模化、专业化程度越来越高，支撑了其他农业经营组织的发展，在推进小农户与现代农业发展有机衔接中发挥了重要桥梁作用。

2021 至 2023 年农机购置补贴政策实施工作深入全面贯彻落实新时期党中央、国务院关于“三农”工作的有关决策部署，以稳定实施政策、最大限度发挥政策效益为主线，突出问题导向、目标导向、结果导向，稳重点、扩范围、优服务、强监管、提效能，着力提升政策实施的精准化、规范化、便利化水平，支持引导农民购置使用先进适用的农业机械，引领推动农业机械化向全程全面高质高效转型升级，加快提升农业机械化产业链现代化水平，为确保粮食等重要农产品有效供给、巩固拓展脱贫攻坚成果、全面推进乡村振兴和加快农业农村现代化提供坚实支撑。在支持重点方面着力突出稳产保供。将粮食、生猪等重要农产品生产所需机具全部列入补贴范围，应补尽补。将育秧、烘干、标准化猪舍、畜禽粪污资源化利用等方面成套设施装备纳入农机新产品购置补贴试点范围，加快推广应用步伐。在补贴资质方面着力突出农机科技自主创新。通过大力开展农机专项鉴定，重点加快农机创新产品取得补贴资质条件步伐，尽快列入补贴范围；对暂时无法开展农机鉴定的高端智能创新农机产品开辟绿色通道，通过农机新产品购置补贴试点予以支持。在补贴标准方面着力做到“有升有降”。提高重点区域水稻插（抛）秧机、重型免耕播种机、玉米籽粒收获机等粮食生产薄弱环节所需机具，丘陵山区特色农业发展急需机具以及高端、复式、智能农机产品的补贴额测算比例，逐步降低区域内保有量明显过多、技术相对落后的轮式拖拉机等机具品目或档次补贴标准。在政策实施方面着力突出优化营商环境。提升信息化水平，加快推进补贴全流程线上办理。加快补贴资金兑付，保障农民和企业合法权益。优化办理流程，缩短机具核验办理时限。畅通产业供应链，营造良好营商环境，保障市场主体合法权益，对经司法机关认定为恶意拖欠农机生产经销企业购机款的购机者，取消其享受补贴资格。在政策管理方面着力提升监督效能。充分发挥专业机构技术优势和大数据信息优势，提升违规行为排查和监控能力，强化农财两部门联合查处和省际联动处理，从严整治违规行为，有效维护政策实施良好秩序。

2021 年—2023 年全国补贴的机具种类范围由 2018 年—2020 年的 15 大类 42 个小类 153 个品目调整扩展为 15 大类 44 个小类 172 个品目，涵盖了粮食等主要农作物以及生猪等重要畜禽产品全程机械化生产所需的主要机具装备。重点增加了丘陵山区农业生产和畜牧水产养殖、农产品初加工急需以及支持农业绿色发展和数字化建设的机具品目，减少区域内保有量明显过多、技术相对落后的机具品目或档次，以进一步满足农业机械化全程全面高质高效转型升级发展的需要。各省要根据农业生产需要和资金供需实际，全面落实“有进有出”的原则从全国补贴范围中选取本省补贴机具品目，优先保障粮食、生猪等重要农畜产品生产、丘陵山区特色农业生产以及支持农业绿色发展和数字化发展所需机具的补贴需要，将更多符合条件的高端、复式、智能产品纳入补贴范围，提高补贴标准、加大补贴力度，并按年度将区域内保有量明显过多、技术相对落后的机具品目或档次剔除出补贴范围。全国补贴范围可针对各省提出的增补建议进行调整，具体工作按年度进行。

新的农机购置补贴总体上继续实行定额补贴，依据同档产品上年市场销售均价按不超过 30% 的比例测算确定各档次补贴额，且通用类机具补贴额不超过农业农村部发布的最高补贴额。补贴标准在四个方面推出了新举措：一是农业农村部、财政部统一制定发布全国补贴范围内各机具品目的主要分档参数，各省在此基础上优化参数及增加分档。二是明确各省围绕提升粮食生产薄弱环节和丘陵山区农机化水平、支持引导农民购置使用高端、智能农机产品，可选择不超过 10 个品目的产品，或同一品目不同档次的产品，提高其补贴额测算比例至 35%，且通用类机具的补贴额可在 20% 的幅度内高于相应档次中央财政资金最高补贴额。三是要求各省选择区域内保有量明显过多、技术相对落后的轮式拖拉机等机具品目或档次，降低其补贴标准，到 2023 年将其补贴额测算比例降至 15% 以下，推进农机装备转型升级和结构优化。四是明确各省在公开补贴产品信息表时，不再公布具体产品的补贴额，增强购机者议价自主权，鼓励市场充分竞争，防范部分企业按照补贴额来定价，维护市场公平。

新的农机购置补贴政策深入贯彻落实党中央、国务院巩固拓展脱贫攻坚成果有关决策部署，继续加大对脱贫地区的支持力度。一是将巩固拓展脱贫攻坚成果因素作为补贴资金分配的重要测算因素，尽最大限度满足脱贫地区的补贴资金需求。二是优先将脱贫地区特别是丘陵山区农业生产需要的机具品目列入全国补贴范围，包括食用菌生产、果业发展、茶叶生产以及薯类、瓜果菜蔬和莲子、板栗、辣椒等特色产品生产初加工等方面的品目，不断满足脱贫地区农民群众的购机需求。三是选取脱贫丘陵山区农业特色产业发展急需机具，将补贴额测算比例提高至 35%，缓解脱贫地区农民群众的购机筹资压力。四是继续在西藏和新疆南疆五地州（含南疆垦区）开展差别化农机购置补贴试点，适当提高补贴标准，支持当地农牧民购机用机。

新的农机购置补贴政策围绕加快农机创新成果转化和推广应用，明确大力支持农机创新产品列入补贴范围，多方面加大支持力度，推进农机科技创新，加快补短板、强弱项。一是支持各省将通过农机专项鉴定的创新产品列入补贴范围。明确专项鉴定产品范围不受全国补贴范围限制，品目数量和资金规模由各省结合实际确定。二是组织实施新一轮中央财政农机新产品购置补贴试点。重点支持暂不能开展鉴定的新型农机产品和不宜鉴定的成套设施装备等。成套设施装备试点品目数量和资金规模由各省结合实际确定，单套补贴额最高可达60万元。对2020年已列入试点范围且符合新一轮政策规定的农机新产品，相关省重新备案后，其试点资质可适当延长。三是全面开展植保无人驾驶航空器购置补贴工作。明确在具体操作办法出台之前，总体上继续按有关规定实施引导植保无人飞机规范应用试点。由于试点机具资质渠道逐渐完善，鼓励相关省提高试点机具资质门槛，进一步提升植保无人飞机的安全性、可靠性和先进性。四是提高高端、复式、智能农机产品补贴额测算比例。明确各省可选择部分高端、复式、智能农机产品，提高其补贴额测算比例至35%，且通用类机具的补贴额可在一定幅度内高于相应档次中央财政资金最高补贴额。对种业急需的玉米去雄机，按30%的比例足额测算补贴额，并可突破5万元单机补贴限额。

新的农机购置补贴政策围绕政策稳定实施、补贴机具投档、补贴资金申领与兑付等事关农民和农机生产企业切身利益事项，提出了一系列便民利企具体举措。主要体现在“五个全面”：一是全面实行跨年度连续实施，除发生违规行为或补贴资金超录外，不得以任何理由限制购机者提交补贴申请，且补贴机具资质、补贴标准和办理程序等均按购机者提交补贴申请并录入农机购置补贴申请办理服务系统时的相关规定执行。二是全面运用农机购置补贴机具自主投档平台，实行常年受理，方便企业随时便捷投档。机具分类分档和补贴额未发生变化的补贴产品，其补贴资质继续有效，年度间不需重复投档。三是全面实行农机购置补贴申请办理服务系统常年连续开放，推广使用带有人脸识别功能的手机 APP 等信息化技术，方便购机者随时在线提交补贴申请、应录尽录，加快实现购机者线下申领补贴“最多跑一次”“最多跑一地”。四是全面实行补贴受益信息、资金使用进度实时公开，利用农机购置补贴信息公开专栏，按年度公告近三年县域内补贴受益信息，定期发布各县（市）资金使用进度，主动接受社会监督。加强业务协同，推进数据共享。五是全面推行补贴申请审核和资金兑付限时办理，进一步缩短办理时限，将农业农村部门审核时间由 30 个工作日缩短至 15 个工作日，将公示时间由 20 天缩短至 5 个工作日，将财政部门兑付时间由 30 个工作日缩短至 15 个工作日，让农民尽快享受政策实惠。

新的农机购置补贴政策明确中央财政农机购置补贴资金的支出方向，主要包括支持购置先进适用农业机械，以及开展有关试点和农机报废更新等方面。强调农机购置补贴属约束性任务，资金必须足额保障，不得用于其他任务支出。要求地方各级财政部门要安排必要的组织管理经费，用于保障补贴工作顺利实施。明确选择部分有条件、有意愿的省份开展农机购置综合补贴试点，资金支出方向可包括作业补贴、贷款贴息、融资租赁承租补助等，探索多种政策工具叠加使用的农机化综合性扶持政策体系。要求各省要按需开展县（市）际余缺调剂，将实施进度低于序时进度县（市）的补贴资金调增给已出现供需缺口的县（市）。明确补贴资金出现较多缺口的省份，应及时下调部分机具的补贴额，确保政策效益普惠共享。在2020年全国农业机械化形势分析会上，农业农村部相关负责人指出，面向“十四五”要充分发挥政策实施的导向作用，重点支持薄弱环节、绿色高效机械装备以及智能农机与信息化装备等推广应用；实行优机优补，适当提高先进、高端、智能农机产品和丘陵山区急需产品的补贴标准；统筹运用购置补贴、贷款贴息、融资租赁承租补助、作业补贴等方式。优机优补将成为“十四五”农机购置补贴最鲜明的特征。2020年广西农机化年终工作会议相关负责人表示，2021年，在全国率先创新改革农机购置补贴政策，推动农机化高质量发展，重点解决优势特色和丘陵山区农业生产适用机械购置补贴产品质补不宜问题。要在2020年底实现果园轨道运输机、果树修剪机补贴科学准确定档、按质规范补贴基础上，至2025年底，逐个细化优化补贴分档和实行全过程管理，实现区内农机产品购置补贴高质高补、中质中补、低质低补、劣质不补，有效解决不同品质产品享受同等补贴额的问题。近日，浙江省相关负责人称，要认真谋划好2021年—2023年新一轮补贴新政策，适时先行启动农机购置补贴，要进一步强化纪律约束，规范补贴操作。要强化服务意识，重点做好生猪饲养成套设备等机具延长申请时间的宣传服务工作，全面提升政策实施绩效。

农机购置补贴由中央财政补贴和地方财政补贴两个部分构成。相关省市会根据自身的农机购置补贴政策安排公开补贴目录及其补贴金额标准。现将广西农机购置补贴目录及其中央补贴金额标准部分资料提供如表5所示。

表 5　广西农机购置补贴机具补贴额（2021 年第一批次）部分信息资料

序号	大类	小类	品目	档次名称	基本配置和参数	中央财政补贴（元）
1	耕整地机械	耕地机械	铧式犁	单体幅宽 35cm 以下，3 ~ 4 铧翻转犁	单体幅宽 < 35cm；铧体个数 3 ~ 4 铧	1000
2	耕整地机械	耕地机械	铧式犁	单体幅宽 35cm 以下，5 铧及以上翻转犁	单体幅宽 < 35cm；铧体个数 ≥5 铧	2500
3	耕整地机械	耕地机械	铧式犁	单体幅宽 35cm ~ 45cm，3 ~ 4 铧翻转犁	35cm ≤ 单体幅宽 < 45cm；铧体个数 3 ~ 4 铧	2400
4	耕整地机械	耕地机械	铧式犁	单体幅宽 35cm ~ 45cm，5 ~ 6 铧翻转犁	35cm ≤ 单体幅宽 < 45cm；铧体个数 5 ~ 6 铧	4200
5	耕整地机械	耕地机械	铧式犁	单体幅宽 35cm ~ 45cm，7 铧及以上翻转犁	35cm ≤ 单体幅宽 < 45cm；铧体个数 ≥7 铧	4500
6	耕整地机械	耕地机械	铧式犁	单体幅宽 45cm 及以上，5 铧及以上翻转犁	单体幅宽 ≥45cm；铧体个数 ≥5 铧	6500
7	耕整地机械	耕地机械	旋耕机	单轴 1000mm ~ 1500mm 旋耕机	单轴；1000mm ≤ 耕幅 < 1500mm	300

续表

序号	大类	小类	品目	档次名称	基本配置和参数	中央财政补贴（元）
8	耕整地机械	耕地机械	旋耕机	单轴 1500mm ~ 2000mm 旋耕机	单轴；1500mm≤耕幅＜2000mm	900
9	耕整地机械	耕地机械	旋耕机	单轴 2000mm ~ 2500mm 旋耕机	单轴；2000mm≤耕幅＜2500mm	1900
10	耕整地机械	耕地机械	旋耕机	单轴 2500mm 及以上旋耕机	单轴；耕幅≥2500mm	2400
11	耕整地机械	耕地机械	旋耕机	双轴 1000mm ~ 1500mm 旋耕机	双轴；1000mm≤耕幅＜1500mm	600
12	耕整地机械	耕地机械	旋耕机	双轴 1500mm ~ 2000mm 旋耕机	双轴；1500mm≤耕幅＜2000mm	1600
13	耕整地机械	耕地机械	旋耕机	双轴 2000mm 及以上旋耕机	双轴；耕幅≥2000mm	3200
14	耕整地机械	耕地机械	旋耕机	1200mm ~ 2000mm 履带自走式旋耕机	形式：履带自走式；1200mm≤耕幅＜2000mm	8300
15	耕整地机械	耕地机械	旋耕机	2000mm 及以上履带自走式旋耕机	形式：履带自走式；耕幅≥2000mm	15100

续表

序号	大类	小类	品目	档次名称	基本配置和参数	中央财政补贴（元）
16	耕整地机械	耕地机械	深松机	2～3 铲深松机，深松深度≥35cm	2≤深松部件≤3 个；深松深度≥35cm	1100
17	耕整地机械	耕地机械	深松机	4～5 铲深松机，深松深度≥35cm	4≤深松部件≤5 个；深松深度≥35cm	2300
18	耕整地机械	耕地机械	深松机	6 铲及以上深松机，深松深度≥35cm	深松部件≥6 个；深松深度≥35cm	2500
19	耕整地机械	耕地机械	深松机	2～3 铲振动式深松机，深松深度≥35cm	振动式；2≤深松部件≤3 个；深松深度≥35cm	1500
20	耕整地机械	耕地机械	深松机	4～5 铲振动式深松机，深松深度≥35cm	振动式；4≤深松部件≤5 个；深松深度≥35cm	2700
21	耕整地机械	耕地机械	深松机	6 铲及以上振动式深松机，深松深度≥35cm	振动式；深松部件≥6 个；深松深度≥35cm	4000
22	耕整地机械	耕地机械	深松机	300 马力及以上自走式粉垄深松机	功率≥300 马力；深松深度≥35cm；作业幅宽≥2m；深松螺旋型旋削刀具个数≥6；驱动方式：自走履带式	4000

续表

序号	大类	小类	品目	档次名称	基本配置和参数	中央财政补贴（元）
23	耕整地机械	耕地机械	开沟机	开沟深度 25cm ~ 50cm 配套轮式拖拉机开沟机	配套轮式拖拉机；25cm ≤ 开沟深度 < 50cm	800
24	耕整地机械	耕地机械	开沟机	开沟深度 50cm 及以上配套轮式拖拉机开沟机	配套轮式拖拉机；开沟深度 ≥ 50cm	1300
25	耕整地机械	耕地机械	耕整机	功率 4kW 以下耕整机（水田、旱田）	配套功率 < 4kW	500
26	耕整地机械	耕地机械	耕整机	功率 4kW 及以上耕整机（水田、旱田）	配套功率 ≥ 4kW	600
27	耕整地机械	耕地机械	微耕机	功率 4kW 以下微耕机	配套功率 < 4kW	600
28	耕整地机械	耕地机械	微耕机	功率 4kW 及以上微耕机	配套功率 ≥ 4kW	700
29	耕整地机械	耕地机械	微耕机	功率 4kW 以下前置（或后置）微耕机	旋耕输出为前置或后置；配套功率 < 4kW	900
30	耕整地机械	耕地机械	微耕机	功率 4kW 以上前置（或后置）微耕机	旋耕输出为前置或后置；配套功率 ≥ 4kW	1000

续表

序号	大类	小类	品目	档次名称	基本配置和参数	中央财政补贴（元）
31	耕整地机械	整地机械	圆盘耙	1m～2m 圆盘耙	1m≤作业幅宽＜2m	450
32	耕整地机械	整地机械	圆盘耙	2m～3m 圆盘耙	2m≤作业幅宽＜3m	950
33	耕整地机械	整地机械	圆盘耙	3m～4.5m 圆盘耙	3m≤作业幅宽＜4.5m	3000
34	耕整地机械	整地机械	圆盘耙	4.5m～6.5m 圆盘耙	4.5m≤作业幅宽＜6.5m	3500
35	耕整地机械	整地机械	圆盘耙	6.5m 及以上圆盘耙	作业幅宽≥6.5m	5500
36	耕整地机械	整地机械	联合整地机	1.5m 以下深松联合整地机	作业幅宽＜1.5m	370
37	耕整地机械	整地机械	联合整地机	1.5m～2m 深松联合整地机	1.5m≤作业幅宽＜2m	680
38	耕整地机械	整地机械	联合整地机	2m～2.5m 深松联合整地机	2m≤作业幅宽＜2.5m	1950
39	耕整地机械	整地机械	联合整地机	2.5m～3m 深松联合整地机	2.5m≤作业幅宽＜3m	2440
40	耕整地机械	整地机械	联合整地机	3m～4m 深松联合整地机	3m≤作业幅宽＜4m	3770
41	耕整地机械	整地机械	联合整地机	4m～6m 深松联合整地机	4m≤作业幅宽＜6m	3800
42	耕整地机械	整地机械	联合整地机	6m 及以上深松联合整地机	作业幅宽≥6m	5010
43	耕整地机械	整地机械	起垄机	1m～2m 起垄机	1m≤作业幅宽＜2m	1200
44	耕整地机械	整地机械	起垄机	2m～4m 起垄机	2m≤作业幅宽＜4m	1700

续表

序号	大类	小类	品目	档次名称	基本配置和参数	中央财政补贴（元）
45	耕整地机械	整地机械	起垄机	4m 及以上起垄机	作业幅宽≥4m	2000
46	耕整地机械	整地机械	灭茬机	0.5m～1.2m 灭茬机	0.5m≤作业幅宽＜1.2m	400
47	耕整地机械	整地机械	灭茬机	1.2m～2.6m 灭茬机	1.2m≤作业幅宽＜2.6m	900
48	耕整地机械	整地机械	灭茬机	2.6m 及以上灭茬机	作业幅宽≥2.6m	1500
49	耕整地机械	整地机械	铺膜机	作业幅宽在 120cm 及以上的普通地膜覆盖机	机引式，作业幅宽≥120cm	540
50	耕整地机械	整地机械	铺膜机	不带旋耕作业的起垄地膜覆盖机	带施肥、覆土、起垄等复式作业功能，起垄高度≥10cm，不带旋耕作业	1000
51	耕整地机械	整地机械	铺膜机	带旋耕作业的起垄地膜覆盖机	带旋耕、施肥、覆土、起垄等复式作业功能，起垄高度≥10cm	1500
52	种植施肥机械	播种机械	条播机	7～11 行条播机	7 行≤播种行数≤11 行	650
53	种植施肥机械	播种机械	条播机	12～18 行条播机	12 行≤播种行数≤18 行	900
54	种植施肥机械	播种机械	穴播机	2～3 行穴播机	普通排种器；2 行≤播种行数≤3 行	600
55	种植施肥机械	播种机械	穴播机	4～5 行穴播机	普通排种器；4 行≤播种行数≤5 行	1500

续表

序号	大类	小类	品目	档次名称	基本配置和参数	中央财政补贴（元）
56	种植施肥机械	播种机械	穴播机	6行及以上穴播机	普通排种器；播种行数≥6行	1800
57	种植施肥机械	播种机械	精量播种机	2~3行精量播种机	精量排种器；2行≤播种行数≤3行	1000
58	种植施肥机械	播种机械	精量播种机	4~5行精量播种机	精量排种器；4行≤播种行数≤5行	2000
59	种植施肥机械	播种机械	精量播种机	6~10行精量播种机	精量排种器；6行≤播种行数≤10行	3000
60	种植施肥机械	播种机械	精量播种机	11行及以上精量播种机	精量排种器；播种行数≥11行	5000
61	种植施肥机械	播种机械	小粒种子播种机	3~5行气力式小粒种子播种机	3行≤播种行数≤5行；施肥、播种等复式作业；排种器：气力式	1500
62	种植施肥机械	播种机械	小粒种子播种机	6行及以上气力式小粒种子播种机	播种行数≥6行；施肥、播种等复式作业；排种器：气力式	2500
63	种植施肥机械	播种机械	根茎作物播种机	1行根茎类种子播种机	播种行数1行	1500
64	种植施肥机械	播种机械	根茎作物播种机	2~3行根茎类种子播种机	2行≤播种行数≤3行	3000

续表

序号	大类	小类	品目	档次名称	基本配置和参数	中央财政补贴（元）
65	种植施肥机械	播种机械	根茎作物播种机	4行及以上根茎类种子播种机	播种行数≥4行	3500
66	种植施肥机械	播种机械	铺膜播种机	铺膜播种机	牵引或悬挂式播种、施肥、铺膜作业（平铺膜）	1200
67	种植施肥机械	播种机械	铺膜播种机	起垄铺膜播种机	旋耕、起垄、播种、施肥、铺膜作业	2300
68	种植施肥机械	播种机械	水稻直播机	6～7行，手扶步进式水稻直播机	6≤播种行数<8，手扶步进式	4000
69	种植施肥机械	播种机械	水稻直播机	8行及以上，自走四轮乘坐式水稻直播机	8行及以上，自走四轮乘坐式	24900
70	种植施肥机械	播种机械	水稻直播机	6～7行，悬挂或牵引式水稻直播机	6≤播种行数<8，悬挂或牵引式	1500
71	种植施肥机械	播种机械	水稻直播机	8行及以上，悬挂或牵引式水稻直播机	8行及以上，悬挂或牵引式	2500

续表

序号	大类	小类	品目	档次名称	基本配置和参数	中央财政补贴（元）
72	种植施肥机械	播种机械	水稻直播机	6～7行，悬挂或牵引式水稻穴直播机	6≤播种行数＜8，穴直播，悬挂或牵引式	4000
73	种植施肥机械	播种机械	水稻直播机	8行及以上，悬挂或牵引式水稻穴直播机	8行及以上，穴直播，悬挂或牵引式	7100
74	种植施肥机械	育苗机械设备	种子播前处理设备	生产率＜1500kg/h的等离子种子处理机	箱体式，等离子处理机生产率＜1500kg/h	500
75	种植施肥机械	育苗机械设备	种子播前处理设备	生产率≥1500kg/h的等离子种子处理机	箱体式，等离子处理机生产率≥1500kg/h	1000
76	种植施肥机械	育苗机械设备	种子播前处理设备	箱体式全自动温控喷淋式种子催芽机	生产率≥400kg/每批	500
77	种植施肥机械	育苗机械设备	种子播前处理设备	种子脱芒、清选机	种子脱芒、清选机	500
78	种植施肥机械	育苗机械设备	秧盘播种成套设备（含床土处理）	床土处理设备	床土处理设备	1700

续表

序号	大类	小类	品目	档次名称	基本配置和参数	中央财政补贴（元）
79	种植施肥机械	育苗机械设备	秧盘播种成套设备（含床土处理）	生产率 200 ~ 500（盘/h）秧盘播种成套设备	含铺底土、播种、洒水、覆土功能；200（盘/h）≤生产率 < 500（盘/h）	3000
80	种植施肥机械	育苗机械设备	秧盘播种成套设备（含床土处理）	生产率 500（盘/h）及以上秧盘播种成套设备	含铺底土、播种、洒水、覆土功能；生产率≥500（盘/h）	6800
81	种植施肥机械	栽植机械	水稻插秧机	4 行手扶拖拉机配套水稻插秧机	与手扶拖拉机配套；4 行	1700
82	种植施肥机械	栽植机械	水稻插秧机	4 行及以上手扶步进式水稻插秧机（简易型）	手扶步进式；以手扶或微耕机底盘为基础且无底盘升降等装置；4 行及以上	3200
83	种植施肥机械	栽植机械	水稻插秧机	4 行及以上手扶步进式水稻插秧机	手扶步进式；4 行及以上	3300
84	种植施肥机械	栽植机械	水稻插秧机	6 行及以上独轮乘坐式水稻插秧机	独轮乘坐式；6 行及以上	3000

续表

序号	大类	小类	品目	档次名称	基本配置和参数	中央财政补贴（元）
85	种植施肥机械	栽植机械	水稻插秧机	4 行四轮乘坐式水稻插秧机	四轮乘坐式；4 行	15000
86	种植施肥机械	栽植机械	水稻插秧机	6 ~ 7 行四轮乘坐式水稻插秧机	四轮乘坐式；6 ~ 7 行	27000
87	种植施肥机械	栽植机械	水稻插秧机	8 行及以上四轮乘坐式水稻插秧机	四轮乘坐式；8 行及以上	38600
88	种植施肥机械	栽植机械	秧苗移栽机	2 行及以上四轮乘坐自走式或 3 行及以上悬挂式移栽机	2 行及以上四轮乘坐自走式，或 3 行及以上悬挂式	5200
89	种植施肥机械	栽植机械	甘蔗种植机	悬挂式 1 行甘蔗联合种植机	开行、放种、施肥、覆土、盖膜、镇压联合作业，种植行数：1 行，悬挂式	2000
90	种植施肥机械	栽植机械	甘蔗种植机	悬挂式 2 行甘蔗联合种植机	开行、放种、施肥、覆土、盖膜、镇压联合作业，种植行数：2 行，悬挂式	6600
91	种植施肥机械	栽植机械	甘蔗种植机	悬挂式 4 行甘蔗联合种植机	开行、放种、施肥、覆土、盖膜、镇压联合作业，种植行数：4 行，悬挂式	9500

续表

序号	大类	小类	品目	档次名称	基本配置和参数	中央财政补贴（元）
92	种植施肥机械	栽植机械	甘蔗种植机	悬挂式6行及以上甘蔗联合种植机	开行、放种、施肥、覆土、盖膜、镇压联合作业，种植行数：6行及以上，悬挂式	15000
93	种植施肥机械	栽植机械	甘蔗种植机	半悬挂式2～4行甘蔗联合种植机	开行、放种、施肥、覆土、盖膜、镇压联合作业，种植行数：2～4行，半悬挂式	13500
94	种植施肥机械	栽植机械	甘蔗种植机	半悬挂式6行及以上甘蔗联合种植机	开行、放种、施肥、覆土、盖膜、镇压联合作业，种植行数：6行及以上，半悬挂式	20000
95	种植施肥机械	施肥机械	施肥机	水稻侧深施肥装置	行数≥6行，定位、定量深施，配置强制施肥装置、漏施堵塞报警装置、插秧（整地、播种）施肥同步控制装置、施肥量调节装置，安装在水稻插秧机、水稻直播机、自走履带式旋耕机、拖拉机等农用机械上同步作业	8000

续表

序号	大类	小类	品目	档次名称	基本配置和参数	中央财政补贴（元）
96	田间管理机械	修剪机械	果树修剪机	电动果树修剪机（电池容量≥2Ah；最大剪切直径≥25mm）	最大剪切直径≥25mm；工作电压≥16.8V；锂电池容量≥2Ah；锂电池数量≥2块；修剪机具有防夹手功能	200
97	田间管理机械	修剪机械	果树修剪机	电动果树修剪机（电池容量≥4Ah；最大剪切直径≥25mm）低档	最大剪切直径≥25mm；工作电压≥16.8V；锂电池容量≥4Ah；锂电池数量≥2块；修剪机具有防夹手功能	250
98	田间管理机械	修剪机械	果树修剪机	电动果树修剪机（电池容量≥4Ah；最大剪切直径≥25mm）中档1	最大剪切直径≥25mm；工作电压≥16.8V；锂电池容量≥4Ah；锂电池数量≥2块；修剪机具有防夹手功能； 充电器具有过充保护功能；锂电池生产企业投保第三者责任险	300

续表

序号	大类	小类	品目	档次名称	基本配置和参数	中央财政补贴（元）
99	田间管理机械	修剪机械	果树修剪机	电动果树修剪机（电池容量≥4Ah；最大剪切直径≥25mm）中档 2	最大剪切直径≥25mm；工作电压≥16.8V；锂电池容量≥4Ah；锂电池数量≥2 块；修剪机具有防夹手功能；充电器具有过充保护功能；锂电池生产企业投保第三者责任险；电池外壳及充电器外壳材料达到 V0 阻燃等级；充电器功率≥24W，具有 CQC 认证	350
100	田间管理机械	修剪机械	果树修剪机	电动果树修剪机（电池容量≥4Ah；最大剪切直径≥25mm）中档 3	最大剪切直径≥25mm；工作电压≥16.8V；锂电池容量≥4Ah；锂电池数量≥2 块；修剪机具有防夹手功能；充电器具有过充保护功能；锂电池生产企业投保第三者责任险；电池外壳及充电器外壳材料达到 V0 阻燃等级；充电器功率≥24W，具有 CQC 认证；修剪机同时具有机械结构和软件专利；具有能显示电量、剪切次数、故障代码的显示屏	400

续表

序号	大类	小类	品目	档次名称	基本配置和参数	中央财政补贴（元）
101	田间管理机械	修剪机械	果树修剪机	电动果树修剪机（电池容量≥4Ah；最大剪切直径≥25mm）高档	最大剪切直径≥25mm；工作电压≥16.8V；锂电池容量≥4Ah；锂电池数量≥2 块；修剪机具有防夹手功能； 充电器具有过充保护功能；锂电池生产企业投保第三者责任险； 电池外壳及充电器外壳材料达到 V0 阻燃等级；充电器功率≥24W，具有 CQC 认证；修剪机同时具有机械结构和软件专利；具有能显示电量、剪切次数、故障代码的显示屏；生产企业属于国家高新技术企业	450
102	田间管理机械	修剪机械	果树修剪机	电动果树修剪机（电池容量≥2Ah；最大剪切直径≥30mm）低档	最大剪切直径≥30mm；工作电压≥21V；锂电池容量≥2Ah；锂电池数量≥2 块；修剪机具有防夹手功能	230

续表

序号	大类	小类	品目	档次名称	基本配置和参数	中央财政补贴（元）
103	田间管理机械	修剪机械	果树修剪机	电动果树修剪机（电池容量≥2Ah；最大剪切直径≥30mm）中档1	最大剪切直径≥30mm；工作电压≥21V；锂电池容量≥2Ah；锂电池数量≥2块；修剪机具有防夹手功能；充电器具有过充保护功能；锂电池生产企业投保第三者责任险	280
104	田间管理机械	修剪机械	果树修剪机	电动果树修剪机（电池容量≥2Ah；最大剪切直径≥30mm）中档2	最大剪切直径≥30mm；工作电压≥21V；锂电池容量≥2Ah；锂电池数量≥2块；修剪机具有防夹手功能；充电器具有过充保护功能；锂电池生产企业投保第三者责任险； 电池外壳及充电器外壳材料达到V0阻燃等级；充电器功率≥24W，具有CQC认证	330

续表

序号	大类	小类	品目	档次名称	基本配置和参数	中央财政补贴（元）
105	田间管理机械	修剪机械	果树修剪机	电动果树修剪机（电池容量≥2Ah；最大剪切直径≥30mm）中档 3	最大剪切直径≥30mm；工作电压≥21V；锂电池容量≥2Ah；锂电池数量≥2 块；修剪机具有防夹手功能；充电器具有过充保护功能；锂电池生产企业投保第三者责任险；电池外壳及充电器外壳材料达到 V0 阻燃等级；充电器功率≥24W，具有 CQC 认证；修剪机同时具有机械结构和软件专利；具有能显示电量、剪切次数、故障代码的显示屏	380
106	田间管理机械	修剪机械	果树修剪机	电动果树修剪机（电池容量≥2Ah；最大剪切直径≥30mm）高档	最大剪切直径≥30mm；工作电压≥21V；锂电池容量≥2Ah；锂电池数量≥2 块；修剪机具有防夹手功能；充电器具有过充保护功能；锂电池生产企业投保第三者责任险；电池外壳及充电器外壳材料达到 V0 阻燃等级；充电器功率≥24W，具有 CQC 认证；修剪机同时具有机械结构和软件专利；具有能显示电量、剪切次数、故障代码的显示屏；生产企业属于国家高新技术企业	430

续表

序号	大类	小类	品目	档次名称	基本配置和参数	中央财政补贴（元）
107	田间管理机械	修剪机械	果树修剪机	电动果树修剪机（电池容量≥4Ah；最大剪切直径≥30mm）低档	最大剪切直径≥30mm；工作电压≥36V；锂电池容量≥4Ah；剪机具有防夹手功能	350
108	田间管理机械	修剪机械	果树修剪机	电动果树修剪机（电池容量≥4Ah；最大剪切直径≥30mm）中档 1	最大剪切直径≥30mm；工作电压≥36V；锂电池容量≥4Ah；剪机具有防夹手功能； 充电器具有过充保护功能；锂电池生产企业投保第三者责任险	400
109	田间管理机械	修剪机械	果树修剪机	电动果树修剪机（电池容量≥4Ah；最大剪切直径≥30mm）中档 2	最大剪切直径≥30mm；工作电压≥36V；锂电池容量≥4Ah；修剪机具有防夹手功能； 充电器具有过充保护功能；锂电池生产企业投保第三者责任险； 电池外壳及充电器外壳材料达到 V0 阻燃等级；充电器功率≥24W，具有 CQC 认证	450

续表

序号	大类	小类	品目	档次名称	基本配置和参数	中央财政补贴（元）
110	田间管理机械	修剪机械	果树修剪机	电动果树修剪机（电池容量≥4Ah；最大剪切直径≥30mm）中档3	最大剪切直径≥30mm；工作电压≥36V；锂电池容量≥4Ah；修剪机具有防夹手功能； 充电器具有过充保护功能；锂电池生产企业投保第三者责任险； 电池外壳及充电器外壳材料达到V0阻燃等级；充电器功率≥24W，具有CQC认证；修剪机同时具有机械结构和软件专利；具有能显示电量、剪切次数、故障代码的显示屏	500
111	田间管理机械	修剪机械	果树修剪机	电动果树修剪机（电池容量≥4Ah；最大剪切直径≥30mm）高档	最大剪切直径≥30mm；工作电压≥36V；锂电池容量≥4Ah；修剪机具有防夹手功能； 充电器具有过充保护功能；锂电池生产企业投保第三者责任险； 电池外壳及充电器外壳材料达到V0阻燃等级；充电器功率≥24W，具有CQC认证；修剪机同时具有机械结构和软件专利；具有能显示电量、剪切次数、故障代码的显示屏；生产企业属于国家高新技术企业	550

续表

序号	大类	小类	品目	档次名称	基本配置和参数	中央财政补贴（元）
112	田间管理机械	修剪机械	果树修剪机	电动果树修剪机（电池容量≥6Ah；最大剪切直径≥30mm）低档	最大剪切直径≥30mm；工作电压≥40V；锂电池容量≥6Ah；修剪机具有防夹手功能	550
113	田间管理机械	修剪机械	果树修剪机	电动果树修剪机（电池容量≥6Ah；最大剪切直径≥30mm）中档1	最大剪切直径≥30mm；工作电压≥40V；锂电池容量≥6Ah；修剪机具有防夹手功能； 充电器具有过充保护功能；锂电池生产企业投保第三者责任险	600
114	田间管理机械	修剪机械	果树修剪机	电动果树修剪机（电池容量≥6Ah；最大剪切直径≥30mm）中档2	最大剪切直径≥30mm；工作电压≥40V；锂电池容量≥6Ah；修剪机具有防夹手功能； 充电器具有过充保护功能；锂电池生产企业投保第三者责任险； 电池外壳及充电器外壳材料达到V0阻燃等级；充电器功率≥24W，具有CQC认证	650

续表

序号	大类	小类	品目	档次名称	基本配置和参数	中央财政补贴（元）
115	田间管理机械	修剪机械	果树修剪机	电动果树修剪机（电池容量≥6Ah；最大剪切直径≥30mm）中档3	最大剪切直径≥30mm；工作电压≥40V；锂电池容量≥6Ah；修剪机具有防夹手功能； 充电器具有过充保护功能；锂电池生产企业投保第三者责任险； 电池外壳及充电器外壳材料达到V0阻燃等级；充电器功率≥24W，具有CQC认证；修剪机同时具有机械结构和软件专利；具有能显示电量、剪切次数、故障代码的显示屏	700
116	田间管理机械	修剪机械	果树修剪机	电动果树修剪机（电池容量≥6Ah；最大剪切直径≥30mm）高档	最大剪切直径≥30mm；工作电压≥40V；锂电池容量≥6Ah；修剪机具有防夹手功能； 充电器具有过充保护功能；锂电池生产企业投保第三者责任险； 电池外壳及充电器外壳材料达到V0阻燃等级；充电器功率≥24W，具有CQC认证；修剪机同时具有机械结构和软件专利；具有能显示电量、剪切次数、故障代码的显示屏；生产企业属于国家高新技术企业	750

续表

序号	大类	小类	品目	档次名称	基本配置和参数	中央财政补贴（元）
117	田间管理机械	修剪机械	果树修剪机	电动果树修剪机（电池容量≥6Ah；最大剪切直径≥45mm）低档	最大剪切直径≥45mm；工作电压≥40V；锂电池容量≥6Ah；修剪机具有防夹手功能	650
118	田间管理机械	修剪机械	果树修剪机	电动果树修剪机（电池容量≥6Ah；最大剪切直径≥45mm）中档1	最大剪切直径≥45mm；工作电压≥40V；锂电池容量≥6Ah；修剪机具有防夹手功能； 充电器具有过充保护功能；锂电池生产企业投保第三者责任险	700
119	田间管理机械	修剪机械	果树修剪机	电动果树修剪机（电池容量≥6Ah；最大剪切直径≥45mm）中档2	最大剪切直径≥45mm；工作电压≥40V；锂电池容量≥6Ah；修剪机具有防夹手功能； 充电器具有过充保护功能；锂电池生产企业投保第三者责任险； 电池外壳及充电器外壳材料达到V0阻燃等级；充电器功率≥24W，具有CQC认证	750

续表

序号	大类	小类	品目	档次名称	基本配置和参数	中央财政补贴（元）
120	田间管理机械	修剪机械	果树修剪机	电动果树修剪机（电池容量≥6Ah；最大剪切直径≥45mm）中档3	最大剪切直径≥45mm；工作电压≥40V；锂电池容量≥6Ah；修剪机具有防夹手功能； 充电器具有过充保护功能；锂电池生产企业投保第三者责任险； 电池外壳及充电器外壳材料达到V0阻燃等级；充电器功率≥24W，具有CQC认证；修剪机同时具有机械结构和软件专利；具有能显示电量、剪切次数、故障代码的显示屏	800
121	田间管理机械	修剪机械	果树修剪机	电动果树修剪机（电池容量≥6Ah；最大剪切直径≥45mm）高档	最大剪切直径≥45mm；工作电压≥40V；锂电池容量≥6Ah；修剪机具有防夹手功能； 充电器具有过充保护功能；锂电池生产企业投保第三者责任险； 电池外壳及充电器外壳材料达到V0阻燃等级；充电器功率≥24W，具有CQC认证；修剪机同时具有机械结构和软件专利；具有能显示电量、剪切次数、故障代码的显示屏；生产企业属于国家高新技术企业	850

续表

序号	大类	小类	品目	档次名称	基本配置和参数	中央财政补贴（元）
122	田间管理机械	修剪机械	果树修剪机	电动果树修剪机（电池容量≥6Ah；最大剪切直径≥40mm）最大长度1.6m～2.6m高枝剪低档	最大剪切直径≥40mm；工作电压≥24V；锂电池容量≥4Ah；一体式长杆或配备加长杆（铝合金材质），1.6m≤最大长度<2.6m；修剪机具有防夹手功能	500
123	田间管理机械	修剪机械	果树修剪机	电动果树修剪机（电池容量≥6Ah；最大剪切直径≥40mm）最大长度1.6m～2.6m高枝剪中档1	最大剪切直径≥40mm；工作电压≥24V；锂电池容量≥4Ah；一体式长杆或配备加长杆（铝合金材质），1.6m≤最大长度<2.6m；修剪机具有防夹手功能；充电器具有过充保护功能；锂电池生产企业投保第三者责任险	550

续表

序号	大类	小类	品目	档次名称	基本配置和参数	中央财政补贴（元）
124	田间管理机械	修剪机械	果树修剪机	电动果树修剪机（电池容量≥6Ah；最大剪切直径≥40mm）最大长度 1.6m ~ 2.6m 高枝剪中档 2	最大剪切直径≥40mm；工作电压≥24V；锂电池容量≥4Ah；一体式长杆或配备加长杆（铝合金材质），1.6m≤最大长度<2.6m；修剪机具有防夹手功能；充电器具有过充保护功能；锂电池生产企业投保第三者责任险； 电池外壳及充电器外壳材料达到 V0 阻燃等级；充电器功率≥24W，具有 CQC 认证	600
125	田间管理机械	修剪机械	果树修剪机	电动果树修剪机（电池容量≥6Ah；最大剪切直径≥40mm）最大长度 1.6m ~ 2.6m 高枝剪中档 3	最大剪切直径≥40mm；工作电压≥24V；锂电池容量≥4Ah；一体式长杆或配备加长杆（铝合金材质），1.6m≤最大长度<2.6m；修剪机具有防夹手功能；充电器具有过充保护功能；锂电池生产企业投保第三者责任险；电池外壳及充电器外壳材料达到 V0 阻燃等级；充电器功率≥24W，具有 CQC 认证；修剪机同时具有机械结构和软件专利；具有能显示电量、剪切次数、故障代码的显示屏	650

续表

序号	大类	小类	品目	档次名称	基本配置和参数	中央财政补贴（元）
126	田间管理机械	修剪机械	果树修剪机	电动果树修剪机（电池容量≥6Ah；最大剪切直径≥40mm）最大长度1.6m～2.6m高枝剪高档	最大剪切直径≥40mm；工作电压≥24V；锂电池容量≥4Ah；一体式长杆或配备加长杆（铝合金材质），1.6m≤最大长度<2.6m；修剪机具有防夹手功能； 充电器具有过充保护功能；锂电池生产企业投保第三者责任险； 电池外壳及充电器外壳材料达到V0阻燃等级；充电器功率≥24W，具有CQC认证；修剪机同时具有机械结构和软件专利；具有能显示电量、剪切次数、故障代码的显示屏；生产企业属于国家高新技术企业	700
127	田间管理机械	修剪机械	果树修剪机	电动果树修剪机（电池容量≥6Ah；最大剪切直径≥40mm）最大长度≥2.6m高枝剪低档	最大剪切直径≥40mm；工作电压≥24V；锂电池容量≥4Ah；一体式长杆或配备加长杆（铝合金材质），最大长度≥2.6m；修剪机具有防夹手功能	600

续表

序号	大类	小类	品目	档次名称	基本配置和参数	中央财政补贴（元）
128	田间管理机械	修剪机械	果树修剪机	电动果树修剪机（电池容量≥6Ah；最大剪切直径≥40mm）最大长度≥2.6m高枝剪中档1	最大剪切直径≥40mm；工作电压≥24V；锂电池容量≥4Ah；一体式长杆或配备加长杆（铝合金材质），最大长度≥2.6m；修剪机具有防夹手功能； 充电器具有过充保护功能；锂电池生产企业投保第三者责任险	650
129	田间管理机械	修剪机械	果树修剪机	电动果树修剪机（电池容量≥6Ah；最大剪切直径≥40mm）最大长度≥2.6m高枝剪中档2	最大剪切直径≥40mm；工作电压≥24V；锂电池容量≥4Ah；一体式长杆或配备加长杆（铝合金材质），最大长度≥2.6m；修剪机具有防夹手功能； 充电器具有过充保护功能；锂电池生产企业投保第三者责任险； 电池外壳及充电器外壳材料达到V0阻燃等级；充电器功率≥24W，具有CQC认证	700

续表

序号	大类	小类	品目	档次名称	基本配置和参数	中央财政补贴（元）
130	田间管理机械	修剪机械	果树修剪机	电动果树修剪机（电池容量≥6Ah；最大剪切直径≥40mm）最大长度≥2.6m高枝剪中档3	最大剪切直径≥40mm；工作电压≥24V；锂电池容量≥4Ah；一体式长杆或配备加长杆（铝合金材质），最大长度≥2.6m；修剪机具有防夹手功能； 充电器具有过充保护功能；锂电池生产企业投保第三者责任险； 电池外壳及充电器外壳材料达到V0阻燃等级；充电器功率≥24W，具有CQC认证；修剪机同时具有机械结构和软件专利；具有能显示电量、剪切次数、故障代码的显示屏	750

续表

序号	大类	小类	品目	档次名称	基本配置和参数	中央财政补贴（元）
131	田间管理机械	修剪机械	果树修剪机	电动果树修剪机（电池容量≥6Ah；最大剪切直径≥40mm）最大长度≥2.6m高枝剪高档	最大剪切直径≥40mm；工作电压≥24V；锂电池容量≥4Ah；一体式长杆或配备加长杆（铝合金材质），最大长度≥2.6m；修剪机具有防夹手功能； 充电器具有过充保护功能；锂电池生产企业投保第三者责任险； 电池外壳及充电器外壳材料达到V0阻燃等级；充电器功率≥24W，具有CQC认证；修剪机同时具有机械结构和软件专利；具有能显示电量、剪切次数、故障代码的显示屏；生产企业属于国家高新技术企业	800
132	田间管理机械	修剪机械	果树修剪机	电动果树修剪机（电池容量≥4Ah；最大剪切直径≥45mm）中杆弯头式（同时适用于剪切甘蔗）低档	最大剪切直径≥45mm；工作电压≥16.8V；锂电池容量≥4Ah；锂电池数量≥2块；中杆弯头式；修剪机具有防夹手功能	400

续表

序号	大类	小类	品目	档次名称	基本配置和参数	中央财政补贴（元）
133	田间管理机械	修剪机械	果树修剪机	电动果树修剪机（电池容量≥4Ah；最大剪切直径≥45mm）中杆弯头式（同时适用于剪切甘蔗）中档1	最大剪切直径≥45mm；工作电压≥16.8V；锂电池容量≥4Ah；锂电池数量≥2块；中杆弯头式；修剪机具有防夹手功能； 充电器具有过充保护功能；锂电池生产企业投保第三者责任险	450
134	田间管理机械	修剪机械	果树修剪机	电动果树修剪机（电池容量≥4Ah；最大剪切直径≥45mm）中杆弯头式（同时适用于剪切甘蔗）中档2	最大剪切直径≥45mm；工作电压≥16.8V；锂电池容量≥4Ah；锂电池数量≥2块；中杆弯头式；修剪机具有防夹手功能； 充电器具有过充保护功能；锂电池生产企业投保第三者责任险； 电池外壳及充电器外壳材料达到V0阻燃等级；充电器功率≥24W，具有CQC认证	500

续表

序号	大类	小类	品目	档次名称	基本配置和参数	中央财政补贴（元）
135	田间管理机械	修剪机械	果树修剪机	电动果树修剪机（电池容量≥4Ah；最大剪切直径≥45mm）中杆弯头式（同时适用于剪切甘蔗）中档3	最大剪切直径≥45mm；工作电压≥16.8V；锂电池容量≥4Ah；锂电池数量≥2块；中杆弯头式；修剪机具有防夹手功能； 充电器具有过充保护功能；锂电池生产企业投保第三者责任险； 电池外壳及充电器外壳材料达到V0阻燃等级；充电器功率≥24W，具有CQC认证；修剪机同时具有机械结构和软件专利；具有能显示电量、剪切次数、故障代码的显示屏	550

续表

序号	大类	小类	品目	档次名称	基本配置和参数	中央财政补贴（元）
136	田间管理机械	修剪机械	果树修剪机	电动果树修剪机（电池容量≥4Ah；最大剪切直径≥45mm）中杆弯头式（同时适用于剪切甘蔗）高档	最大剪切直径≥45mm；工作电压≥16.8V；锂电池容量≥4Ah；锂电池数量≥2块；中杆弯头式；修剪机具有防夹手功能； 充电器具有过充保护功能；锂电池生产企业投保第三者责任险； 电池外壳及充电器外壳材料达到V0阻燃等级；充电器功率≥24W，具有CQC认证；修剪机同时具有机械结构和软件专利；具有能显示电量、剪切次数、故障代码的显示屏；生产企业属于国家高新技术企业	600
137	收获机械	谷物收获机械	自走轮式谷物联合收割机	0.3公斤~0.6公斤/s自走轮式谷物联合收割机	0.3公斤/s≤喂入量<0.6公斤/s；自走轮式；喂入方式：全喂入	2500

续表

序号	大类	小类	品目	档次名称	基本配置和参数	中央财政补贴（元）
138	收获机械	谷物收获机械	自走轮式谷物联合收割机	0.6 公斤～2 公斤/s 自走轮式谷物联合收割机	0.6 公斤/s≤喂入量<2 公斤/s；自走轮式；喂入方式：全喂入	4000
139	收获机械	谷物收获机械	自走轮式谷物联合收割机	2 公斤～3 公斤/s 自走轮式谷物联合收割机	2 公斤/s≤喂入量<3 公斤/s；自走轮式；喂入方式：全喂入	11700
140	收获机械	谷物收获机械	自走轮式谷物联合收割机	3 公斤～4 公斤/s 自走轮式谷物联合收割机	3 公斤/s≤喂入量<4 公斤/s；自走轮式；喂入方式：全喂入	12900
141	收获机械	谷物收获机械	自走轮式谷物联合收割机	4 公斤～5 公斤/s 自走轮式谷物联合收割机	4 公斤/s≤喂入量<5 公斤/s；自走轮式；喂入方式：全喂入	13500
142	收获机械	谷物收获机械	自走轮式谷物联合收割机	5 公斤～6 公斤/s 自走轮式谷物联合收割机	5 公斤/s≤喂入量<6 公斤/s；自走轮式；喂入方式：全喂入	29700

续表

序号	大类	小类	品目	档次名称	基本配置和参数	中央财政补贴（元）
143	收获机械	谷物收获机械	自走轮式谷物联合收割机	6公斤~7公斤/s自走轮式谷物联合收割机	6公斤/s≤喂入量<7公斤/s；自走轮式；喂入方式：全喂入	34400
144	收获机械	谷物收获机械	自走轮式谷物联合收割机	7公斤/s及以上自走轮式谷物联合收割机	喂入量≥7公斤/s；自走轮式；喂入方式：全喂入	44900
145	收获机械	谷物收获机械	自走履带式谷物联合收割机（全喂入）	0.3公斤~0.6公斤/s小型履带式全喂入联合收割机	0.3公斤/s≤喂入量<0.6公斤/s；自走履带式；喂入方式：全喂入	6000
146	收获机械	谷物收获机械	自走履带式谷物联合收割机（全喂入）	0.6公斤~1公斤/s自走履带式谷物联合收割机（全喂入）；包含0.6公斤~1.5公斤/s自走履带式水稻联合收割机（全喂入）	0.6公斤/s≤喂入量<1公斤/s；自走履带式；喂入方式：全喂入	6400

续表

序号	大类	小类	品目	档次名称	基本配置和参数	中央财政补贴（元）
147	收获机械	谷物收获机械	自走履带式谷物联合收割机（全喂入）	1公斤~1.5公斤/s自走履带式谷物联合收割机（全喂入）；包含1.5公斤~2.1公斤/s自走履带式水稻联合收割机（全喂入）	1公斤/s≤喂入量<1.5公斤/s；自走履带式；喂入方式：全喂入	8900
148	收获机械	谷物收获机械	自走履带式谷物联合收割机（全喂入）	1.5公斤~2.1公斤/s自走履带式谷物联合收割机（全喂入）；包含2.1公斤~3公斤/s自走履带式水稻联合收割机（全喂入）	1.5公斤/s≤喂入量<2.1公斤/s；自走履带式；喂入方式：全喂入	14800
149	收获机械	谷物收获机械	自走履带式谷物联合收割机（全喂入）	2.1公斤~3公斤/s自走履带式谷物联合收割机（全喂入）；包含3公斤~4公斤/s自走履带式水稻联合收割机（全喂入）	2.1公斤/s≤喂入量<3公斤/s；自走履带式；喂入方式：全喂入	20500

续表

序号	大类	小类	品目	档次名称	基本配置和参数	中央财政补贴（元）
150	收获机械	谷物收获机械	自走履带式谷物联合收割机（全喂入）	3 公斤 ~4 公斤/s 自走履带式谷物联合收割机（全喂入）；包含 4 公斤/s 及以上自走履带式水稻联合收割机（全喂入）	3 公斤/s≤喂入量 <4 公斤/s；自走履带式；喂入方式：全喂入	24000
151	收获机械	谷物收获机械	自走履带式谷物联合收割机(全喂入)	4 公斤/s 及以上自走履带式谷物联合收割机（全喂入）	喂入量≥4 公斤/s；自走履带式；喂入方式：全喂入	31300
152	收获机械	谷物收获机械	半喂入联合收割机	2 行及以上，12 马力 ~35 马力小型半喂入水稻联合收割机	收获行数≥2 行；喂入方式：半喂入，12 马力≤功率 <35 马力	11000
153	收获机械	谷物收获机械	半喂入联合收割机	3 行，35 马力及以上半喂入联合收割机	收获行数：3 行；喂入方式：半喂入；功率≥35 马力	16000
154	收获机械	谷物收获机械	半喂入联合收割机	4 行及以上，35 马力及以上半喂入联合收割机	收获行数≥4 行；喂入方式：半喂入；功率≥35 马力	45600

续表

序号	大类	小类	品目	档次名称	基本配置和参数	中央财政补贴（元）
155	收获机械	玉米收获机械	自走式玉米收获机	2行摘穗剥皮型自走式玉米收获机	2行割台；1m≤幅宽<1.6m；形式：自走式（摘穗剥皮型）	21400
156	收获机械	玉米收获机械	自走式玉米收获机	3行摘穗剥皮型自走式玉米收获机	3行割台；1.6m≤幅宽<2.2m；形式：自走式（摘穗剥皮型）	35000
157	收获机械	玉米收获机械	自走式玉米收获机	4行及以上摘穗剥皮型自走式玉米收获机	4行及以上割台；幅宽≥2.2m；形式：自走式（摘穗剥皮型）	55000
158	收获机械	玉米收获机械	穗茎兼收玉米收获机	2行摘穗剥皮型穗茎兼收玉米收获机	2行割台；1m≤幅宽<1.6m；形式：自走式（摘穗剥皮型）	21400
159	收获机械	玉米收获机械	穗茎兼收玉米收获机	3行摘穗剥皮型穗茎兼收玉米收获机	3行割台；1.6m≤幅宽<2.2m；形式：自走式（摘穗剥皮型）	35000
160	收获机械	玉米收获机械	穗茎兼收玉米收获机	4行及以上摘穗剥皮型穗茎兼收玉米收获机	4行及以上割台；幅宽≥2.2m；形式：自走式（摘穗剥皮型）	55000
略	略					

6. 农业支持保护补贴

农业支持保护是一个综合性的政策。农业支持保护既有支持，又有保护。国家“十三五”规划中涉及了完善农业支持保护制度的内容，指出要以保障主要农产品供给、促进农民增收、实现农业可持续发展为重点，完善强农惠农富农政策，提高农业支持保护效能。“十三五”规划中是将农业支持和保护作为一个综合的概念提出来的，支持和保护并无区分。农业支持保护既然是一个综合性的概念，就可以认为是政府采取的一系列有利于农业发展的政策措施的总和。农业支持保护的目标具有多重性。国家希望通过完善的农业支持保护体系实现多重政策目标，包括保障农产品有效供给、促进农民增收、协调城乡关系、实现环境友好。具体来讲，取消农业税和收入性补贴是为了稳定种粮农民的收入预期，调动农民的生产积极性；提供生产性补贴是为了推动现代农业建设，保障主要农产品的有效供给；而进行农业资源保护补偿是为了保护农业资源环境，实现可持续发展。从另一个侧面来看，即使是同一项支持保护政策，往往也是存在着实现多重目标的几率。目标价格政策既可以促进农民增收，又可以协调农业生产。农业支持保护的目标也不是一成不变的：在粮食匮乏时期，农业支持保护的重点是增产增效；在城乡收入差距持续扩大时期，农业支持保护的重点是促进农民增收增益。经过多年不懈努力，我国农业农村发展已进入新的历史阶段，农业的主要问题主要体现在供求结构失衡、要素配置不合理、资源环境压力大、农民收入持续增长乏力方面，因此农业支持保护政策的主要目标是在确保国家粮食安全和农民持续增收的基础上，推进农业供给侧结构性改革，追求农业生产提质增效和绿色生态可持续，实现农业增效、农民增收、农村增绿的目标。农业支持保护涵盖范围比较广，政府采取的有利于农业发展的政策措施都在农业支持保护的范畴之内。从国际上看，乌拉圭回合《农业协定》的三大支柱分别是市场准入、农业国内支持和出口补贴。由于我国在入世时承诺不再对任何农产品进行出口补贴，而且我国市场准入措施有限，因此我国的农业保护支持政策主要是指农业国内支持政策，涉及农业基础设施建设、公共服务、农业补贴、风险防范机制和市场调控等多个方面，内容覆盖了整个“三农”行业，包括以农业基础设施建设、投入品补贴、技术推广、农民培训主要内容，以提高农产品产量为主要目标的生产扶持政策体系；以农业支持保护补贴、粮食生产补贴为主要内容，以调动农民种粮积极性为主要目标的收入性支持政策体系；以最低收购价为主要内容，以稳定农产品价格为主要目标的市场调控政策体系；以重大动植物病虫害防控等防灾减灾补助、政策性农业保险为主要内容，以降低灾害对农业生产和农民收入的影响为主要目标的风险防范保障体系；以退耕还林、退牧还草、伏季休渔等政策为主要内容，以促进农业可持续发展为主要目标的资源和生态保护政策体系。

2004 年“中央一号”文件《关于促进农民增加收入若干政策的意见》提出，为保护农民利益要建立对农民的直接补贴制度。之后，我国相继实施了种粮农民直接补贴、良种补贴、农业生产资料综合补贴、农机具购置补贴等农业补贴政策，由于这四大类财政补贴金额大，且对促进粮食生产、增加农民收入效果显著，因此被称作“四项补贴”。其中，种粮农民直接补贴、良种补贴和农业生产资料综合补贴又合称作“三项补贴”。补贴政策的实施，标志着农业支持保护手段从少到多，由粗到细，已经成为保障“三农”工作顺利开展的重要支撑，是国家调节农业和农村发展的重要政策工具，对推动农业发展、促进农民增收、协调工农关系，调动农民生产积极性发挥了重要作用。农业四项补贴的规模从2004年的145亿元增加到2013年的1700亿元。但是，随着补贴政策的政策效应释放殆尽，其不足之处逐渐显现。实践中除农机具购置补贴外的农业三项补贴不是按粮食实际耕种面积而是按承包面积或农业税收改革前的计税面积发放，随着大量农村劳动力转移，耕地承包者和经营者分离，补贴获得与是否种粮脱钩，真正从事粮食生产的种粮大户、家庭农场等农业新型经营主体反而难以获得经营补贴。农业补贴实际上变成了农户的一项收入补贴，与农业补贴政策促进粮食生产、保障国家粮食安全的初衷出现了偏差。同时，近年随着种粮成本上升，农业补贴难以弥补生产资料价格的上涨，加上小规模经营方式下种粮收入偏低，大多数小规模农户的种粮积极性不高，对国家粮食安全构成挑战。在农业农村发展形势发生深刻变化背景下，迫切需要调整完善农业补贴政策。2015年，经国务院同意，财政部、农业部印发了《关于调整完善农业“三项补贴”政策的指导意见》，将农业“三项补贴”合并为农业支持保护补贴，政策目标调整为支持耕地地力保护和粮食适度规模经营。在全国范围内从农资综合补贴中调整20%的资金，加上种粮大户补贴试点资金和农业“三项补贴”增量资金，统筹用于支持粮食适度规模经营，同时选择 5 省部分地区进行为期一年的试点。2016 年 5 月，财政部、农业部印发了《关于全面推开农业“三项补贴”改革工作的通知》，农业“三项补贴”改革自此在全国推开，农业支持保护补贴全面取代了原农业“三项补贴”。农业支持保护补贴与原“三项补贴”在实施方式和标准方面有一定的差异。农业“三项补贴”的初衷是将种粮农民作为补贴对象，政策目标主要是保障粮食生产，增加农民收入。针对“三项补贴”实施过程中出现的问题和农业农村的现状，农业支持保护补贴政策提出了不同的目标。首先，耕地地力保护补贴第一次明确将保护耕地地力作为政策目标来贯彻实施，将保护农业生态环境纳入了补贴政策。鼓励各地创新方式方法，以绿色生态为导向，提高农作物秸秆综合利用水平，引导农民综合采取秸秆还田、深松整地、减少化肥农药用量、施用有机肥等措施，切实加强农业生态资源保护，自觉提升耕地地力。其次，明确提出加大对适度规模经营主体的补贴力度，从建立完善农业信贷担保体系、重大技术推广、服务补助等多方面来支持农业适度规模经营的发展。支持对象重点向种粮大户、家庭农场、农民合作社和农业社会化服务组织等新型经营主体倾斜，体现“谁多种粮食，就优先支持谁”。近几年支持重点放在建立健全农业信贷担保体系，推动担保业务尽快投入实际运营，切实缓解农业生产“融资难、融资贵”问题。从补贴对象来看，“三项补贴”和改革后的耕地地力保护补贴的依据是二轮承包耕地面积、确权面积或者种粮面积，覆盖面较广。适度规模经营补贴则针对种粮过程中的新型规模经营主体，重点向种粮大户、家庭农场、农民合作社、农业社会化服务组织等新型经营主体倾斜，即“谁多种粮食，就优先支持谁”。补贴方式上，耕地地力保护补贴借鉴了“三项补贴”的发放方式，通过现金直补的方式将补贴金额直接通过一卡通发放给农户，而适度规模经营补贴的补贴方式更加多样化。从《关于调整完善农业三项补贴政策的指导意见》《关于全面推开农业三项补贴改革工作的通知》以及近年中央“一号文件”的相关表述来看，农业补贴政策改革的主要方向是转向对生产者特别是粮食适度规模经营主体进行补贴，希望农业支持保护补贴在促进粮食生产、保障国家粮食安全方面发挥更大作用。“三项补贴”除了采取现金直补外，还通过政府购买服务、以奖代补、提供担保补助等方式达到对规模化经营主体补贴的目的，其款项的发放方式更加多样，不再局限于通过农户一卡通打卡受补这种单一的方式。

1994 年签署的乌拉圭回合《农业协议》，依据农业保护政策对农业生产的扭曲程度，将农业国内支持政策分为“黄箱”政策、“绿箱”政策和“蓝箱”政策，同时还专门规定了最低减让标准和对发展我国家农业的特殊差别待遇。“绿箱”政策是指那些不会对农产品贸易产生扭曲的国内支持政策，不受 WTO 规则约束，免于减让承诺。“绿箱”支持项目主要有政府一般农业服务、粮食安全储备补贴、粮食援助补贴、与生产不挂钩的收入补贴、收入保险计划、自然灾害救济补贴、农业生产者退休或专业补贴、农业资源储备补贴、农业结构调整投资补贴、农业环境保护补贴、地区援助补贴，共 11 类。“黄箱”政策与“绿箱”政策相反，直接影响农业生产者的生产决策，对贸易扭曲影响较大。“黄箱”政策主要包括有对农产品价格干预，种子、肥料、灌溉等投入品补贴，营销贷款补贴。其中，低于微量允许标准的部分不需要减让；如果特定农产品的综合支持量（AMS）不足该产品生产的总值的5%，或非特定农产品不足全部农业生产总值的5%（发展中国家为10%，我国为8.5%），则不必计入综合支持总量中，也不需要削减。“蓝箱”政策是在限产计划下，按固定的面积、产量或牲畜头数，或基期生产水平的85%或85%以下，给予的直接补贴，不计入综合支持量，也免于减让承诺。WTO规则主要是对“黄箱”政策进行了较为严格的规定，用综合支持量测算其支持水平。根据WTO农业协定条款，综合支持量以货币表示：总综合支持量=所有特定农产品综合支持量+所有非特定农产品综合支持量+所有特定农产品支持值。政府通过市场价格支持、非免除的直接支付等手段向特定农产品提供货币支持。对于没有或不能包含在特定农产品综合支持量中的支持措施，累计所有非免除特定农产品的支持措施价值，计算出非特定农产品综合支持量。还有些特定农产品尽管使用了市场价格支持，但难以计算其综合支持量，则计算其支持等值。其中，市场价格支持 =（适用的管理价格 - 固定的外部参考价格）×有资格接受适用的管理价格的产量 - 相关规费和税收。这里所涉及的固定的外部参考价格以1986年—1988年为基期（我国以1996年—1998年为基期）：对净出口成员，采用基本农产品的平均离岸价格；对净进口成员，采用基本农产品的平均到岸价格。我国农业支持保护力度逐年增加。中央财政用于“三农”支出的经费从2006年的3397亿元，增加到2013年的13799亿元，7年间增加了4倍多；占中央财政支出的百分比从2006年的14.47%，增加到2013年的20.14%。2014年以后，三农支出的统计口径主要参照农林水支出总额，支持总量仍然逐年增长。我国农业支持保护“黄箱”政策尚未用足。特定产品与非特定产品的支持均未超过 WTO 规定的上限，且所余空间较大。2010 年，我国农产品“黄箱”支持总量约为总产值的 1.96%，小于我国承诺的 8.5% 水平。最近两年我国“黄箱”支持水平略有下降。究其原因，一方面是国内农业生产总值连创新高，分母基数增大；另一方面是取消了在东北三省和内蒙古自治区实行了 8 年的玉米临时收储制度，粮食最低收购价下调，价格支持力度减少，免于消减空间的“黄箱”政策剩余空间增大。由于我国暂时不存在限产计划而削减的“蓝箱”支付，所以我国的对农业的国内支持保护只有“绿箱”政策和微量允许标准内的“黄箱”政策。其中，“绿箱”政策支持空间没有上限，在我国的支持总量也最大。2010 年，我国“绿箱”政策支持 5346.32 亿元，占国内支持总额 6576.47 亿元的 81.3%。WTO 规定的“绿箱”支持项目共 11 大类，到 2010 年，我国使用了 7 项目，支出总额 2500.76 亿元，约占当年全部“绿箱”支持总额的 46.78%。我国“绿箱”政策的重点是促进生产，补贴资金主要倾向于有利于促进农业生产的基础设施建设、粮食收储，以及利于农业可持发展的环境补贴、灾害救济。2016 年我国开始实施轮作补贴，属于农业结构调整投资补贴范围，但对农业生产者进行直接支付农业生产者退休或专业补贴、收入保险计划以及农业资源储备补贴的支持仍然为 0。

粮食生产关系到粮食安全，历来是政府制定各项政策时优先考虑的问题，同时也是社会各界广泛关注的话题。自 2004 年逐步实施以四项补贴为主的农业补贴政策以来，农业补贴对粮食生产的影响成为了社会关注的焦点。很多研究就农业补贴对粮食生产的作用给予了积极评价，认为农业补贴对调动农民种粮积极性有一定的促进作用。补贴政策激励了在种与不种之间摇摆的人群，提高了农民种粮的积极性。农业补贴也对粮食产量具有积极作用。补贴政策的实施使产粮大县粮食产量提高了6.81%，非产粮大县粮食产量提高了3.40%。这种作用主要是通过影响生产者行为进而作用于农业生产的。农业补贴显著提高了农户雇佣劳动力的概率增加了农业机械的使用，特别是影响了化肥、种子、农药、农膜等要素的投入，进而影响农业产出。通常认为农业要素投入的增加和农业生产效率的提高是农业经济增长的两大动力。就改革开放40多年的发展历程来看，以要素投入驱动的增长模式已难以为继，农业经济增长需要由要素驱动转向效率驱动。正是基于这样的现实，2016年我国全面展开三项补贴改革，将三项补贴合并为农业支持保护补贴，开始对粮食适度规模经营主体进行补贴，以实现农业补贴在促进粮食生产、保障国家粮食安全方面的初衷。然而，目前鲜有发现关于农业支持保护补贴对粮食生产的影响的相关文献，特别是缺乏农业支持保护补贴影响粮食规模经营主体种粮行为的相关研究，从而难以为决策层提供在转变粮食生产方式、保障国家粮食安全上可供参考的理论分析和实践证据。并且，就研究农业补贴影响农民种粮行为的现有文献来看，三项补贴改革前，大多数规模农户难以获得与农地流转、规模经营相关的支持补贴，当面临资金约束时，农户的生产积极性往往容易受到打击。而农业支持保护补贴的主要政策方向是对规模经营主体进行支持，理论上这可以在一定程度上缓解规模农户的资金困境，改变规模农户面临的生产局限条件，从而改变规模农户的生产决策。不仅如此，相较于三项补贴，农业支持保护补贴对农户的支持方式发生了明显变化。农业支持保护补贴并不对规模农户采购的农作物种子、生产资料品类等做出具体规定，也并非是一项固定数额补贴，而是与粮食经营面积挂钩，并且要达到一定规模（门槛）才能获得补贴。这种类似于“多劳多得”设定规模经营门槛的激励机制，为规模农户扩大粮食生产提供了直接的生产性激励，有助于调动规模农户的种粮积极性，使其扩大粮食经营规模。另外，随着经营规模不断扩大，粮食生产的长期平均成本实际上是下降的，这又会进一步促进农户扩大粮食经营面积。农业支持保护补贴有助于规模农户扩大粮食经营面积，降低粮食生产平均成本，从而又进一步激励农户扩大规模，获得更多的补贴。农业支持保护补贴与粮食规模经营形成了一个良性循环。出于风险分散考虑，农户会选择保持种植结构不变、转入更多土地来扩大粮食经营；另一方面，农户保持土地经营规模不变，调整种植结构，减少种植经济作物，种植更多的粮食作物。农户也可能通过同时进行农地转入和结构调整来扩大粮食经营规模。

2016 年《关于全面推开农业“三项补贴”改革工作的通知》中明确，在全国范围全面推开农业“三项补贴”改革，即将种粮农民直接补贴、农作物良种补贴和农资综合补贴合并为农业支持保护补贴，政策目标调整为支持耕地地力保护和粮食适度规模经营。全面推开农业“三项补贴”改革以绿色生态为导向，由激励性补贴向功能性补贴转变、由覆盖性补贴向环节性补贴转变，提高补贴政策的指向性、精准性和实效性。《通知》强调，将农业“三项补贴”中直接发放给农民的补贴与耕地地力保护挂钩，明确撂荒地、改变用途等耕地不纳入补贴范围，鼓励农民秸秆还田，不露天焚烧，主动保护耕地地力，加强农业生态资源保护，实现“藏粮于地”，使政策目标指向更加精准。《通知》提出，从农业支持保护补贴中统筹部分资金用于支持粮食适度规模经营，近几年重点支持建立健全农业信贷担保体系，通过强化银行与担保机构合作机制，着力解决种粮大户、家庭农场、农民合作社和农业社会化服务组织等新型经营主体在粮食适度规模经营中的“贷款难、贷款贵”问题，力争用3年时间建成政策性、独立性、专注于农业、覆盖全国的农业信贷担保体系。各地也可以采取贷款贴息、重大技术推广与服务补助等方式支持粮食适度规模经营。《通知》要求，全面推开农业“三项补贴”改革由省级人民政府总负责，各地要结合本地区实际，抓紧制订实施方案，加大工作力度，注重宣传引导，确保改革顺利推进。省级财政、农业部门要做好资金拨付和监管工作，对农民的补贴要力争6月30日前发到位，对于骗取、套取、贪污、挤占、挪用农业支持保护补贴资金的，或违规发放补贴资金的行为，要依法依规严肃处理。

从全球农业的发展历史看，农业保护主义与农业发展伴随而生。20世纪30年代经济危机之后，为保证关系国计民生的粮食的供应，世界各国纷纷采取对粮食的保护政策。二次大战以后，由于新型工业的发展和农业现代化的推进，在农产品过剩的情况下，欧美发达国家对农业的保护除关税与非关税壁垒外，还采取价格补贴和价格支持的政策。美国的农业支持政策美国农业资源丰富，科技水平先进，市场体系发育健全。农业支持政策体系完善，在促进美国农场主增收和稳定农业发展方面，发挥了重要作用。美国农业政策的主要目标重在扩大农产品出口，提高美国农产品在国际农产品市场上的竞争能力。美国农业补贴金额巨大，补贴方式上主要以“黄箱”政策为主，即主要包括价格补贴，营销贷款，面积补贴，牲畜数量补贴，种子、肥料、灌溉等投入补贴。但近几年美国开始注重由农业“黄箱”措施向注重农业“绿箱”政策转变。农业补贴中“绿箱”政策主要包括有重视农业投入，改善农业基础设施，农业科学政策，资源保育补贴，诸如土地休耕计划、农田水土保持、实地保护、草地保育。同时，美国政府采取扩大农业信贷的政策，增加了对农村经济发展的贷款，促进了农业现代化的发展。2012 年 10 月 17 日美国委员会宣布执行农村经济发展的贷款和赠款计划。美国还通过农业立法的形式，为农业支持政策提供一定的法律保障，促进农业的稳定发展。诸如 2008 年农业法案《食品、环保、能源法案》。美国实现农业政策目标的措施以及农业支持政策内容不是由政府发布政令，而是以农业立法的形式确定农业政策。由于美国市场是不断变化的，因而其农业补贴的方向根据市场的变化来调整。美国所有的农业支持政策都细化到具体项目，用立法形式来进行具体项目的管理，体现农业政策的项目化和项目管理化。和美国相邻的加拿大人少地多，资源密集，国家主要通过法律、法规来保护农业，以促进加拿大农业的可持续发展，保持加拿大农产品在国际市场上具有较强的竞争力。加拿大政府针对农业发展中存在的矛盾和问题，适时出台一系列农业保护政策，包括价格支持、财政补贴、信贷税收、对外贸易方面，形成了完善的政策体系。其中农业补贴中“绿箱”政策包括扩大灌溉基础设施，技术推广，病虫害控制，投资可持续农业，推动绿色农业和循环农业，促进农业的可持续发展。例如 2012 年 7 月 26 日推出的绿色害虫管理技术，减少手工劳动成本，提高工作效率和生产率，有助于作物管理和有机农业。加拿大还健全了农业保险体系，实行农作物保险计划，规避了农业生产的风险，减少了气候相关的自然灾害对农业生产所造成的损失。2012 年 9 月 14 日加拿大政府提供一个完整的、有效的业务风险管理计划（BMR）。一旦发生重大自然灾害和食品安全事故，通过风险管理计划给予农民损失补偿，减少损失发生额。欧洲各国疆域都比较小，但在农产品出口方面欧盟的农产品出口量占据世界农产品总出口量重要的一部分。欧盟共同农业政策有效的促进了欧盟农产品的出口和欧盟农业的发展。欧盟现行共同农业政策（PAC）的目标由强调农业的发展转向强调农业、农村并重，并且近几年越来越关注农业的可持续发展，注重对农村地区环境的保护，发展绿色农业和生态农业，进而促进农业发展的可持续性，提高欧盟农业的全球竞争力。为平衡欧盟各成员国之间的农业差异，欧盟进一步加大了农村发展政策的金融支持力度，减少用于补贴大农场的直接支付资金，对农村地区发展注入更多资金，向那些符合环境保护、动物福利、食品安全和质量标准等项要求的欧盟农民提供直接补贴，将农业生产与环境保护挂钩，使其农业发展更加环保、高效。此外以设施补贴方式，为农民提供金融支持，使农民更容易获得银行贷款。欧盟官方网站消息，2012 年 5 月 2 日欧盟出台政策，加大对“青年农民”“小型农民”和“自然环境限制地区”的支持力度。同时，欧盟委员会简化共同农业政策（PAC），要求到 2012 年可以达到降低 25% 的农业管理负担的目标，使之更具有人性化。共同农业政策方面的简化已经取得了很大的成就，减少了农民对农业管理的负担，同时增加了农民的业余时间，意味着农民可以花更多的时间做他们所擅长的事，有效促进了农业的现代化发展，使欧洲农业更具有国际竞争力。和欧美农业有所不同，日本耕地有限，人口密度大，劳动力价格高，农业生产成本高，资源比较弱，对国际市场依赖较大。因此，确保国内粮食供应和国家粮食安全，发展高品质农业，提高国内粮食自给率，逐步增强日本农产品的国际竞争力是日本农业支持政策的主要目标。日本注重农业补贴中“绿箱”政策的运用，诸如加大对现代农业人才的培养、农业的基础设施建设和检验服务措施；增加为保障粮食安全提供的储存补贴；强化对环境保护和农村发展，发展绿色农业和循环农业，进而实现农业的可持续发展。日本政府给予农业巨大的补贴，包括政府在基础设施建设、资源环境、科技教育、农业保险等方面的支持、进出口补贴、价格补贴以及近几年对农民的直接补贴等等。日本通过农业立法促进农业发展，2009 年《农地法》修正案指出需要有效率利用农业用地，允许外资注入到农业用地并且可以跨地区租赁。农业支持政策目前在发达国家普遍存在并且已经有着相当成熟的经验和做法。美国的农业保护政策应该从 1933 年开始算起，英国从 1947 年算起，法国从 1954 年算起，日本从 1961 年算起。但也有观点认为英国开始于 1773 年的第一个谷物法，法国开始于 1819 年对谷物征收进口关税，德国开始于 1834 年对谷物征收关税。

欧美发达国家农业支持政策有如下特征：第一，从历史发展阶段看，资本主义的发展经历了原始积累阶段、自由竞争资本主义阶段和垄断资本主义阶段，同时也是市场经济从产生到成熟的过程。在每一个发展阶段，国家对经济的干预方式和干预强度不一样。在资本主义原始积累时期，市场机制尚不完善，即使在市场力量发生作用的领域，其运行效果也难以令人满意，于是政府便开始大规模干预直至参与社会的经济活动。在自由竞争的资本主义阶段，由于资本短缺现象已基本消除，私有产权制度已牢固树立并受到法律保护，市场竞争规则健全，整个社会经济活动也已高度商业化，价格机制和竞争机制已在经济生活中发挥着十分重要的作用。这一时期中的商品、劳动力和资本要素都通过市场自由流动，市场机制成为实现资源配置和调节经济活动的基本手段。此时的农业政策也表现为主要由市场调节，政府主要在制度建立健全、公共品提供方面发挥作用。在垄断资本主义阶段，生产具有了巨大且迅速增长的膨胀，以生产相对过剩为特征的经济危机更为频繁的爆发。国家对经济进行全面干预。此时的农业政策也进入政府全面干预阶段。第二，从经济思想发展看，关于政府与市场关系的经济学思想经历了重商主义、斯密的经济自由主义和政府全面干预的凯恩斯主义三个阶段，农业政策也直接受到重要的影响。凯恩斯 1936 年发表的《就业、利息和货币通论》，对传统经济理论和政策提出了全面的挑战和批判，指出自由放任政策下的资本主义经济必然会因为有效需求不足而发生经济危机，提出政府干预经济以保证充分就业、避免危机的一整套政策措施。政府应转变为“干预者”的角色。西方国家接受了凯恩斯这一经济理论。政府职能进入了不断扩张的阶段，市场经济的基本观念也由企业、市场的两极结构转化为企业、市场、政府的三角结构。第三，从利益集团博弈的结果看，农业支持政策并不是我们所想象的都是在一个公正、客观和无私的民主机制下产生的，很大程度上是国内多方利益集团博弈的结果。美国农业经济学家罗纳德 · 纽特逊在《美国农业与食品政策》中分析指出：利益集团是制定政策的推动力。他们发现问题并提出解决问题的建议。他们组织起来控制选举结果，改变候选人的态度，并对关键职位的任命、对关系其集团成员利益的最后表决或决策施加影响。农业政策利益集团包括那些试图以某种方式影响国会或行政部门作出农业政策决策的各种组织、协会或企业。利益集团一般都雇用院外说客在政治过程中直接代表他们，并为他们出谋献策。利益集团活跃于政府决策的所有层次。在行政系统，利益集团可能试图影响中层管理职位上的工作人员作出决定，这些人员拟定政策或计划草案提交农业部长，最后上达给总统；利益集团也可能直接与农业部高级官员、农业部长或总统接触。在国会，利益集团积极寻求对国会工作人员、国会研究报告和资料的代办机构施加影响，最后达到影响参议员和众议员的目的。利益集团影响政策的实效存在着很大的差别。一个利益集团在影响某一政策问题时可能比另一利益集团更为有效。英国农业经济学家温特斯透彻分析了发达国家农业支持政策出台的利益集团背景后指出：在经济学所有的分支领域里，单纯的技术分析不能回答围绕农业政策的规范问题。当他们（以对他们自己有利的方式）寻求解决经济环境产生的问题时，最终结果将依赖于农业院外活动集团、官僚和政客的相互作用。虽然在这种相互作用的结果中可以观察到许多规律性，但最终来看这些相互作用无法在农业政策上形成一个均衡。对参与这种无休止和不确定博弈的各方而言，每一方都赢了几轮又输掉几轮，并且各方都受到同一外来冲击的干扰。考虑到各种干预的长久性，农业政策最终表现出的不是一种单一的、精致而有效的结构，而是近似于一种不同的、有时甚至是相互冲突的措施之间的磨合。农业利益集团被广泛认为是在西方经济中组织得最好而且影响最大的利益集团，很多公共决策可以看作不同利益集团的游说与反游说的结果。

发达国家农业支持政策的主要目标是农业，其政策思路中有很多值得我们学习和借鉴。（1）国家对农业支持是保障农业稳定健康发展的必要条件。农产品需求的基础性和供给的波动性使得农业在大多数国家都受到政府高度重视，不论是在工业化的初期还是中期和中后期，发达国家都没有放弃过对农业的支持，区别仅仅在于支持的方式，范围和深度。农业的发展始终与政府的支持息息相关，这一点在英国和美国的农业史上体现得非常明显。就我国情况来讲，尽管农业问题只是三农问题中的一个局部问题，但三农问题本身与农业的不发达紧密相关，而且三农问题的最终破解也有赖于农业的大发展。欧美国家的农业支持政策有值得我们借鉴的地方。发达国家之所以要执行农业支持政策，主要是因为农业的健康稳定发展完全依赖市场机制是无法实现的。同样基于这一思路，我国当前的农业和农村的发展，完全依赖市场机制也是无法实现的，三农问题的凸现就是一个明证。在市场经济条件下对农业和农村实施支持政策，是我们从发达国家农业支持政策中学到的重要经验。（2）对农业的支持应重视保障农业经营者的利益。农业支持政策是一个广泛的概念，凡一切有利于农业发展的政策都可归在其中。农业发展的政策也可以有很多种，主要包括两类政策：一是通过改善农业生产条件来促进农业发展的支持政策；一类是通过提高农业经营者经营农业的积极性来促进农业发展的支持政策。两类政策尽管都以促进农业发展为目标，但其具体的运作机制不同，从而其效果往往也不一样。我国自古以来都有重视和支持农业的政策传统，主要是从改善农业生产条件的角度入手，同时辅之以限制农业经营者向其他行业转移。改善农业生产条件对于农业发展是非常重要的，但如果农业发展并不能带来农业生产者或经营者的经济利益的稳定和提高，农业的发展就难以可持续。发达国家由于运行平台是市场经济，不可能通过限制人们的职业选择来保障农业生产的稳定，因此非常重视通过保障经营者利益来保障农业生产的稳定和发展。而这一点在我们的传统政策中刚好被忽略了。农业生产的稳定和发展，不仅需要大力改善农业生产条件，更需要重视对农业经营者经济利益的保障。（3）提升本国农业国际竞争力是农业支持的重要目标。欧美国家的农业更早融入了国际竞争，不仅包括在国内市场与国外农产品的竞争，也包括在国际市场与国外农产品的竞争，从而提升农业国际竞争力是其农业支持政策的重要目标，其方式包括国内市场保护和国际市场支持。尽管这些方式越来越受到国际规则的限制，但提升农业国际竞争力的目标并没有改变。其具体支持方式，一方面通过国际谈判积极争取有利条件，另一方面不断改变支持方式以更好地适应国际竞争。我国农业直面国际竞争的历史较短，农业相对落后，在国外农业普遍得到政府支持的同时，如果我国农业不能得到政府的支持，将使得农业的国际竞争地位更为不利。当然，对其支持的方式也需要根据国际规则的要求而进行调整。

我国各个省市政府农业管理部门在具体落实国家农业支持保护政策的时候，会结合本省的具体要求进行安排。《安徽省农业农村厅关于下达 2021 年度全省农田建设任务的通知》（皖农建〔2021〕第 5 号）将农田建设管理作为本年度农业支持政策的重点。要求落实《安徽省人民政府办公厅关于切实加强高标准农田建设提升国家粮食安全保障能力的实施意见》（皖政办〔2020〕8 号）文件精神，紧紧围绕全面实施乡村振兴战略，立足农业高质量发展要求，以提升粮食综合生产能力为主线，深入实施藏粮于地、藏粮于技战略。圆满完成2021年新建高标准农田500万亩（其中高效节水灌溉30万亩）硬任务，加快补齐农业基础设施短板，切实增强农田防灾抗灾减灾能力，为实施乡村振兴战略、推动农业高质量发展、保障国家粮食安全、促进安徽农业农村现代化建设提供坚实基础。其选项原则要求：（1）突出支持重点。认真贯彻《国务院办公厅关于防止耕地“非粮化”稳定粮食生产的意见》（国办发〔2020〕44号）精神，优先在永久基本农田保护区、粮食生产功能区、重要农产品生产保护区和产粮大县建设高标准农田。优先安排干部群众积极性高的地区开展高标准农田建设。支持农业企业、农民合作组织、种粮大户和家庭农场等新型农业经营主体建设高标准农田。（2）接续脱贫攻坚。落实《中共安徽省委安徽省人民政府关于抓好“三农”领域重点工作确保如期实现全面小康的实施意见》《中共安徽省委关于制定国民经济和社会发展第十四个五年规划和二〇三五年远景目标的建议》精神，贯彻“四个不摘”要求，做好脱贫攻坚政策统筹衔接，持续支持贫困地区、革命老区建设高标准农田。（3）统筹实施项目。统筹高标准农田与农田水利“最后一公里”建设，统筹实施农田建设补助资金项目、灾毁农田修复任务和中央预算内投资计划项目（中央预算内投资计划项目单独立项），做好高效节水灌溉项目实施工作，持续推进农业水价综合改革。（4）深化创新探索。持续推进结合现代农业发展、结合脱贫攻坚、结合农村人居环境改善、结合耕地占补平衡探索创新，支持各地结合实际开展高标准农田整县推进、绿色农田、数字农田建设示范。全面推进丘陵山区高标准农田建设宜机化改造提升。在立项要求方面：（1）严格投资标准。新建高标准农田亩均财政资金投入标准不低于2250元。农民合作组织、种粮大户、家庭农场申报承建的高标准农田建设项目的自筹资金不得低于财政资金的20%；农业企业申报承建的，自筹资金不得低于财政资金总额。（2）推行规模建设。单个高标准农田建设项目原则上平原地区不低于3000亩，丘陵山区不低于1000亩。单个项目涉及的乡镇原则上不超过2个。新型农业经营主体由农业企业申报实施的，原则上平原地区不低于1000亩，丘陵地区不低于500亩；由农民合作组织、专业大户或家庭农场申报实施的，原则上平原地区不低于300亩，丘陵地区不低于200亩。（3）保护生态环境。严禁在非农田实施高标准农田建设项目。禁止利用高标准农田建设从事林果业以及挖塘养鱼、非法取土等破坏耕作层的行为。按照“少硬化、不填塘、慎砍树、禁挖山”要求，因地制宜构建生态沟渠、道路和塘堰湿地系统，改善农田生产条件，保护农田生态环境。利用高标准农田建设发展稻渔综合种养，应以不破坏永久基本农田为前提，沟坑占比符合稻渔综合种养技术规范通则标准。推广节水灌溉方式，发展低压管道输水灌溉、喷灌、微灌等高效节水灌溉，推广水肥一体化技术。积极配合国家节水行动和农业水价综合改革，推动实现新增高效节水灌溉面积符合农业用水、计量条件和节水要求。（4）明确建设内容。按照《高标准农田建设通则》（修订稿）要求，实行田、土、水、路、林、电、技、管综合配套，重点在土地平整、土壤改良、灌溉排水、田间道路、农田防护与生态环境保持、农田输配电、科技服务、建后管护等方面加大建设力度。原则上用于道路建设的投入不得超过工程措施总投入的40%。不得用于购置种子、化肥、农药等经营性生产资料。(5) 严审主体资格。申报高标准农田建设项目的新型农业经营主体应经工商登记注册或有关部门认定，实际运行1年（含1年）以上，经营状况良好，没有失信记录，具备必要的项目建设、筹资投劳、经营管理能力。县级农业农村部门应对申报主体资格进行审核，对实施地点进行实地考察，综合评价后择优立项。(6) 提升耕地质量。按照《安徽省农业农村厅关于印发安徽省高标准农田耕地质量建设实施方案的通知》（皖农建函〔2019〕928号），切实把耕地质量建设与高标准农田建设项目同步规划、同步设计、同步建设、同步考核。综合采取工程、生物、农艺等手段，措施，确保在高标准农田建设项目区采取“改良土壤、培肥地力、保水保肥、控污修复”等单一或综合措施，确保措施覆盖面积达到90%以上，项目建成后耕地质量等级有所提升。要按照农业农村部关于延伸绩效管理要求，做好当年竣工验收项目耕地质量等级评价工作。在组织保障方面：(1) 加强统筹实施。各地农业农村部门要进一步加强组织领导，健全工作机制，严格考核评价，充实人员队伍，完善支撑体系，切实落实好中央农田建设“五统一”管理要求。要认真总结近年来高标准农田建设与管理的有益做法经验，查找存在问题，深入剖析原因，系统谋划思路，明确对策举措，采取有力措施保障项目顺利实施。在确保按照不低于每亩2250元完成新增建设目标任务的前提下，市县可利用自有建设资金，对未达标的历史项目区进行改造提升。(2) 强化投入保障。要主动加强与同级财政、发改部门的沟通协调，把高标准农田建设作为优先保障领域，确保财政投入与建设任务相适应。要认真贯彻落实中办、国办印发的《关于调整完善土地出让收入使用范围优先支持乡村振兴的意见》（中办发〔2020〕32号）和中央农办等七部门发布的《关于扩大农业农村有效投资加快补上“三农”领域突出短板的意见》（中农发〔2020〕10号）文件要求，提高土地出让收益用于高标准农田建设的比例，加大政府债券发行支持高标准农田建设的力度，以先建后补、以奖代补、政府和社会资本合作等模式撬动金融资本、社会资本投入，千方百计保障2021年高标准农田建设资金需求，提高建设质量。加强资金统筹，按照《安徽省农田水利“最后一公里”建设五年行动计划》安排的财政资金，要统筹用于农田建设。（3）规范全程管理。严格执行国务院办公厅印发的《关于坚决制止耕地“非农化”行为的通知》《关于防止耕地“非粮化”稳定粮食生产的意见》，进一步强化耕地用途管控，严禁“非农化”，防止“非粮化”。落实《安徽省农田建设项目管理实施办法》规定，明确项目踏勘、立项、设计、实施、验收、运行、管护、资金管理等程序化要求，规范开展项目前期准备、评估论证、申报审批、招标投标、组织实施、竣工验收、监督检查、移交管护等工作，实现农田建设项目集中统一高效管理。

7. 生态补偿

生态补偿是以保护和可持续利用生态系统服务为目的，以经济手段为主调节相关者利益关系，促进补偿活动、调动生态保护积极性的各种规则、激励和协调的制度安排。有狭义和广义之分。狭义的生态补偿指对由人类的社会经济活动给生态系统和自然资源造成的破坏及对环境造成的污染的补偿、恢复、综合治理等一系列活动的总称。生态补偿机制是以保护生态环境，促进人与自然和谐发展为目的，根据生态系统服务价值、生态保护成本、发展机会成本，运用政府和市场手段，调节生态保护利益相关者之间利益关系的公共制度。对生态补偿机制的理解有广义和狭义之分。广义的生态补偿机制既包括对生态系统和自然资源保护所获得效益的奖励或破坏生态系统和自然资源所造成损失的赔偿，也包括对造成环境污染者的收费。狭义的生态补偿机制则主要是指前者。从目前我国的实际情况来看，由于在排污收费方面已经有了一套比较完善的法规，急需建立的是基于生态系统服务的生态补偿机制。

在我国，生态补偿的重要意义在于：第一，建立生态补偿机制是贯彻落实科学发展观的重要举措。生态补偿机制是以保护生态环境、促进人与自然和谐为目的，根据生态系统服务价值、生态保护成本、发展机会成本，综合运用行政和市场手段，调整生态环境保护和建设相关各方之间利益关系的环境经济政策。建立和完善生态补偿机制，有利于推动环境保护工作实现从以行政手段为主向综合运用法律、经济、技术和行政手段的转变，有利于推进资源的可持续利用，加快环境友好型社会建设，实现不同地区、不同利益群体的和谐发展。第二，建立生态补偿机制是落实新时期环保工作任务的迫切要求。党中央、国务院对建立生态补偿机制提出明确要求，并将其作为加强环境保护的重要内容。《国务院关于落实科学发展观加强环境保护的决定》要求“要完善生态补偿政策，尽快建立生态补偿机制。中央和地方财政转移支付应考虑生态补偿因素，国家和地方可分别开展生态补偿试点”。《国务院 2007 年工作要点》（国发〔2007〕8 号）将“加快建立生态环境补偿机制”列为抓好节能减排工作的重要任务。国家《节能减排综合性工作方案》（国发〔2007〕15 号）也明确要求改进和完善资源开发生态补偿机制，开展跨流域生态补偿试点工作。第三，开展试点工作是全面建立生态补偿机制的重要实践基础。为探索建立生态补偿机制，一些地区积极开展工作，研究制订了一些政策，取得了一定成效。但是，生态补偿涉及复杂的利益关系调整，目前对生态补偿原理性探讨较多，针对具体地区、流域的实践探索较少，尤其是缺乏经过实践检验的生态补偿技术方法与政策体系。因此，有必要通过在重点领域开展试点工作，探索建立生态补偿标准体系，以及生态补偿的资金来源、补偿渠道、补偿方式和保障体系，为全面建立生态补偿机制提供方法和经验。

生态补偿应坚持的基本原则是：第一，坚持谁开发、谁保护，谁破坏、谁恢复，谁受益、谁补偿，谁污染、谁付费的原则。要明确生态补偿责任主体，确定生态补偿的对象、范围。

环境和自然资源的开发利用者要承担环境外部成本，履行生态环境恢复责任，赔偿相关损失，支付占用环境容量的费用；生态保护的受益者有责任向生态保护者支付适当的补偿费用。第二，坚持责、权、利相统一的原则。生态补偿涉及多方利益调整，需要广泛调查各利益相关者情况，合理分析生态保护的纵向、横向权利义务关系，科学评估维护生态系统功能的直接和间接成本，研究制订合理的生态补偿标准、程序和监督机制，确保利益相关者责、权、利相统一，做到应补则补，奖惩分明。第三，坚持共建共享，双赢发展的原则。区域或流域生态环境保护的各利益相关者应在履行环保职责的基础上，加强生态保护和环境治理方面的相互配合，并积极加强经济活动领域的分工协作，共同致力于改善区域、流域生态环境质量，拓宽发展空间，推动区域可持续发展。第四，坚持政府引导与市场调控相结合的原则。要充分发挥政府在生态补偿机制建立过程中的引导作用，结合国家相关政策和当地实际情况研究改进公共财政对生态保护投入机制，同时要研究制订完善调节、规范市场经济主体的政策法规，增强其珍惜环境和资源的压力和动力，引导建立多元化的筹资渠道和市场化的运作方式。第五，坚持因地制宜，积极创新的原则。要在试点工作中结合试点地区的特点，积极总结借鉴国内外经验，科学论证、积极创新，探索建立多样化生态补偿方式，为加快推进建立生态环境机制提供新方法、新经验。

生态补偿试点工作，研究建立自然保护区、重要生态功能区、矿产资源开发和流域水环境保护等重点领域生态补偿标准体系，落实补偿各利益相关方责任，探索多样化的生态补偿方法、模式，建立试点区域生态环境共建共享的长效机制，推动相关生态补偿政策法规的制定和完善，为全面建立生态补偿机制奠定基础。

探索建立重点领域的生态补偿机制是2007年提出生态补偿试点的首要任务，其主要工作内容有：

（1）加快建立自然保护区生态补偿机制。理顺和拓宽自然保护区投入渠道。加强与有关地方和部门的协调，推动完善政府对自然保护区建设的投入机制，按照事权划分原则，将自然保护区基础设施、管护能力建设和基本管护费用，以及扶持保护区内原住居民进行生态移民的费用纳入相应层级的政府财政预算，推动建立各级自然保护区管护专项资金，加大对自然保护区的财政支持力度，提高自然保护区规范化建设水平。加强自然保护区与国际组织、非政府组织、绿色团体、研究机构、企业、社区的交流，争取社会各界以各种方式参与和支持自然保护区的建设管理，拓展自然保护区生态补偿资金的来源和渠道。组织引导自然保护区和社区共建共享。积极组织自然保护区内及周边社区居民开展自然生态保护知识与技能培训，优先聘用保护区内及周边社区居民参加保护区的管护工作。通过资金、物质补偿、提供就业机会和优惠政策等形式，吸引和帮助自然保护区内的居民开展生态移民。引导保护区及周边社区居民转变生产生活方式，因地制宜发展有机食品、生态旅游等特色产业，增加就业机会，降低周边社区对自然保护区的压力。研究建立自然保护区生态补偿标准体系。根据各自然保护区主要保护对象的不同，评估保护区内居民基本生活保障，以及对维护保护区正常生态功能的基本建设、人员工资、基本运行费用、必须生态建设投入等生态保护投入和管护能力建设需求，测算保护区野生动物引起人身伤害和经济损失；全面评价周边地区各类建设项目对自然保护区生态环境破坏或功能区划调整、范围调整带来的生态损失，及其对自然保护区生态效益的利用情况，收集与充实相关数据、信息，建立自然保护区生态补偿标准的测算方法与技术体系。

（2）探索建立重要生态功能区生态补偿机制。建立健全重要生态功能区的协调管理与投入机制。加强与有关地方和部门的协调，加强饮用水源区等重要生态功能区域的生态保护与建设，配合有关部门推动生态保护与建设资金、项目的整合与规范，支持重要生态功能区的生态环境保护与恢复，并对区域生态功能重要、生态保护建设任务重而经济发展受到制约的地区给予扶持和补偿。积极配合有关部门，推进重要生态功能区财税政策和管理政策改革，加大对重要生态功能区的财政转移支付力度。加强重要生态功能区的环境综合整治。加强重要生态功能区的生态环境监测、评估，建立和完善生态环境质量评价体系。推动环境保护专项资金向重要生态功能区倾斜。加大重要生态功能区内的城乡环境综合整治力度，在继续加强城市环境综合整治和工业污染防治的同时，积极采取控污、截污等多种手段，有效控制农村面源污染，促进城乡经济社会与环境的协调发展。研究建立重要生态功能区生态补偿标准体系。在监测、评估重要生态功能区生态环境状况基础上，按照维护区域重要生态功能的原则，综合考虑居民公平享受公共服务、减少发展制约因素，以及保护自然资源、维持生态系统服务功能等方面的需求，开展重要生态功能区生态补偿标准核算研究，建立重要生态功能区生态补偿标准核算方法体系。

（3）推动建立矿产资源开发的生态补偿机制。推动建立矿产资源开发生态补偿长效机制。联合有关部门推动建立矿山生态补偿基金，解决矿产资源开发造成的历史遗留和区域性环境污染、生态破坏的补偿问题，以及环境健康损害赔偿问题，按照企业和政府共同负担的原则加大矿山环境整治力度，“多还旧账”。现有和新建矿山要落实企业矿山环境治理和生态恢复责任，建立矿产资源开发环境治理与生态恢复保证金制度，做到“不欠新账”。改革现有矿山企业成本核算制度，将环境治理与生态恢复费用列入矿山企业的生产成本。研究制定科学的矿产资源开发生态补偿标准体系。各地环保部门要结合本地实际研究制定和完善矿山环境治理、生态恢复标准，科学评估矿产资源开发造成的环境污染与生态破坏，提出矿山环境整治和生态修复目标要求。要联合国土资源部门制定矿山环境保护与治理规划，实施环境综合整治和生态修复工程，根据矿山环境治理和生态恢复成本，并考虑矿山企业承受能力与有关受损状况，合理确定提取矿产资源开发环境治理与生态恢复保证金，以及征收矿山生态补偿基金的标准。联合财政、国土资源等部门全面落实矿产资源开发环境治理与生态恢复责任机制，科学评价矿产资源开发环境治理与生态恢复保证金和矿山生态补偿基金的使用状况。

（4）推动建立流域水环境保护的生态补偿机制。建立流域生态补偿标准体系。各地应当确保出境水质达到考核目标，根据出入境水质状况确定横向赔偿和补偿标准。重点流域跨省界断面水质标准，依据国家《“十一五”水污染物总量削减目标责任书》确定；其他流域跨界断面水质标准，参照有关区域发展规划和重点流域跨界断面水质标准，并结合区域生态用水需求评估确定。补偿标准应当依照实际水质与目标水质标准的差距，根据环境治理成本并结合当地经济社会发展状况确定。积极维护饮水安全，研究各类饮用水源区建设项目和水电开发项目对区域生态环境和当地群众生产生活用水质量的影响，开展饮用水源区生态补偿标准研究。促进合作，推动建立流域生态保护共建共享机制。搭建有助于建立流域生态补偿机制的政府管理平台，促进流域上下游地区协作，采取资金、技术援助和经贸合作等措施，支持上游地区开展生态保护和污染防治工作，引导上游地区积极发展循环经济和生态经济，限制发展高耗能、重污染的产业。引导下游地区企业吸收上游地区富余劳动力。支持流域上下游地区政府达成基于水量分配和水质控制的环境合作协议。试点地区要积极探索当地居民土地入股等补偿方式，支持生态保护成本的直接负担者分享水电开发收益等流域生态保护带来的经济效益。推动建立专项资金。加强与有关各方协调，多渠道筹集资金，建立促进跨行政区的流域水环境保护的专项资金，重点用于流域上游地区的环境污染治理与生态保护恢复补偿，并兼顾上游突发环境事件对下游造成污染的赔偿。建立专项资金的申请、使用、效益评估与考核制度，促进全流域共同参与流域水环境保护。

在合理选择试点地区方面，2007 年出台的相关文件要求各级环保部门要选择具有一定条件和基础的地区开展生态补偿试点工作。国家环保总局将按照国家“十一五”规划要求，结合《全国自然保护区发展规划》和《国家重点生态功能保护区规划》的编制和实施，选择开展规范化建设的国家级自然保护区和优先启动建设的国家重点生态功能保护区开展生态补偿试点工作；在开展煤炭工业可持续发展政策措施试点和深化煤炭资源有偿使用改革试点工作的地区开展煤矿等矿产资源开发的生态补偿试点工作；积极配合财政、发展改革部门推动开展跨省流域生态补偿试点工作。各地环保部门要结合本地实际情况和生态保护重点工作，分别选择条件成熟的地区开展生态补偿试点工作。

2016 年 6 月 23 日，财政部会同农业部制定出台了《农业支持保护补贴资金管理办法》（财农〔2016〕74 号），对农资综合补贴管理和使用政策进行了规定，指出农业支持保护补贴资金是中央财政公共预算安排的专项转移支付资金，用于支持耕地地力保护和粮食适度规模经营，以及国家政策确定的其他方向。农业支持保护补贴资金由财政部会同农业部分配。财政部结合中央财政农业支持保护补贴资金年度预算安排、农业部提出的分配建议等情况审核下达资金。其中，用于耕地地力保护的资金，根据 2015 年各省份耕地地力保护资金规模测算；用于粮食适度规模经营的资金，主要根据 2015 年各省份适度规模经营资金占全国比重，并综合考虑各省份年度农业信贷担保体系建设、绩效考评等情况进行测算。

文件规定，农业部根据政策确定的实施范围，提出资金分配建议，并会同财政部根据资金管理需要，制定实施指导性意见，细化管理要求。省级农业部门会同财政部门，要在本级政府领导下，根据本办法，结合本地实际情况，制定本地区实施方案或指导意见，并报农业部、财政部备案，抄送当地专员办。同时，要加强对县级农业支持保护补贴实施方案审核、补贴工作监督检查、政策实施情况总结等工作。县级农业部门、财政部门要按照本省统一要求，共同做好组织实施工作。县级农业部门要认真组织做好本辖区内农业支持保护补贴相关数据审核汇总工作，包括农户基本信息、补贴面积、补贴标准、补贴金额等，并应对补贴给农民的资金进行 7 天公示。公示无异议后，县级财政部门会同农业部门应按照便民高效、资金安全的原则，及时通过“一卡（折）通”等方式将补贴资金直接发放给农民。

文件规定，农业支持保护补贴用于耕地地力保护的资金，补贴对象原则上为拥有耕地承包权的种地农民。用于粮食适度规模经营的资金，补贴对象为粮食适度规模生产经营者，重点向种粮大户、家庭农场、农民合作社和农业社会化服务组织等新型经营主体和新型服务主体倾斜。对农业信贷担保体系建设的支持资金统筹用于资本注入、担保费用补助、风险补偿等方面。农业支持保护补贴以绿色生态为导向。对已作为畜牧养殖场使用的耕地、林地、成片粮田转为设施农业用地、非农业征（占）用耕地等已改变用途的耕地，以及长年抛荒地、占补平衡中“补”的面积和质量达不到耕种条件的耕地等不予补贴。不予补贴的耕地认定标准和程序由各省级财政部门联合农业部门确定。鼓励采取多种措施，创新方式方法，提高农作物秸秆综合利用水平，引导农民综合采取秸秆还田、深松整地、减少化肥农药用量、施用有机肥等措施，切实加强耕地质量保护，自觉提升耕地地力。

文件规定，农业支持保护补贴资金具体补贴标准、补贴依据和补贴方式等由各省结合本地实际确定，确保政策的连续性和稳定性。用于耕地地力保护的资金，可与二轮承包耕地面积、计税耕地面积、土地承包经营权确权登记面积或粮食种植面积等挂钩。用于粮食适度规模经营的资金，可采取贷款贴息、重大技术推广与服务补助等方式支持多种形式的粮食适度规模经营。近几年重点用于支持建立完善农业信贷担保体系。鼓励按照因地制宜、简便易行、效率与公平兼顾的原则，创新适度规模经营的支持方式。对农业信贷担保机构的资本注入规模和节奏要根据担保业务运营情况合理确定；对新型经营主体贷款贴息不超过贷款利息的50%；对重大技术推广与服务补助，应采取“先服务后补助”、提供物化补助、政府购买服务等方式；不鼓励对新型经营主体实行现金直补。单户补贴要设置合理的补贴规模上限。补贴资金的支付，按照国库集中支付制度有关规定执行。属于政府采购管理范围的，按照政府采购有关法律制度规定执行。

其实早在1998年修改的森林法就提出了“国家设立森林生态效益补偿基金，用于提供生态效益的防护林和特种用途林的森林资源、林木的营造、抚育、保护和管理”的设想。为保证退耕还林工作顺利推进，2002年国务院出台了《退耕还林条例》，对退耕还林的资金和粮食补助等作了明确规定。2008年修订的《水污染防治法》首次以法律的形式，对水环境生态保护补偿机制作出明确规定：“国家通过财政转移支付等方式，建立健全对位于饮用水水源保护区区域和江河、湖泊、水库上游地区的水环境生态保护补偿机制。”2010年12月25日，经第十一届全国人民代表大会常务委员会第十八次会议修订通过的《中华人民共和国水土保持法》，其中第三十一条作了补充性规定，即“国家加强江河源头区、饮用水水源保护区和水源涵养区水土流失的预防和治理工作，多渠道筹集资金，将水土保持生态效益补偿纳入国家建立的生态效益补偿制度。”在巩固现行生态补偿法律制度的基础上，进一步丰富了生态补偿的内容。各地在推进生态补偿试点中，也相继出台了流域、自然保护区、矿产资源开发生态补偿等方面的政策性文件。浙江省颁布的《关于进一步完善生态补偿机制的若干意见》，是省级层面比较系统开展生态补偿实践的突出事例。近10年来，我国先后启动实施了退耕还林、退牧还草、天然林保护、京津风沙源治理、西南溶岩地区石漠化治理、青海三江源自然保护区、甘肃甘南黄河重要水源补给区等具有一定的生态补偿性质的重大生态建设工程，总投资达7000多亿元。同时还开展了大规模的水污染治理工作，加大环保基础设施建设，累计安排用于重点流域水污染治理和城镇污水垃圾处理设施建设投入的资金有2000多亿元。杜鹰指出，目前我国生态补偿机制还存在着补偿范围不明确、补偿标准不科学、补偿模式比较单一、资金来源缺乏、政策法规体系建设滞后等问题。我国将加强生态环境补偿机制立法建设。

保护生态环境必须依靠制度。自2010年起，国务院就将研究制定生态补偿条例列入立法计划，成立了由发改委、财政部、国土资源部、水利部、环保部、林业局等11个部门和单位组成的条例起草小组，条例草稿现已成型。全国人大常委会于2013年4月专门审议了国务院关于生态补偿机制建设工作的情况报告，审议意见指出：目前，我国面临资源约束趋紧、环境污染严重、生态系统退化的严峻形势，人民群众反映强烈。要推动生态补偿的法制化、制度化和规范化。建议国务院有关部门抓紧工作，认真研究采纳全国人大代表议案建议的基础，抓紧完成生态补偿条例的起草工作，尽快提交国务院审议。近年来，地方政府及其相关部门按照中央统一部署，积极探索建立生态补偿机制，已经逐步形成了生态补偿的地方政策体系，内容十分丰富。

生态补偿国际上通用的做法是生态服务付费（PES）或生态效益付费（PEB），主要由四个类型构成：一是直接公共补偿。政府直接向提供生态系统服务的农村土地所有者及其他提供者进行补偿，这也是最普通的生态补偿方式。这类补偿还包括地役权保护，即对出于保护目的而划出自己全部或部分土地的所有者进行补偿。二是限额交易计划。政府或管理机构首先为生态系统退化或一定范围内允许的破坏量设定一个“限额”或“基数”，处于这些规定管理之下的机构或个人可以直接选择通过遵守这些规定来履行自己的义务，也可以通过资助其他土地所有者进行保护活动来平衡损失所造成的影响。可以通过对这种抵消措施的“信用额度”进行交易，获得市场价格，达到补偿目的。三是私人直接补偿。除了非盈利性组织和盈利性组织取代政府作为生态系统服务的购买者之外，私人直接补偿与上面所说的直接公共补偿十分相似。这些补偿通常被称为“自愿补偿”或“自愿市场”，因为购买者是在没有任何管理动机的情况下进行交易的。各商业团体或个人消费者可以出于慈善、风险管理和/或准备参加管理市场的目的，而参加这类补偿工作。四是生态产品认证计划。通过这个计划，消费者可以通过选择，为经独立的第三方根据标准认证的生态友好性产品提供补偿。

从各国实施 PES 的具体情况来看，许多是围绕森林生态系统的生态服务展开的。国外森林生态补偿除政府支付外，很多情况下是通过市场机制实现的。2002 年对当时 287 例森林生态服务交易进行了分析，发现这些交易可分为 4 种生态服务类型，其中 75 例碳储存交易，72 例生物多样性保护交易，61 例流域保护交易，51 例景观美化交易。另外还有 28 例属于“综合服务”交易。目前的实际交易案例已多达 300 个以上，遍布美洲、加勒比海、欧洲、非洲、亚洲以及大洋洲的许多国家和地区。在与农业生产活动相关的生态补偿方面，瑞士、美国通过立法手段，以补偿退耕休耕等措施来保护农业生态环境。欧盟也有类似的政策和做法。20 世纪 50 年代，美国政府实施了保护性退耕计划；80 年代实施了相当于荒漠化防治计划的“保护性储备计划”；纽约州曾颁布了《休依特法案》，恢复森林植被。在这些计划和法案的实施过程中，政府为计划实施（成本）和由此对当地居民造成的损失提供补贴（偿）是重要内容。在流域生态补偿方面，澳大利亚通过联邦政府的经济补贴，来推进各省的流域综合管理工作；南非则将流域生态保护与恢复行动与扶贫有机地结合起来，每年投入约 1.7 亿美元雇用弱势群体来进行流域生态保护，改善水质，增加水资源供给。在矿产资源开发的生态补偿方面，德国和美国的做法相似。对于立法前的历史遗留的生态破坏问题，由政府负责治理。美国以基金的方式筹集资金，德国是由中央政府（75%）和地方政府（25%）共同出资并成立专门的矿山复垦公司负责生态恢复工作；对于立法后的生态破坏问题，则由开发者负责治理和恢复。森林生态系统的补偿，主要通过生物多样性保护、碳蓄积与储存、景观娱乐文化价值实现等途径进行。欧洲排放交易计划（EU - ETS）与京都清洁发展机制是目前两个最大的、最为人们所了解的碳限额交易计划。景观与娱乐文化服务，经常与生物多样性服务相重叠。从本质上说，旅游者购买的商品是欣赏景观的权利，而不是生物多样性，一般都是在案例研究的基础上来决定付给土地管理者的费用。而且对国家公园来说，是要求当地社区减少在公园内的活动，使他们可以获得一部分的公园收入，作为对此的补偿。最经常用来体现这些服务价值的、以市场为基础的是参观权进入补偿，如参观费

(50%)、旅游服务费(25%)和管理项目(25%)。对于生物多样性保护的补偿类型主要包括：购买具有较高生态价值的栖息地(私人土地购买，公共土地购买)；使用物种或栖息地的补偿(生物考察权，调查许可，对野生物种进行狩猎、垂钓或集中的许可，生态旅游)；生物多样性保护管理补偿(保护地役权，保护土地契约，保护区特许租地经营权，公共保护区的社团特许权，私人农场、森林、牧场栖息地或物种保护的管理合同)；限额交易规定下可交易的权利(可交易的湿地平衡资金信用额度，可交易的开发权，可交易的生物多样性信用额度)；支持生物多样性保护交易(企业内对生物多样性保护进行管理的交易份额，生物多样性友好产品)。国外生物多样性等自然保护的生态补偿基本上是通过政府和基金会的渠道进行的，有时则与农业、流域和森林补偿相结合。国外的生态服务付费有比较坚实的理论基础和法律依据，且执法严格；充分利用了市场机制和多渠道的融资体系；初步建立了生态服务付费的政策与制度框架，形成了直接的一对一交易、公共补偿、限额交易市场、慈善补偿和产品生态认证等较为完整的生态补偿框架体系；积极鼓励群众参与，努力开拓国际市场等。同时，在流域管理、生态系统恢复和生物多样性保护、碳蓄积与储存等生态补偿方面，许多经验都可资借鉴，并有助于将我国的生态保护与建设事业融入到国际背景之中，以尽可能获得国际社会的支持。然而，没有一套单独的政策工具与目标能够为我国面临的环境问题提供确定性的解决方案，我们须在吸收国际经验的基础上，探索适于我国特点的生态补偿的途径。

森林与自然保护区的生态补偿工作在我国起步较早，国家投入较多，取得了较明显的成效，除了森林生态效益补偿基金制度之外，天然林保护、退耕还林等六大生态工程也是对长期破坏造成生态系统退化的补偿。一些相关的政府与措施有：1992 年国务院批转国家体改委《关于 1992 年经济体制改革要点的通知》（国发〔1992〕12 号），明确提出“要建立林价制度和森林生态效益补偿制度，实行森林资源有偿使用”；1993 年国务院《关于进一步加强造林绿化工作的通知》（国发〔1993〕15 号），指出“要改革造林绿化资金投入机制，逐步实行征收生态效益补偿费制度”；1998 年修订的《森林法》第六条明确表明“国家设立森林生态效益补偿基金，用于提供生态效益的防护林和特种用途林的森林资源、林木的营造、抚育、保护和管理。”2001 年—2004 年为森林生态效益补助资金试点阶段；2004 年正式建立中央森林生态效益补偿基金，并由财政部和国家林业局出台了《中央森林生态效益补偿基金管理办法》，标志着我国森林生态效益补偿基金制度从实质上建立起来了。《森林生态效益补偿基金管理办法》主要对生态公益林进行补偿，分为防护林、特种用途林两类。目前，我国划为国家重点生态公益林的面积为 1.04 亿公顷（其中非天然林保护工程为 0.55 亿公顷），截至 2005 年仅补偿了 0.26 亿公顷，还存在着较大的差距。当前只把重点生态公益林建设作为森林生态补偿，然而，天然林保护工程和退耕还林工程在实践中确实起到了森林生态补偿的作用。这些工程结束以后就无法保障林农保护森林、进行生态建设的积极性，甚至一些林农可能为了生存破坏森林，使保护的成果付之流水。因此，我国森林生态补偿机制的建立，需要将这三项工程整合起来，一起纳入森林生态效益补偿基金制度中，统一资金和管理，建立长期的森林生态补偿机制。森林生态补偿标准的确定，应考虑营造林的直接投入、为了保护森林生态功能而放弃经济发展的机会成本和森林生态系统服务功能的效益。同时考虑地域因素、林种、树种、造林方式、地方经济发展水平等，逐步实现森林生态补偿标准的科学化。现阶段我国森林生态公益林补偿标准仅为每公顷 75 元，主要是根据国家财政能力进行的“补助”。森林生态补偿标准的确定，应根据营造林的直接投入、为保护森林而放弃经济发展的机会成本和森林生态系统服务功能的效益。根据研究，森林生态系统服务功能的价值远远超过木材本身（一般是木材的 5 ~25 倍)，即使以 10 倍来算，补偿的标准也需要年公顷 19800 元，这在实践中是难以达到的，只能作为潜在的补偿的上限。而依据造林成本和机会成本计算的标准，新造林和现有林分别年公顷为 4300 元和年公顷 2350 元。今后，根据国家及各地的财政能力分阶段逐步提高补偿标准，采取刚柔并济的原则，根据不同的地域特点、林木种类、造林方式、地方的经济发展水平等进行分类补偿。对于森林生态效益的生态补偿的途径与方式问题，考虑到其生态服务的公益性和历史欠账较多的实际情况，应当通过加大财政转移支付力度、培育发展森林生态效益补偿多元化融资渠道和建立“生态税”制度进行。森林生态效益是一种公益效益，属于公共产品。森林生态效益补偿必须通过政府行为，用以补偿生产森林生态效益所耗费的成本，维持生态产品的再生产，以实现效益最大化。“生态税”的征收对象包括在我国境内受益于森林生态效益从事生产经营活动的单位和个人；征收范围包括有经营收入的大中型水库、大中型水力发电厂（站)、大中城市自来水厂（公司)、以森林景观为依托的风景旅游区的经营单位和个人，以及内河航运企业、淡水养殖、采集林区野生植物资源、林区附近的煤矿等单位和个人都应按规定缴纳森林生态效益税。

生态补偿按照实施主体和运作机制的差异，可分为政府补偿和市场补偿两大类型。政府补偿机制是目前开展生态补偿最重要的形式，也是目前比较容易启动的补偿方式。政府补偿机制是以国家或上级政府为实施和补偿主体，以区域、下级政府或农牧民为补偿对象，以国家生态安全、社会稳定、区域协调发展等为目标，以财政补贴、政策倾斜、项目实施、税费改革和人才技术投入等为手段的补偿方式。政府补偿方式中包括下面几种：财政转移支付，差异性的区域政策，生态保护项目实施，环境税费制度等。2008 年以来，财政部出台了国家重点生态功能区转移支付办法，建立了国家重点生态功能区生态补偿制度。至 2014 年，转移支付实施范围覆盖 512 个县，涉及面积达到 403.9 万平方公里。同时，中央财政还对国家级自然保护区、国家级风景名胜区、国家森林公园等禁止开发区给予补助。除上述针对主要生态系统的专项生态补偿制度外，还探索建立了水资源和水土保持生态补偿机制、矿山环境治理和生态恢复责任制度，与这些制度建立相匹配，中央财政安排的生态补偿资金总额从 2001 年的 23 亿元增加到 2013 年的约 910 亿元。总体来看，国家的生态补偿机制已基本覆盖了森林、草地、湿地、海洋等重要生态系统，补偿资金也在不断增长。在国家建立了不同的生态补偿制度并提供补偿资金后，各地区都积极响应并加以落实。我国生态补偿的主导模式仍然是各级财政的纵向转移支付。而市场补偿机制交易的对象可以是生态环境要素的权属，也可以是生态环境服务功能，或者是环境污染治理的绩效或配额。通过市场交易或支付，兑现生态（环境）

服务功能的价值。典型的市场补偿机制包括下面几个方面：公共支付，一对一交易，市场贸易，生态（环境）标记。

在流域的生态补偿方面，多年来，为保障各流域的生态安全、保证流域水资源的可持续利用，大多数河流上游地区都投入了大量的人力、物力和财力进行生态建设和环境保护。而我国大多数河流的上游地区又往往是经济相对贫困、生态相对脆弱的区域，很难独自承担建设和保护流域生态环境的重任，同时这些地区摆脱贫困的需求又十分强烈，导致流域上游区发展经济与保护流域生态环境的矛盾十分突出，如何协调好这种关系，就需要下游受益区和中央政府来帮助流域上游区分担生态建设的重任。因此，建立流域生态补偿机制，实施中央及下游受益区对流域上游地区的补偿机制，可以理顺流域上下游间的生态关系和利益关系，加快上游地区经济社会发展并有效保护流域上游的生态环境，从而促进全流域的社会经济可持续发展。北京市与河北省境内水源地之间的水资源保护协作、广东省对境内东江等流域上游的生态补偿、浙江省对境内新安江流域的生态补偿等。应用的主要政策手段是上级政府对被补偿地方政府的财政转移支付，或整合相关资金渠道集中用于被补偿地区，或同级政府间的横向转移支付。浙江省东阳市与义乌市成功地开展了水资源使用权交易，经过协商，东阳市将横锦水库5000万m^3水资源的永久使用权通过交易转让给下游义乌市。在宁夏回族自治区、内蒙古自治区也有类似的水资源交易的案例，上游灌溉区通过节水改造，将多余的水卖给下游的水电站使用。为了避免流域上游地区发展工业造成严重的污染问题，并弥补上游经济发展的损失，浙江省金华市建立了“金磐扶贫经济开发区”，作为该市水源涵养区磐安县的生产用地，并在政策与基础设施方面给予支持。流域生态补偿机制设计的总体思路主要包括：一是确定流域尺度；二是确定流域生态补偿的各利益相关方即责任主体，在上一级环保部门的协调下，按照各流域水环境功能区划的要求，建立流域环境协议，明确流域在各行政交界断面的水质要求，按水质情况确定补偿或赔偿的额度；三是按上游生态保护投入和发展机制损失来测算流域生态补偿标准；四是选择适宜的生态补偿方式；五是给出不同流域生态补偿政策。流域生态补偿的主体包括两个方面：一是一切从利用流域水资源中受益的群体；二是一切生活或生产过程中向外界排放污染物，影响流域水量和流域水质的个人、企业或单位。补偿客体是执行水生态保护工作等保障水资源可持续利用做出贡献的地区，一般是流域上游区域（包括流域上游周边地区）。流域生态补偿方式包括：资金补偿、实物补偿、政策补偿等。流域生态补偿途径包括：征收流域生态补偿税、建立流域生态补偿基金、实行信贷优惠、引进国外资金和项目等。从我国流域生态补偿的实践也可以看出，我国流域生态补偿仍然以政府投资或政府主导的财政转移支付体系为主，私有资金投入较少，基于市场的流域生态补偿仅仅零星、分散的存在局部地区，处于准市场或半市场化阶段，自由贸易市场仍然没有形成。未来随着我国流域生态补偿的广泛开展，市场化途径应该是我国流域生态补偿的有效手段。补偿标准测算包括三个方面：一是以上游地区为水质水量达标所付出的努力即直接投入为依据，主要包括上游地区涵养水源、环境污染综合整治、农业非点源污染治理、城镇污水处理设施建设、修建水利设施等项目的投资；二是以上游地区为水质水量达标所丧失的发展机会的损失即间接投入为依据，主要包括节水的投入、移民安置的投入以及限制产业发展的损失等；三是今后上游地区为进一步改善流域水质和水量而新建流域水环境保护设施、水利设施、新上环境污染综合整治项目等方面的延伸投入，也应由下游地区按水量和上下游经济发展水平的差距给予进一步的补偿。

在矿产资源的生态补偿方面，调整生态损害与保护的关系和加速矿区生态环境的修复已成为我国当前一项十分重要的任务。总体思路和方法是：借鉴国外经验，立足我国实际，明确矿区生态环境恢复治理的主体、责任和界限，将矿区生态环境恢复治理的责任区分为旧账（历史已造成的破坏或称之为废弃矿山生态环境破坏）和新账（新造成的破坏）两种情况区别对待。对于废弃矿区和老矿区已造成的生态环境污染通过建立废弃矿山生态环境恢复治理基金的方法由国家治理，矿山生态环境恢复治理基金的主要来源是政府财政拨款以及向正在生产的矿山征收的“废弃矿山生态环境补偿费”；新矿区造成的破坏由企业负担100%的治理责任。矿山生态环境补偿涉及两部分内容：“废弃矿山生态环境补偿费”和“生态环境恢复治理保证金（或称备用金）”。“废弃矿山生态环境补偿费”由地方环境或国土部门征收后上交国家，建立专门账户，专款专用；生态环境恢复治理保证金由企业上交国家或在银行建立企业生态修复账户、政府监管使用。废弃矿山生态环境补偿由政府通过建立“废弃矿山生态环境恢复治理基金”来实现。“恢复基金”的主要来源是政府财政支出、向正在生产矿山企业征收废弃矿山生态环境补偿费、捐赠、捐款项。新建和正在开采矿山生态补偿通过征收生态环境修复保证金实现。为了防止企业不履行生态修复补偿的义务，需要通过交纳一定保证金的方式确保生态环境的保护与修复，强调开矿许可与生态补偿相结合。保证金的交纳可以通过地方环境或国土资源行政主管部门征收上缴国家，也可以在银行建立企业生态修复账户、政府监管使用的方式交纳。交纳往往采取分期付款的方式，减轻企业负担，主要是根据每年生态损害需要治理的成本加以征收，要能满足治理所需全部费用。保证金将依据每年矿山修复治理的数量和质量进行返还。矿产资源生态补偿标准应以生态环境修复的成本为依据确定。在目前条件下，它不仅可以达到保护和恢复生态环境的目的，也可以保护受损者的基本利益和符合补偿者的承受能力，具有可操作性。国家从 1993 年开始对矿产资源开征资源税，以调节资源开发中的级差收入，促进资源合理开发利用。从 1994 年又开征了矿产资源补偿费，目的是保障和促进矿产资源的勘察、保护与合理开发，维护国家对矿产资源的财产权益。尽管国家和地方有将补偿费用于治理和恢复矿产资源开发过程中的生态环境破坏的情况，但在政策设计上却没有考虑矿产资源开发的生态补偿问题。1997 年实施的《中华人民共和国矿产资源法实施细则》对矿山开发中的水土保持、土地复垦和环境保护做出了具体规定，要求不能履行水土保持、土地复垦和环境保护责任的采矿人，应向有关部门交纳履行上述责任所需的费用，即矿山开发的押金制度。这一政策理念，符合矿产资源开发生态补偿机制的内涵。也有些地方如广西，采用征收保证金的办法，激励企业治理和恢复生态环境，若企业不采取措施，政府将用保证金雇佣专业化公司完成治理和恢复任务。在各地的实际操作过程中，多是按照矿产资源销售量或销售额的一定比例征收生态补偿费，用于治理开发造成的生态环境问题。浙江省对于新开矿山，通过地方相关立法，建立矿山生态环境备用金制度，按单位采矿破坏面积确定收费标准，同时，按照“谁开发、谁保护；谁破坏、谁治理”的原则解决新矿山的生态破坏问题，做到不欠新账。

在区域生态补偿方面，从20世纪80年代开始，我国进行了大规模的生态建设工程，包括防护林体系建设、水土流失治理、荒漠化防治、退耕还林还草、天然林保护、退牧还草、“三江源”生态保护等一系列生态工程均具有明显的生态补偿意义，投入资金有数千亿之多。2000年—2003年，中央政府用于西部基本建设的国债资金达到2200亿元，占同期国债发行总量的37%；中央财政转移支付额从2000年的53亿元，迅速增加到2003年的170亿元，4年达到450亿元。在中央的基本建设基金中，用于西部的资金从2000年的170亿元，增加到2003年的240亿元。2000年—2003年，中央用于西部扶贫资金是175亿元。从区域补偿的角度看，尽管这些财政转移支付和发展援助政策没有考虑生态补偿的因素，也极少用于生态建设和保护方面，但其对西部地区因保护生态环境而牺牲的发展机会成本，或承受历史遗留的生态环境问题的成本变相给予了一定的补偿。天然林保护、退耕还林等六大生态工程也是对长期破坏造成生态系统退化的补偿。浙江是最早全面推进生态补偿实践的省份。2005年8月浙江省政府颁布了《关于进一步完善生态补偿机制的若干意见》，确立了建立生态补偿机制的基本原则，即“受益补偿、损害赔偿”“统筹协调、共同发展”“循序渐进、先易后难”“多方并举、合理推进”原则。具体政策途径和措施包括：健全公共财政体制、调整优化财政支出结构，加大财政转移支付中生态补偿的力度；加强资源费征收的管理工作，增强其生态补偿功能；积极探索区域间生态补偿方式，支持欠发达地区加快发展；加强环境污染整治，逐步健全生态环境破坏责任者经济赔偿制度；积极探索市场化生态补偿模式，引导社会各方面参与环境保护与生态建设。在具体实施中，采取了分级实施的工作思路，即省级政府主要负责实施跨区域的八大流域的生态补偿问题，市、县（市）等分别对区域内部生态补偿问题开展工作。目前，杭州等6市已经制定或正在制订本地区建立生态补偿机制的政策，推进相关实践。

生态补偿标准的确定一般参照以下四个方面的价值进行初步核算：生态保护者的投入和机会成本的损失；生态受益者的获利；生态破坏的恢复成本；生态系统服务的价值。

（1）采用按生态保护者的直接投入和机会成本计算，则将生态保护者为了保护生态环境，投入的人力、物力和财力应纳入补偿标准的计算之中。同时，由于生态保护者要保护生态环境，牺牲了部分的发展权，这一部分机会成本也应纳入补偿标准的计算之中。从理论上讲，直接投入与机会成本之和应该是生态补偿的最低标准。

（2）采用按生态受益者的获利计算，其依据是生态受益者没有为自身所享有的产品和服务付费，使得生态保护者的保护行为没有得到应有的回报，产生了正外部性。为使生态保护的这部分正外部性内部化，需要生态受益者向生态保护者支付这部分费用。因此，可通过产品或服务的市场交易价格和交易量来计算补偿的标准。而通过市场交易来确定补偿标准简单易行，同时有利于激励生态保护者采用新的技术来降低生态保护的成本，促使生态保护的不断发展。

（3）按生态破坏的恢复成本计算，其依据是资源开发活动会造成一定范围内的植被破坏、水土流失、水资源破坏、生物多样性减少等，直接影响到区域的水源涵养、水土保持、景观美化、气候调节、生物供养等生态服务功能，减少了社会福利。因此，按照谁破坏谁恢复的原则，需要通过环境治理与生态恢复的成本核算作为生态补偿标准的参考。

（4）按生态系统服务的价值计算，主要是针对生态保护或者环境友好型的生产经营方式所产生的水土保持、水源涵养、气候调节、生物多样性保护、景观美化等生态服务功能价值进行综合评估与核算。国内外已经对相关的评估方法进行了大量的研究。就目前的实际情况，由于在采用的指标、价值的估算等方面尚缺乏统一的标准，且在生态系统服务功能与现实的补偿能力方面有较大的差距，因此，一般按照生态服务功能计算出的补偿标准只能作为补偿的参考和理论上限值。参照上述计算，综合考虑国家和地区的实际情况，特别是经济发展水平和生态破坏，通过协商和博弈确定当前的补偿标准；最后根据生态保护和经济社会发展的阶段性特征，与时俱进，进行适当的动态调整。

在自然保护区的生态补偿方面，如何通过经济手段与相应的政策措施，协调公益性的自然保护与私利性的地区发展之间的矛盾，是目前自然保护区管理所面临的基本问题。保护区性质属公益事业，主要采取政府购买、国家财政支付转移、政策优惠、税收减免、发放补贴、设立自然保护区生态补偿专项基金、根据对生态资源的利用和破坏建立行业与区域补偿机制、以项目形式补偿、积极争取国际社会的支持。自然保护区生态补偿标准的确定根据下面三个方面确定：基于生态系统服务价值评估的标准确定；基于保护成本的标准确定；基于保护损失的标准确定。通过对海南森林自然保护区、江西鄱阳湖湿地自然保护区和内蒙古草地重要生态功能区等的调研和分析，特别是结合受偿意愿的调查和保护成本的分析等，得到海南保护区周围地区种植区计划进行退耕的农户实施生态补偿的标准为每亩 550 元；江西鄱阳湖湿地保护区退田还湖的居民实施生态补偿的标准为年每亩 750 元或年每户 3300 元；内蒙古典型草原地区生态休牧的牧民生态补偿标准为每户 8000 元（仅考虑生态建设成本，如果考虑朽木造成的机会成本和直接损失，补偿标准则为每户 2.3 万元）。

生态补偿资金来源主要有：征收流域生态补偿税、建立流域生态补偿基金、实行信贷优惠、引进国外资金和项目等。矿山生态环境恢复治理基金的主要来源是政府财政拨款以及向正在生产的矿山征收的“废弃矿山生态环境补偿费”、生态环境修复保证金政府对已有森林生态工程投入的连续性并增加支付强度；增设生态保护和建设有直接关联的专项；培育发展森林生态效益补偿多元化融资渠道；建立“生态税”制度。保护区性质属公益事业，需要财政投入为主，同时积极开拓社会筹资渠道。

在生态补偿问题上面，要处理好几个重要关系：一是中央与地方的关系。中央政府主要是为建立生态补偿机制提供政策导向、法规基础和一定的财力支持，同时引导建立全国性和一些区域性的生态补偿机制。地方政府是生态补偿机制的实施和责任主体，负责建立本辖区的生态补偿机制，并配合中央政府实施全国性和区域性的生态补偿。二是政府与市场的关系。建立生态补偿机制，政府和市场都可以发挥重要作用。就目前我国生态保护和市场发育的实际情况而言，政府在建立生态补偿中的作用是主要的，政府不仅要制定生态补偿的政策、法规，引导市场的形成和发育，同时还需支付大尺度的生态补偿。只有在一些主客体十分明确的前提下，可以充分发挥市场的调节作用。三是生态补偿与扶贫的关系。生态补偿不能混同于扶贫。生态补偿主要目的不是解决贫富差距问题，如果将生态补偿与扶贫混淆在一起，将可能产生生态破坏的负面效应。应当建立生态保护重点地区与受益地区之间的协作与联动机制，引导受益地区对保护地区经济和社会发展上的支持。四是“造血”补偿与“输血”补偿的关系。努力创造“造血”补偿的条件，将补偿转化为地方生态保护或提升地方发展能力的项目，而“输血”型的补偿应尽量落实到基层农牧民手中。五是新账与旧账的关系。制订生态补偿政策的优先序应该是先解决新账问题，只有控制住了新账的增长，才能解决旧账的问题。新账的责任主要在地方和企业，而旧账则需要国家给予更多的支持。六是综合平台与部门平台的关系。从长远来看，应建立一个综合的、以政府主导的生态补偿平台，但是从目前实际操作的角度，首先应该鼓励各地和有关部门因地制宜地建立多种形式的平台，进行各类生态补偿机制的探索，特别是不断完善林业、矿产、水利、环保等部门的工作。在条件成熟的情况下，建立综合的生态补偿专项资金渠道，但项目运作依然可以采用部门运作的方式，即根据实施部门和补偿对象的不同，设立不同的账户分别进行管理，以便更好地发挥各部门的积极性。

2019 年 11 月 15 日，国家发展改革委新版《生态综合补偿试点方案》发布，要求坚持生态补偿应坚持如下基本原则：第一，先行先试，稳步推进。生态综合补偿试点工作涉及多方利益格局调整，要按照“先易后难、重点突破、试点先行、稳妥推进”的要求，扎实做好生态综合补偿试点工作，积累形成一批可复制、可推广的经验，为做好全国生态补偿工作奠定坚实基础。第二，改革创新，提升效益。鼓励地方从实际出发，因地制宜、自主创新、积极探索，破除现有的体制机制障碍，加快形成灵活多样、操作性强、切实有效的补偿方式。加强制度设计，完善配套政策，优化生态补偿资金的使用，实现由“输血式”补偿向“造血式”补偿转变。第三，压实责任，形成合力。地方要加强统筹协调，明确各部门职责，及时解决突出问题，把试点工作的各项任务落到实处。要引导企业、公众、社会组织积极参与试点工作，充分发挥各方优势，形成全社会协调推进生态保护的良好氛围。

新的工作目标是到 2022 年，生态综合补偿试点工作取得阶段性进展，资金使用效益有效提升，生态保护地区造血能力得到增强，生态保护者的主动参与度明显提升，与地方经济发展水平相适应的生态保护补偿机制基本建立。

新版《生态综合补偿试点方案》在补偿机制建设方面要求：第一，创新森林生态效益补偿制度。对集体和个人所有的二级国家级公益林和天然商品林，要引导和鼓励其经营主体编制森林经营方案，在不破坏森林植被的前提下，合理利用其林地资源，适度开展林下种植养殖和森林游憩等非木质资源开发与利用，科学发展林下经济，实现保护和利用的协调统一。要完善森林生态效益补偿资金使用方式，优先将有劳动能力的贫困人口转成生态保护人员。第二，推进建立流域上下游生态补偿制度。推进流域上下游横向生态保护补偿，加强省内流域横向生态保护补偿试点工作。完善重点流域跨省断面监测网络和绩效考核机制，对纳入横向生态保护补偿试点的流域开展绩效评价。鼓励地方探索建立资金补偿之外的其他多元化合作方式。第三，发展生态优势特色产业。按照空间管控规则和特许经营权制度，在严格保护生态环境的前提下，鼓励和引导地方以新型农业经营主体为依托，加快发展特色种养业、农产品加工业和以自然风光和民族风情为特色的文化产业和旅游业，实现生态产业化和产业生态化。支持龙头企业发挥引领示范作用，建设标准化和规模化的原料生产基地，带动农户和农民合作社发展适度规模经营。第四，推动生态保护补偿工作制度化。出台健全生态保护补偿机制的规范性文件，明确总体思路和基本原则，厘清生态保护补偿主体和客体的权利义务关系，规范生态补偿标准和补偿方式，明晰资金筹集渠道，不断推进生态保护补偿工作制度化和法制化，为从国家层面出台生态补偿条例积累经验。

新版《生态综合补偿试点方案》工作程序规定方面：第一，确定生态综合补偿试点县。在国家生态文明试验区、西藏及四省藏区、安徽省，选择50个县（市、区）开展生态综合补偿试点（具体省份及试点县名额见附件）。试点县应在全国重点生态功能区范围内，优先选择集中连片特困地区和生态保护补偿工作基础较好的地区。省级发展改革委按照确定的名额和要求做好试点县的筛选工作，在本方案印发1个月内，将试点县名单及选择依据报国家发展改革委。国家发展改革委根据上报材料，印发生态综合补偿试点县名单。第二，报送生态综合补偿实施方案。省级发展改革委组织各试点县结合本地实际编制实施方案，系统梳理和总结现阶段生态保护补偿资金的使用情况和问题，按照因地制宜、有所侧重的原则，确定本地试点任务重点，研究提出创新生态补偿方式的主要思路和政策措施，明确开展生态综合补偿试点的主要目标和重点工作，在试点名单印发3个月内将实施方案报国家发展改革委。第三，做好试点工作的组织。各试点县人民政府是试点工作的实施主体，要明确部门工作职责，做好试点政策宣讲和工作督导，确保试点工作稳妥有序推进。要建立试点工作领导小组，做好试点的组织协调，研究解决突出问题。要及时总结生态综合补偿试点经验，每年向省级发展改革委报送有关情况。要做好试点工作风险防控，制定风险预估预判方案，建立健全风险防控机制。第四，多渠道筹集资金加大对试点工作的支持。生态保护与建设中央预算内投资要将试点县作为安排重点，与相关领域生态补偿资金配合使用，共同支持试点县提升生态保护能力和水平。要进一步加大对西藏及四省藏区试点县的支持力度，尽快增强区域发展的内生动力。加强与国开行、农发行、亚行、世行等国内、国际金融机构的沟通与对接，推广产业链金融模式，加大对特色产业发展的信贷支持。

8. 耕地休耕轮作制度

我国耕地资源紧缺。这些年，我们以有限的耕地养活了14亿的人口，同时也付出了极大的土地资源代价。耕地数量减少、地力严重透支、水土流失，地下水超采、土壤污染加重问题已成为制约农业可持续发展的因素。用当下农民朋友的话讲："如今的土地是越种越瘦，越种越馋，越种越硬，越种越粗，越种越娇。"这话里面的"瘦"是指土层逐渐变薄；"馋"是指土地普遍出现化肥依赖症，一旦减少或停用化肥，作物便不能正常生长；"硬"是指土质恶化，土壤呈板结状态；"粗"是指土壤理化性状恶化，质地变粗；"娇"是指抗御自然灾害的能力降低。耕地的品质不良现象均与我们过度耗费地力有着很大关系。利用现阶段国内外市场粮食供给宽裕的时机，在部分地区实行耕地轮作休耕制度具有重要的意义。从耕作历史来看，我国有悠久的轮作种植历史，将禾谷类作物与豆类作物、旱地作物与水田作物轮换种植，可以调节土壤理化性状、改良土壤生态；而休耕是让耕地休养生息实现用地养地相结合、保护和提升地力、增强粮食种植发展后劲。应该讲，耕地休耕轮作是巩固和提升粮食产能的一种必须。而且通过耕地轮作休耕，减轻开发利用强度、减少化肥农药投，利于农业面源污染修复，缓解生态环境压力，促进农业可持续发展。当前，我国农业大而不强、多而不优、竞争力弱的问题日益凸显，迫切需要推进农业供给侧结构性改革，促进农业转型升级。通过耕地轮作休耕，可以提高粮食质量，调整农业结构，同时可以提升高附加值经济作物的种植比例，促进农业转型升级，从而满足更加多元化的粮食需求，提高农产品的品质和竞争实力。

习近平总书记在《关于〈中共中央关于制定国民经济和社会发展第十三个五年规划的建议〉的说明》中首次提出“探索实行耕地轮作休耕制度试点”，将休耕制度提到国家战略高度。其后，2016 年“中央一号”文件、《我国“十三五”规划纲要》《全国种植业结构调整规划（2016 年—2020 年）》《国土资源“十三五”规划纲要》等文件、规划均把探索实行轮作休耕制度试点作为重要内容，作为推进农业供给侧结构性改革的重要举措。2016 年 6 月，农业部等 10 部门联合发布《探索实行耕地轮作休耕制度试点方案》，标志着我国休耕工作走向组织化、制度化、规范化。然而，休耕制度在我国是新的制度安排，涉及农业生产力和生产关系的调整，既没有成熟的经验可循，也不能直接照搬西方发达国家的做法，需要根据我国国情构建具有我国特色的休耕制度。

休耕是发达国家（地区）普遍采用的保护耕地地力、修复生态环境、调整农业种植结构的有效措施。欧盟的休耕包括轮作休耕和多年性休耕，其中轮作休耕的农场分又为强制休耕和无强制休耕两类，且欧盟的休耕面积根据粮食市场的变化进行及时调整，除了对休耕进行直接补贴外，还对各种养护耕地措施进行补贴。欧盟根据世界粮食市场供需情况决定是否推行强制性休耕，休耕政策对欧盟成员国的影响也非常多元化。部分地区因未重视休耕后的耕地管理，导致了水土流失等问题。20 世纪 80 年代以前，欧盟的价格支持导致农产品大量过剩和农户收入下降。1988 年，欧盟推出为期 5 年的自愿休耕项目，旨在控制并减少粮食生产和预算支出，但自愿休耕推行率较低。90 年代初期，以美国为首的主要农产品出口国，对欧盟每年高达 100 亿欧元的出口补贴额提出强烈批评，认为该政策扭曲了世界农产品市场价格。1992 年，欧盟启动“麦克萨里改革”，将休耕作为欧盟减少粮食产量的强制手段全面推广。1999 年，欧盟“2000 年议程”提出，构建欧洲农业发展模式，对农业政策进行更为彻底的改革：农产品的价格补贴被大幅削减，继续推行强制性休耕，强制性休耕率基本为 10%，休耕补贴由各成员国政府出资。2007 年，欧盟的强制休耕地面积大约有 3.7 万平方千米。其中，德国最为积极，休耕面积最大。2008 年，为应对国际粮价上涨，欧盟将休耕率调整为零；2009 年起取消了强制性休耕制度，采取了自愿休耕计划。欧盟的休耕率主要根据粮食生产和市场供应的变化作出调整，但平均休耕面积占总耕地面积的 10% 左右。1988 年，欧盟自愿休耕项目中，参与的农户至少要休耕 15% 的耕地才能获得补贴。1992 年“麦克萨里改革”推动的强制性休耕主要针对的是接受价格补贴，且粮食谷物作物产量超过 92 吨的农户，必须休耕至少 15% 的耕地。粮食产量低于 92 吨的小农户没有强制性休耕义务，但可以自愿休耕。自愿休耕项目规定，无论农场规模，自愿休耕的面积不限，但享受休耕补贴的上限为耕地总面积的 33%，超过部分不予补贴。休耕的最小地块面积为 0.003 平方千米。休耕补贴数额根据休耕面积，按照旱地谷物的平均产量乘以每吨的补贴价格，补贴价格每年根据粮食市场变化情况进行调整。欧盟国家休耕的方式分为轮换休耕和非轮换休耕，农户可选择在同一块土地上进行长期休耕，也可以在不同地块之间轮换休耕。但是，农户必须在县农业局上报种植情况和补贴申请，若申报中存在不遵守规定的行为，将对其实行惩罚措施。如虚假超报面积，将按照超报面积的双倍削减补贴面积或取消补贴资格。欧盟土地休耕取得了积极的环境效益，但在也存在着问题。在西班牙中部，完全休耕反而导致当地水土流失问题更加严重。土地休耕项目是否实施需要接受地理、农艺和社会经济层面的综合评估，休耕政策在制定过程中应该考虑对生物多样性的保护。而为了维持休耕带来的环境效益，从 2003 年开始，欧盟补贴政策模式转变，从粮食控制转向环境保护，将环境保护与农业补贴相结合，提出强制性交叉遵守机制。2013 年，欧盟通过了新一轮的共同农业政策改革，新增了强制性绿色补贴，即将农业补贴与环境保护的强制性要求挂钩。受休耕政策影响，欧盟的农场结构出现了变化，农场变少，中等规模农场数量增加。有学者发现，农户休耕多的是地力较差的耕地，同时未休耕耕地生产的集约化程度提高。参与休耕有利于农户节约生产投入成本，降低劳动力雇佣费用，提高应对市场变化的灵活性。同时，老年人和缺少劳动力的家庭，以及有其他非农收入来源的农户，更愿意参与休耕。

美国是世界上休耕制度最为完善的国家，早在 1933 年就将休耕作为一项基本的农业政策，并通过多项法案推动休耕的实施，如《食品保障法》（Food Security Act）。1985 年起实施的土地休耕保护储备计划（Conservation Reserve Program, CRP）是美国最大的休耕项，此外还有湿地储备计划、农地保护储备加强计划，美国已建立起了体系化的休耕制度。休耕制度也是欧盟农业政策的重要组成部分，始于 1992 年的麦克萨里改革（Macsharry Reform）。美国休耕的主要目的是保护生态环境和控制粮食产量，根据环境脆弱程度划分具体休耕政策的适用范围，在确保粮食安全的前提下取得了明显的环境治理成效。美国耕地休养政策被称为“土地休耕保护计划”（CRP）。该项目始于1985年，至今已经实施了30多年。美国农业部农场服务局报告显示，2012年共有11.95万平方千米耕地加入此计划，需要支付租金补贴为16.94亿美元。该项目的主要目的在于控制水土流失、改善水质和保护生态环境的同时，缓解农产品过剩带来的压力。由于粮食价格上涨，农场主参与休耕的意愿降低，导致巨额的休耕补贴给政府带来沉重的财政负担。因此，美国目标休耕面积上限一直在进行调整，从2007年14.89万平方千米下降至2015年的10.52万平方千米。同时，为防止休耕对经济产生冲击，美国农业部要求每个县的休耕面积不得超过该县总耕地面积的25%。美国休耕项目分为一般申请和不间断申请两种：一般申请有申请时间限制、有竞争性，类似于市场竞标。自愿参与的农户需要在规定的时间内提交申请，说明拟休耕土地的类型、耕作史、生产力水平，土壤侵蚀程度以及期望的土地补贴水平、休耕地管理计划。受理申请后，美国农业部根据环境效益指数（EBI），衡量申请地块的潜在环境收益和成本，将最具有成本效益的环境脆弱型土地纳入休耕计划。提交申请的农户经审核批准后，可与农业部签订10年至15年的休耕合同，并按批准的面积和双方同意的年土地租金标准，享受土地租金补贴。如果农民在休耕的土地上种植植被，可获得不超过50%的成本补贴。不间断申请没有特定的申请时间限制，也没有竞争性，不需要投标，符合项目条件和保护标准就可以参加。项目目标主要针对环境敏感性强或容易遭受侵蚀威胁的土地，如河流和农田缓冲区及防风林。与一般申请类似，不间断申请需要承担的休耕期是 10 年至 15 年，休耕地上种植植被可享受成本分摊补助。此外，还可以申请一些额外的奖励，其补贴要高于一般申请形式中的补贴水平。2014 年 7 月，共有 2.33 万平方千米土地通过不间断申请形式进入休耕计划。休耕合同到期后，不论是以哪种申请方式参与的休耕项目，申请者可自由选择退出休耕计划或者续签休耕合同。农民签订休耕合同后，若提前终止合同将会受到惩罚，需要返还所有的补贴并缴纳罚款。目前，参与休耕的土地主要集中在美国中部大平原及西部山区，种草是最为经济可行的耕地保护措施。休耕还草的耕地比例较大，约占 87%。从农户的项目参与意愿来看，年迈的农民及非农职业的土地所有者参与意愿较高，因为不仅可以节约劳动力投入成本，还可以获得相对稳定的补贴收入。美国土地休耕项目的环境成效明显。自 1986 年 CRP 项目实施以来，美国减少水土流失超过了 80 亿吨，生态环境得到有效改善。

日本从 20 世纪 70 年代起实施休耕，多数年份休耕面积在 50×10^4 公顷以上，不同等别的耕地有不同的休耕要求，包括轮种休耕、管理休耕和永久休耕。日本政府为了保证大米的自给率，通过休耕转作降低水稻种植面积、减少产量，保护大米高价格并保障稻农利益，但休耕后部分山区和半山区出现土地抛荒、生态破坏问题。为了应对 20 世纪 60 年代出现的水稻生产过剩问题，日本政府于 1970 年实施稻田休耕转作项目，旨在通过控制种植面积减少水稻产量，并结合价格补贴和进口关税门槛等政策手段维持国内水稻价格的高位态势，从而保障农户收入。日本采取的农业高补贴政策，不断受到世贸组织的指责。为适应 WTO 农业协定的要求，通过鼓励农业规模化经营提高水稻的市场竞争力，从而减少政府的补贴支出，2007 年日本对农业补贴政策进行了调整：一方面，将稻田休耕转作项目从强制性项目调整为自愿性项目；另一方面，微调了补贴结构，主要根据作物产量提供相应的直接补贴。可以说，这一过程中日本政府以减少耕种面积维持水稻高价格的目标，未曾发生改变。日本政府每年用于休耕转作补贴的财政支出约为 2000 亿日元，耕地休耕率约为 10%。日本 1995 年的主粮法首次将休耕写入法案，并让农户自己决定是否参与休耕项目。但在实施过程中，日本农林渔业部和农业合作社要求所有农户都参与休耕项目，以村庄而非农户个体为单位下派稻田转作的任务。在稻田休耕转作项目中，农户如将水稻改种其他作物，可以根据转耕的土地面积以及所种作物不同获得相应的补贴。补贴数额每年都有所调整，资金主要来源于国家预算。为了提高农业生产力，促进农业的联合经营，直接补贴对象主要为拥有耕地面积 0.04 平方千米以上的个体农户，以及耕地面积超过 0.2 平方千米以上的农业组织。实施稻田休耕转作项目，给日本农业规模化发展带来一定影响。这是因为日本农业政策的主要特征就是，以提高国内水稻价格保障农户收入，而非让农民通过扩大生产规模提高生产力，降低耕种成本。日本农户大部分都是兼业农户，非农收入较高，补贴较多。农户收入的 60% 主要来源于农业补贴，很多兼业农户不愿意退出农业生产。这导致希望参与农业生产的人难以获得土地资源，小地块难以规模化，因此也影响了农业市场竞争力的提高。而且，日本政府对大米的补贴和保护过重，价格处于高位态势，导致大米过剩而其他农产品自给率迅速下降等不合理现象。有学者认为，日本政府应该取消水稻转作项目，水稻价格的降低可以让低效率生产的农户退出，全职农户才有可能获得更多土地，进而提高日本农产品的市场竞争力。同时，稻田休耕转作项目也在一定程度上影响了粮食安全。1969 年，日本的耕地面积为 3.44 万平方千米。1970 年，稻田休耕转作项目开始后，日本的耕地面积一直呈减少趋势。近年来，日本的农业发展面临着极度萎缩的困境，粮食自给率持续低迷，农业人口老龄化问题也日趋严重，2010 年日本农民的平均年龄为 65.8 岁。日本山区耕地面积占全国耕地面积的 40%，山区抛荒现象严重，农业多功能性降低。稻田面积减少意味着农田水保持能力下降。1990 年—2004 年，日本稻田的耕种面积减少了 17%，农田水保持能力下降了 15%，增加了洪水和水土流失的风险性。为此，日本政府于 2000 年出台了针对山区、半山区地区农户的直接支付补贴，接受补贴的农户需要连续耕种 5 年，并采取措施防止耕地出现水土流失，保护生物多样性。

美国休耕以保护环境为首要目的，政策项目持久，休耕面积稳定。欧盟在财政预算、世贸压力下，休耕政策变化较大，从自愿性到强制性再到自愿性，休耕面积也随之变化。休耕补贴主要由成员国自己承担。日本稻田休耕转作的持续时间较长，其通过休耕转作来减少水稻的种植面积和产量，以保护水稻的高价格和稻农收入的目的一直没有改变。欧盟根据粮食安全和世界粮食供应形势来决定是否推行强制性休耕。在推行强制性休耕时，欧盟以农户的耕地面积和年产量为标准来区分是否进行强制性休耕，小面积农户不作强制性休耕要求。补贴的金额以当年的谷物价格为基础，而不是土地租金。保护环境并不是休耕的主要目的，欧盟休耕主要是为了控制粮食产量，经费由成员国承担，执行由县农业局操作，惩罚措施明确。美国休耕以环境效益为标准来确定具体休耕政策的适用性，在环境敏感区农户申请即可获批，不存在竞争性；在环境敏感相对不高的地区，引入竞争性机制，由农户直接向美国农业部提出自愿申请，明确期望补贴水平，美国农业部根据相关标准和环境效益成本来进行审批管理。该国采取补贴加奖励的手段，补贴以土地年租金为计算标准，对休耕后种植有利于环境的作物有成本奖励。农户是独立的经济主体，美国农业部与农户签订合同，依法办事，规则清晰日本主要通过村庄的形式，而不是针对单个农户来下达休耕任务。因为日本的农户仍是小面积农户，具有半官方背景的日本农业合作社能够以社区的形式来组织执行任务。为了促进产业化和规模化经营，日本规定了补贴农户和农业公司的种植面积。综观发达国家和地区的休耕制度，其运行时间较长，休耕目标明确，形成了包括规模调控、主体协调、形式多样、补助多元、富有弹性的休耕制度体系。

休耕在我国也是古已有之并有延续，2000 多年前的《诗经》中的“菑、新、畬”和《周礼》中的“易田”的相关记载，但历史时期的休耕大都是自发的、零星的个体行为，并未形成制度。新中国成立后很长一段时间以来，在人地关系高度紧张的情况下强调粮食生产，缺乏休耕的内在动力和客观条件。相对于发达国家（地区），休耕在我国的理论基础和实践经验都还比较薄弱，有不少领域尚处空白状态，如休耕的区域模式设计、休耕地的诊断与识别、休耕地的时空配置、休耕主体的协调、休耕地的管护与监测评估。我国是世界第一人口大国，人多地少、人均耕地少是基本国情，粮食安全问题在任何时候都是国家重大战略问题。充足的粮食供给必须建立在一定的耕地数量上。只有保持一定面积和一定质量及其产能的耕地，才可能谈休耕，才能把满足粮食安全以外的耕地用于休耕。根据国土资源部公布的《关于第二次全国土地调查主要数据成果的公报》，我国耕地面积为 13538.5 万公顷，这意味着从耕地数量角度有休耕的空间。目前，国际粮食市场稳健，我国有能力从国际市场获得粮食。国际粮农组织（FAO）指出，由于供应充足、需求温和，以及美元升值，至 2015 年全球粮食价格曾连续四年下跌，且创下 7 年最大跌幅。预计未来几年，国际粮食市场依旧稳健，因此，我国可从国际粮食市场进口一定数量的粮食，并让部分耕地休耕。但国际粮食市场的宽松只是为我国实行休耕提供了一个有利的外部条件，仍具有很大的不确定性，不能过分依赖国际市场。适度进口的粮食安全战略不能改变，水稻、小麦、玉米三大主粮自给率要保持在 95% 以上，其中水稻、小麦两大口粮保持 100% 自给。由于国内耕地长期过度利用，长期对耕地进行掠夺性开发利用，导致许多耕地面临严峻的持续利用困难，需要进行休养生息。粮食主产区的华北平原地下水漏斗区面积达 7.6 万公顷；全国耕地污染物点位超标率为 19.4%，主要为镉、镍、铜、砷、汞、铅等重金属离子和滴滴涕、多环芳烃等有机污染物；石漠化涉及西南、中南 8 个省（区、市）455 个县，与 2005 年相比，发生在耕地上的石漠化土地面积增加了 4.34 万公顷，年均增加 0.72 万公顷，部分坡耕地质量进一步下降。转变耕地利用方式，由短期过度性利用向长久保护型利用转变，需要在地下水漏斗区、重金属污染区和生态严重退化地区实行休耕试点，让受损的耕地恢复健康。而且这个时期，在农业科技进步和惠农政策刺激下，国内粮食综合生产能力稳定，库存积压较大。2004 年—2015 年，我国粮食生产实现“十二连增”。2016 年我国粮食总产量比2015年仅减少0.8%，主要是主动优化种植结构和区域布局结构的结果。总体来看，国内粮食综合生产能力已得到极大提升并趋于稳定，在超级稻、海水稻关键领域甚至取得突破性进展。因此，尽管未来我国粮食产量有波动，但稳产基本格局不变，而且同期国内粮食库存量、进口量节节攀升。1990年以来我国粮食库存消费比远远超过联合国粮农组织推荐的17%～18%底线标准。现在国内的粮食库存中玉米库存数量占总库存量的50.3%，去库存成为新的难题。储粮超过了安全系数就是负担，不仅导致粮食霉变出现，品质下降，还增加了仓储费用。因此休耕部分耕地，消化库存，从“存粮于库”向“藏粮于地”转变。

在我国实行休耕制度还要考虑到我国的农业农民的现状：第一，我国农地实行多年的家庭承包经营制度，但与私有制国家（地区）的土地制度和经营利用方式存在显著差异，我国不能直接套用私有制国家（地区）农场经济实行休耕的经验和做法。因为在我国土地承包经营权本身是一种不断发展完善的权益，且目前对承包权、经营权的法律属性存在着分歧。对土地承包经营权认识的分歧必然会传导到休耕的权利主体，地方承包地的频繁调整会增加休耕制度的设计成本。休耕制度的实施必须在已完成土地承包经营权确权登记的地区，否则，承包经营使用主体发生变更，将会引起权益纠纷。对已经发生土地流转的承包地实行休耕，休耕的补助主体、监督主体、实施主体也需要明晰，尤其是休耕补助的归属。第二，对休耕制度运行成本要有清晰的预期。发达国家休耕制度配套政策较为完善，土地登记制、税收和信用制度、土地数字化管理非常完善，而我国相应的制度并未完全建立起来。家庭承包、土地细碎、小农经济必然会增加休耕制度运行和监督成本，实施同等面积的休耕，欧美国家可能仅需几户，而我国可能需要跟数百户农户进行谈判。牵涉的农户太多，且每户拥有的地块数量、面积大小、具体位置等差异太大，监督农户的休耕行为将成为巨大的难题。我国在实行退耕还林、退牧还草过程中，就遇到制度运行成本高和效率低的问题，如退牧还草期间三江源区51.9%的家庭草场存在返牧现象。因此，基于耕地细碎化和小农经济的现实国情设计休耕制度，才能降低制度运行成本和监督成本，提高运行效率。我国的休耕制度要与其农地基本制度及农地利用基本特征相适应。休耕制度作为我国耕地保护制度的新的重要组成部分，需与现行的耕地保护制度相兼容。

2016 年 5 月 20 日，中央全面深化改革领导小组第二十四次会议审议通过了《探索实行耕地轮作休耕制度试点方案》提出在地下水漏斗区、重金属污染区和生态严重退化地区开展休耕试点。

（1）地下水漏斗区—节水保水型休耕模式。该区域土地利用的主要问题是地下水过度抽取，水位下降。休耕模式的设计要以减少耗水量大的作物的种植面积，补充地下水为导向，通过实施休耕，减少对地下水的开采。因此，该区域要探索节水保水型休耕模式，重点考虑地下水资源开采的承载能力，在休耕地推广既能肥地而需水量又少的作物，以及休耕对地下水回补的影响，重塑水土平衡。政府应通过实行最严格的地下水管理制度、探索“水票”制度、发展节水型农业等，形成地下水漏斗区实行休耕的优化模式。

（2）重金属污染区—清洁去污型休耕模式。该区域土地利用的主要问题是土壤污染严重，耕地受到重金属严重污染，有的耕地已丧失了生产安全农产品的能力。这类耕地应作为休耕的重点，停止生产农产品，并对土壤进行治理修复，待耕地重金属含量达标后再恢复生产。休耕的目的是通过生物、化学等措施将重金属污染物从耕地中提取出来，防止重金属污染物危害食品安全。重金属污染区要探索清洁生产模式，通过实施休耕减少或切断土壤污染来源，使土壤逐渐恢复健康。对该区域休耕模式的设计需要重点研究土壤污染类型及污染物迁移规律，研究将重金属从土壤中剥离的技术手段。政府应加强对土壤污染的监测，通过客土、种植非食源性经济作物、抑制重金属吸收等措施，形成重金属污染区的休耕模式。

（3）生态严重退化区—生态修复型休耕模式。该区域水土流失、石漠化、荒漠化等生态问题突出，休耕的主要目的是缓解生态压力，降低人类活动对生态系统的干扰程度，使生态系统得到恢复完善。对该区域休耕模式的设计重点考虑生态环境承载能力，建立土地生态安全评价模型，对当地土地生态状况进行科学把握，确定土地生态安全阈值，划定土地生态安全红线。要严密监测生态严重退化区休耕产生的生态效应（石漠化地区休耕的正面效应是明显的，但是也有可能出现负面效应，如玉米秸秆在很多农村是燃料来源，休耕后农民缺乏燃料，可能会砍伐薪材，从而引起新的生态退化），保持政策的灵活性。与地下水漏斗区、重金属污染区的局部性相比，土地生态问题是全域问题，尤其是生态严重退化区往往与贫困等社会问题叠加，是该类型区域休耕模式设计必须考虑的因素。

（4）除了国家提到的三个类型区，还有哪些耕地需要进行休耕，需要建立包括耕地本底条件、经济社会条件、耕地利用状况等因素在内的诊断体系进行识别。只有将应休耕地识别出来，才能将休耕落到实地。第一，形成对边际土地的共识。边际土地是指两个或多个异质系统的交错地段（或过渡地段），若开发利用不合理，将加剧水土流失、植被破坏。边际土地地区自然资源禀赋不好、障碍因素复杂多样导致的质量、产量低且不稳定，容易弃耕或季节性撂荒等利用水平和效益不高，且通常是生态脆弱地区，属于国土开发和整治的目标。但是，边际土地不宜垦为农田。生态脆弱地区土地可持续利用的基本途径是将边际土地退下来，更有效率地利用质量好的耕地。应修正过去不同地区都追求粮食自给的作法，推进有利于环境保护的农业区域布局调整。边际土地的粮食生产能力有限，其生态服务效用远大于粮食生产效用，休耕边际土地不会对粮食供给产生大的影响，但可以更好地发挥其生态服务效用。边际耕地面积现在还没有一个准确的数据，主要是分布在干旱半干旱、山地丘陵区。一般将大于15°的坡耕地面积作为边际耕地面积的参考。根据原国土资源部2017年发布的《中国耕地质量等级调查评价》数据显示，13～15等的耕地面积3.6亿亩。根据农业农村部2020年发布的《2019年全国耕地质量等级情况公报》数据显示，评价7～10等的耕地面积4.4亿亩。推算来看，国内有约3亿亩边际耕地规模。第二，地下水漏斗区、重金属污染区、生态严重退化区相对比较好识别，边际土地也有较为明显的标志，但除此之外是数量更为庞大、分布更为广泛、已经发生地力下降和生态退化但程度不是太大的其他耕地，这就需要利用耕地利用强度、污染程度、生产能力、生态退化程度等因素进行综合诊断与识别。如耕地利用强度，应选取单位面积化肥施用量、农药施用量、农膜施用量等指标进行反映，划分耕地利用强度等级；耕地污染程度应通过科学布点采样，分析污染物的类型、污染级别；耕地生产能力的评价要充分利用农用地分等定级的成果，划分耕地生产能力等别；土地生态状况依据植被覆盖度、景观多样性、水土流失强度等，对土地退化的类型、范围及退化程度进行评估，得出耕地退化程度等级。大中城市郊区这一区域内的耕地是当地经济发展的重要资源，多种植一年多熟、投入多、产量大、经济效益好的作物。由于该区域耕地长期大量施用化学投入品，土壤有机质含量低、氮磷含量高，营养严重失调，土壤板结、地力退化、产量和效益明显下降，因此要考虑轮作和休耕，逐步恢复地力。而作为大棚设施覆盖区，由于耕地环境封闭，集约化程度高，作物种植差数大，施肥量大，土壤蒸发和作物蒸腾量大，并且缺少天然降雨的淋洗，耕作层土壤盐分含量高，盐渍化严重。以上因素导致土壤出现板结，通气透水性差，酸度增加，养分失衡，微生物种群、数量减少，活性降低，耕地功能明显退化，此时就需要拆除大棚设施，恢复自然耕作状态，实行轮作和间隔性休耕。还有长期使用地膜的区城，土壤中地膜残留高。地膜残片破坏土壤物理结构，土壤孔隙齐度下降，影响土壤养分释放，导致土壤含水量和肥力下降。苗期影响作物出苗和幼苗成活，生长期阻碍根系生长和养分吸收，下地膜残留使农作物的产量和品质明显降复低，需要休耕。第三，从长期看，还要通过建立综合评价模型来划分不同迫切等级的休耕，高度、中度、低度、或者不迫切，并落实到土地利用现状图上，而且优质耕地同样需要休耕。从理论上讲，只要条件具备，所有的耕地都应该实行休耕。以我国目前的情况，应首先让边际土地和受损土地逐步恢复产能，待其复耕后，再让受损程度较轻的耕地进行休耕。在实际工作中，休耕地识别出来之后，并不意味着所有识别出来的耕地都立即进行休耕。如果休耕规模太小，整体得不到休养生息的机会，仍可能会进一步恶化；如果仅从生态安全角度出发，则要求生态敏感区、生态脆弱区的耕地全部休耕，但休耕规模太大又会影响粮食安全。财政部曾向国务院建议休耕 1300 万公顷，约占全国耕地面积 10%。虽然全国层面的大规模休耕尚未成形，但《试点方案》确定的河北、湖南、云南、贵州、甘肃 5 省外，新疆、江苏、陕西等地已确立省级试点，全国休耕试点面积也由 2016 年的 7.73 万公顷扩大到 2017 年的 13.33 万公顷。未来休耕的规模和范围将会继续扩大，休耕规模的合理确定愈发迫切。第四，由于休耕客观上会导致当年粮食产量的减少，国家必须在总量上对休耕规模进行控制，不能触及粮食安全的底线。休耕规模与粮食自给率呈反比例关系，粮食自给率越高，休耕规模越小；粮食自给率越低，休耕规模越大。在我国，休耕规模的上限是耕地总量与确保粮食安全所需耕作的耕地面积之间的差额，休耕规模的下限为保证粮食自给率达到 100% 以外的耕地。不同的粮食安全（粮食自给）水平下会有不同的休耕规模，休耕对粮食安全的影响必须可控。但是影响粮食安全的因素很多，耕地生产潜力、人口规模、人均粮食消费、种植结构、食物结构、农业科技进步等都会对粮食需求和供给产生影响，且这些因素本身也处于不断变化中。要科学选择影响粮食安全的因子，建立粮食安全模型，进而建立休耕规模预测模型。此外，休耕规模还要考虑国际粮食市场因素；省域层面要考虑区域粮食调配；县域层面应考虑口粮县内平衡。第五，休耕规模应有一定的弹性。美国 CRP 规定农民在一定申请期内自愿向政府提出休耕申请，政府进行总量控制，每个县最多有不超过25%的耕地可纳入CRP。欧盟2000年将休耕面积比例固定为10%，由于国际粮食市场出现波动，将2004年至2005年度的休耕比例降为5%，2007年—2008年度的土地休耕率甚至降为零。粮食紧张缓解后，休耕政策再度实行。欧美经验表明，休耕规模需要根据内外环境的变化而及时进行调整，因而我国休耕规模也应该随着国际粮食市场、国内粮食生产能力的变化进行灵活调整。第六，休耕地是不同时点和不同区域之间的组合问题，也就是哪些耕地在什么时候进行休耕，从而实现国家对休耕地的宏观调控。休耕地识别完成和规模确定后，为了提高休耕的效率，很有必要对休耕地的时空配置进行统筹协调，以达到最大的效益。在试点区域以外，什么时点、哪些区域应该实行什么样的休耕，中央政府（至少是省级政府）应该有基本的判断。平原地区和丘陵山区如何搭配，水田和旱地如何组合，在平原是面状的休耕还是网状的休耕更有效率，在丘陵山区是流域性的休耕还是组团式的休耕更有利于生态环境的恢复，这些问题都是时空配置问题，需要在宏观上把控。休耕地的时空配置通过集成GIS空间分析技术，构建休耕地时空配置技术体系，实现对休耕地时空配置的优化。应该将休耕纳入土地利用总体规划、基本农田建设规划，明确休耕的时限、规模、分布，通过规划实现对休耕的调控。调控的手段包括经济手段、法律手段和行政手段。调控思路是：一是休耕在全国层面顺次推开，以我国耕地总量为上限，以一定年限为周期，每年强制休耕一定规模耕地，让全国所有的耕地都能获得休耕的机会。二是由各地申报，逐级汇总，再由中央核定。三是中央将休耕规模的控制下放到各省，由省级政府自行制定休耕规模、时序安排和空间布局的计划。第七，休耕补助标准应体现耕地的经济价值和社会价值。我国耕地除了和发达国家具有同样的经济功能外，还承担社会保障功能。即使是经济功能，也不仅仅限于种植业本身，还有可能涉及养殖业，在我国广大农村，耕地的产出在为农民提供粮食来源的同时，还是家畜家禽的饲料，因此，休耕还会引起农村养殖结构的变化，减少农村食粮型禽畜的养殖。在我国，休耕补助的下限是经济价值的价格体现，上限是经济价值和社会价值的总和。目前国家制定的休耕补助标准是比较真实的耕地经济价值的体现，但可能略有偏低，原因是可能低估了耕地的社会价值（西南地区的多年性休耕与华北地区的季节性休耕有显著区别，河北粮食自给率高，季节性休耕不会对农户粮食安全造成大的影响。生态严重退化区是连续休耕 3 年，且生态严重退化区大都处于粮食供给紧平衡状态，甚至有些地区需要外调，连续多年休耕必然打破这种平衡，意味着农户需要从市场上获得粮食。且休耕减少了区域粮食供给，极有可能推高粮价）。此外，还需建立农户模型模拟不同补助对农户休耕决策的影响。休耕的补助方式应结合休耕地区的自然条件、经济社会状况。补助的方式有直接补助和间接补助（或称货币补助和实物补助）。在粮食主产区应以货币补助为主，因为粮食主产区粮食自给率高，农户多有余粮，以粮食作为实物补助效用不大。在西南地区等非粮食主产区则宜以实物补助为主，货币补助为辅。尤其是丘陵山地等区位比较偏僻、交通较为闭塞、粮食安全缺乏保障的地区，粮食补助应由当地政府统一发放到农户手中，减轻农民运输粮食的压力，确保农户口粮安全。同时，要加强农户休耕知识、休耕技术的培训，做好农业劳动力的转移安置工作。休耕补助把过去对农产品价格的补贴，转变为对耕地产能方面的补贴，有利于适应WTO的规定。此外，休耕补助还应参照生态补偿、退耕还林还草相关补偿理论，研究休耕的补助标准、方式和途径，以及休耕补助与国家已经实行的农业补贴的兼容性。

近年来，我国粮食连年增产，农业稳定发展，为经济社会发展全局作出了重要贡献。但是，我国农业发展方式较为粗放，农业资源过度开发、农业投入品过量使用、地下水超采，以及农业内外源污染相互叠加等带来的一系列问题日益凸显，农业可持续发展面临重大挑战，必须加快转变农业发展方式，推进生态修复治理，促进农业可持续发展。2016年5月20日，习近平总书记主持召开中央全面深化改革领导小组第24次会议。会议审议通过了《探索实行耕地轮作休耕制度试点方案》。会议强调，在部分地区探索实行耕地轮作休耕制度试点，既有利于耕地休养生息和农业可持续发展，又有利于平衡粮食供求矛盾、稳定农民收入。要在坚守耕地保护红线、保障国家粮食安全、不影响农民收入的前提下，在有关地区开展轮作试点和休耕试点。要建立利益补偿机制，稳定农民收益。通过3年时间，在农业土地生态脆弱的、特别需要保护的这些地方开展轮作休耕试点，已经积累了很好的经验和办法。在此次修改《土地管理法》过程中，我们落实党中央的决策部署，将试点中好的经验做法上升为法律制度。新《土地管理法》第三十六条规定："各级人民政府应当采取措施，引导因地制宜轮作休耕，改良土壤，提高地力，维护排灌工程设施，防止土地荒漠化、盐渍化、水土流失和土壤污染。"党的十八届五中全会提出，利用现阶段国内外市场粮食供给充裕的时机，在部分地区实行耕地轮作休耕，既有利于耕地休养生息和农业可持续发展，又有利于平衡粮食供求矛盾、稳定农民收入、减轻财政压力。2016 年的《政府工作报告》和“中央一号”文件都对探索实行耕地轮作休耕制度试点提出了明确要求。

《探索实行耕地轮作休耕制度试点方案》凝聚了各方面的智慧，符合新发展理念的要求，是党中央、国务院着眼于我国农业发展突出矛盾和国内外粮食市场供求变化作出的重大决策部署。轮作休耕制度的重大意义在于：耕地是最宝贵的资源，也是粮食生产的命根子。我国先天不足的农业资源禀赋，超多人口的粮食供给压力，使得耕地水资源超强度利用，资源环境已亮起“红灯”。开展耕地轮作休耕，是主动应对生态资源压力、转变农业发展方式、促进可持续发展的重大举措。其意义体现在三个方面：一是巩固提升粮食产能的需要。我国有悠久的轮作种植传统，将禾谷类作物与豆类作物、旱地作物与水田作物等轮换种植，可以调节土壤理化性状、改良土壤生态；休耕是让耕地休养生息，实现用地养地相结合，保护和提升地力，增强粮食和农业发展后劲儿。二是促进农业可持续发展的需要。多年来，在农产品供给的压力下，耕地地力消耗过大，地下水开采过度，化肥农药大量使用，农业资源环境已不堪重负。通过耕地轮作休耕，减轻开发利用强度、减少化肥农药投入，利于农业面源污染修复，缓解生态环境压力，促进农业可持续发展。三是提高农业质量效益竞争力的需要。当前，我国农业大而不强、多而不优、竞争力弱的问题日益凸显，迫切需要推进农业供给侧结构性改革，促进农业转型升级。通过耕地轮作休耕，节约高效利用资源，调整优化种植结构，增加紧缺农产品供给，满足多元化消费需求，全面提升农业供给体系的质量和效率。

党的十八届五中全会明确提出，开展耕地轮作休耕制度试点，要以保障国家粮食安全和不影响农民收入为前提，休耕不能减少耕地、搞非农化、削弱农业综合生产能力，确保急用之时粮食能够产得出、供得上。《探索实行耕地轮作休耕制度试点方案》明确提出轮作休耕要遵循以下原则：一是巩固提升产能，保障粮食安全。坚守耕地保护红线，提升耕地质量，确保谷物基本自给、口粮绝对安全。对休耕地采取保护性措施，休耕期间采取土壤改良、培肥地力、污染修复等措施，同时加强对休耕地监管，禁止弃耕、严禁废耕。二是加强政策引导，稳定农民收益。鼓励农民以市场为导向，调整优化种植结构，拓宽就业增收渠道。强化政策扶持，建立利益补偿机制，对承担轮作休耕任务农户的原有种植作物收益和土地管护投入给予必要补助，确保试点不影响农民收入。三是突出问题导向，分区分类施策。以资源约束紧、生态保护压力大的地区为重点，防治结合、以防为主，因地制宜、突出重点，与地下水漏斗区、重金属污染区综合治理和生态退耕等相关规划衔接，统筹协调推进。四是尊重农民意愿，稳妥有序实施。我国生态类型多样、地区差异大，耕地轮作休耕情况复杂，要充分尊重农民意愿，发挥其主观能动性，不搞强迫命令、不搞“一刀切”。鼓励以乡、村为单元，集中连片推进，确保有成效、可持续。

要让农民愿意开展轮作休耕，必须保证其收益不减少，这样才能真正把轮作休耕的任务落实下去。为此，党的十八届五中全会明确提出，国家对开展耕地轮作休耕给予必要的粮食或现金补助。补助资金方面，2016 年，中央财政安排 14.36 亿元，其中轮作补助资金 7.5 亿元，休耕补助资金 6.86 亿元；2017 年安排了 25.6 亿元；2018 年安排了 50.9 亿元，支持力度翻了三倍。补助标准方面，对于轮作，与不同作物的收益平衡点相衔接，互动调整，保证农民种植收益不降低，按照每年每亩150元的标准安排补助资金。对于休耕，与原有的种植收益相当，不影响农民收入，河北省黑龙港地下水漏斗区季节性休耕每年每亩补助500元，湖南省长株潭重金属污染区全年休耕每年每亩补助1300元（含治理费用），贵州省和云南省两季作物区全年休耕每年每亩补助1000元，甘肃省一季作物区全年休耕每年每亩补助800元。补助方式方面，中央财政将补助资金分配到省，由省里按照试点任务统筹安排，因地制宜采取直接发放现金或折粮实物补助的方式，落实到县乡，兑现到农户。允许试点地区在平均补助水平不变的前提下，根据试点目标和实际工作需要，建立对农户实施轮作休耕效果的评价标准和体系，以评价结果为重要依据实行保基本、重实效的补助发放制度。

2016年6月29日，农业部、中央农办、发展改革委、财政部、国土资源部、环境保护部、水利部、食品药品监管总局、林业局、粮食局发布的《探索实行耕地轮作休耕制度试点方案》中，要求首次进行的耕地轮作休耕试点方案，须坚持巩固提升产能，保障粮食安全的原则。坚守耕地保护红线，提升耕地质量，确保谷物基本自给、口粮绝对安全。对休耕地采取保护性措施，禁止弃耕、严禁废耕，不能减少或破坏耕地、不能改变耕地性质、不能削弱农业综合生产能力，确保急用之时能够复耕，粮食能产得出、供得上。坚持加强政策引导，稳定农民收益的原则。鼓励农民以市场为导向，调整优化种植结构，拓宽就业增收渠道。强化政策扶持，建立利益补偿机制，对承担轮作休耕任务农户的原有种植作物收益和土地管护投入给予必要补助，确保试点不影响农民收入。坚持突出问题导向，分区分类施策的原则。以资源约束紧、生态保护压力大的地区为重点，防治结合、以防为主，因地制宜、突出重点，与地下水漏斗区、重金属污染区综合治理和生态退耕等相关规划衔接，统筹协调推进。坚持尊重农民意愿，稳妥有序实施的原则。原因是我国生态类型多样、地区差异大，耕地轮作休耕情况复杂，要充分尊重农民意愿，发挥其主观能动性，不搞强迫命令、不搞"一刀切"。鼓励以乡、村为单元，集中连片推进，确保有成效、可持续。

本次试点方案的主要目标是力争用 3～5 年时间，初步建立耕地轮作休耕组织方式和政策体系，集成推广种地养地和综合治理相结合的生产技术模式，探索形成轮作休耕与调节粮食等主要农产品供求余缺的互动关系。在东北冷凉区、北方农牧交错区等地推广轮作 500 万亩（其中，内蒙古自治区 100 万亩、辽宁省 50 万亩、吉林省 100 万亩、黑龙江省 250 万亩）；在河北省黑龙港地下水漏斗区季节性休耕 100 万亩，在湖南省长株潭重金属污染区连年休耕 10 万亩，在西南石漠化区连年休耕 4 万亩（其中，贵州省 2 万亩、云南省 2 万亩），在西北生态严重退化地区（甘肃省）连年休耕 2 万亩。根据农业结构调整、国家财力和粮食供求状况，适时研究扩大试点规模。

在试点区域和技术路径方面，试点方案对于轮作试点区域，规定重点在东北冷凉区、北方农牧交错区等地开展轮作试点。技术路径推广"一主四辅"种植模式。"一主"：实行玉米与大豆轮作，发挥大豆根瘤固氮养地作用，提高土壤肥力，增加优质食用大豆供给。"四辅"：实行玉米与马铃薯等薯类轮作，改变重迎茬，减轻土传病虫害，改善土壤物理和养分结构；实行籽粒玉米与青贮玉米、苜蓿、草木樨、黑麦草、饲用油菜等饲草作物轮作，以养带种、以种促养，满足草食畜牧业发展需要；实行玉米与谷子、高粱、燕麦、红小豆等耐旱耐瘠薄的杂粮杂豆轮作，减少灌溉用水，满足多元化消费需求；实行玉米与花生、向日葵、油用牡丹等油料作物轮作，增加食用植物油供给。试点方案休耕的重点在地下水漏斗区、重金属污染区和生态严重退化地区开展休耕试点。其中，地下水漏斗区试点区域主要在严重干旱缺水的河北省黑龙港地下水漏斗区（沧州、衡水、邢台等地），技术路径采取连续多年实施季节性休耕，实行“一季休耕、一季雨养”，将需抽水灌溉的冬小麦休耕，只种植雨热同季的春玉米、马铃薯和耐旱耐瘠薄的杂粮杂豆，减少地下水用量。重金属污染区试点区域主要在湖南省长株潭重金属超标的重度污染区。在调查评价的基础上，对可以确定污染责任主体的，由污染者履行修复治理义务，提供修复资金和休耕补助。对无法确定污染责任主体的，由地方政府组织开展污染治理修复，并纳入休耕试点范围。技术路径采取在建立防护隔离带、阻控污染源的同时，采取施用石灰、翻耕、种植绿肥等农艺措施，以及生物移除、土壤重金属钝化等措施，修复治理污染耕地。连续多年实施休耕，休耕期间，优先种植生物量高、吸收积累作用强的植物，不改变耕地性质。经检验达标前，严禁种植食用农产品。生态严重退化地区试点区域主要在西南石漠化区（贵州省、云南省）、西北生态严重退化地区（甘肃省）。技术路径采取调整种植结构，改种防风固沙、涵养水分、保护耕作层的植物，同时减少农事活动，促进生态环境改善。在西南石漠化区，选择25°以下坡耕地和瘠薄地的两季作物区，连续休耕 3 年。在西北生态严重退化地区，选择干旱缺水、土壤沙化、盐渍化严重的一季作物区，连续休耕 3 年。

轮作补助标准是与不同作物的收益平衡点相衔接，互动调整，保证农民种植收益不降低。结合实施东北冷凉区、北方农牧交错区等地玉米结构调整，按照每年每亩 150 元的标准安排补助资金，支持开展轮作试点。休耕补助标准方面，一是补助资金。中央财政安排 14.36 亿元，其中轮作补助资金 7.5 亿元，休耕补助资金 6.86 亿元。二是补助标准。与原有的种植收益相当，不影响农民收入。河北省黑龙港地下水漏斗区季节性休耕试点每年每亩补助 500 元，湖南省长株潭重金属污染区全年休耕试点每年每亩补助 1300 元（含治理费用），所需资金从现有项目中统筹解决。贵州省和云南省两季作物区全年休耕试点每年每亩补助 1000 元，甘肃省一季作物区全年休耕试点每年每亩补助 800 元。补助方式方面，试点方案规定中央财政将补助资金分配到省，由省里按照试点任务统筹安排，因地制宜采取直接发放现金或折粮实物补助的方式，落实到县乡，兑现到农户。允许试点地区在平均补助水平不变的前提下，根据试点目标和实际工作需要，建立对农户实施轮作休耕效果的评价标准和体系，以评价结果为重要依据实行保基本、重实效的补助发放制度。

2016 年轮作休耕试点面积 616 万亩，主要在内蒙古、辽宁、吉林、黑龙江、河北、湖南、贵州、云南、甘肃 9 个省（区）实施。2017 年轮作休耕试点面积 1200 万亩，试点省份不变。两年来，轮作休耕试点的内涵不断丰富、成效逐步清晰。具体来讲：

（1）技术模式成熟适用，生态效应初步显现。一个是生产与生态相协调。冷凉区建立了“三三轮作”模式，重金属污染区和生态严重退化地区建立了“控害养地培肥”模式，地下水漏斗区建立了“一季雨养一季休耕”模式。河北省200万亩季节性休耕，年压采地下水3.6亿立方米。另一个是适区与适种相一致。选择豆科、茄科、禾本科等养分利用互补、病虫发生规律不同的作物进行搭配，提高光温水利用效率，减少病虫危害损失。吉林东部山区轮作大豆后，化肥使用量减少30%以上、农药使用量减少50%左右。

（2）产业结构趋于优化，经济效应初步显现。主要体现在“三增”：一是作物产量增加。通过作物间的轮作倒茬和季节性休耕，给下茬作物提供了良好的地力基础和充足的生长发育时间，提高了产量、改善了品质。河北小麦冬季休耕后，将一年两熟夏玉米改为晚播春玉米或早夏播玉米，亩产提高10%以上。二是有效供给增加。在轮作休耕带动下，两年全国调减籽粒玉米5000万亩，增加大豆1900多万亩，增加杂粮500多万亩。三是农民收入增加。比如，黑龙江省海伦市轮作种植富硒、高蛋白大豆40多万亩，通过精深加工转化，成为农民增收、财政增税的“金豆子”。

（3）管理方式规范有效，监督手段初步建立。种植面积变化“天眼”察。采用卫星遥感技术，对轮作休耕区域进行遥感监测，轮在哪里、休在哪里，轮了多少、休了多少，一扫就知、一目了然。耕地质量变化“地网”测。针对轮作休耕区土壤类型和集中连片情况，按照“大片万亩、小片千亩”的原则，科学布置近800个土壤监测网点，定点跟踪耕地质量和肥力变化，为客观评估轮作休耕成效提供依据。

进入2019年，农业农村部、财政部《关于做好2019年耕地轮作休耕制度试点工作的通知》（农农发〔2019〕2号）文件规定，试点省份扩大到河北、内蒙古、辽宁、吉林、黑龙江、江苏、安徽、江西、山东、河南、湖北、湖南、四川、贵州、云南、新疆、甘肃省、自治区，并要求重点把握好以下原则：第一，巩固提升产能，确保粮食安全原则。坚守耕地保护红线，提升耕地质量，坚持轮作为主、休耕为辅，确保谷物基本自给、口粮绝对安全。对休耕地采取保护性措施，禁止弃耕，严禁废耕，不能减少或破坏耕地，不能改变耕地性质，不能削弱农业综合生产能力，确保急用之时能够复耕，粮食能够产得出、供得上。第二，完善政策支持，鼓励各方参与原则。以不影响农民收入为前提，建立健全耕地轮作休耕政策框架，支持农民开展轮作休耕，中央财政对承担轮作休耕任务农户的原有种植收益和土地管护投入给予必要补助。鼓励地方因地制宜，自主开展轮作休耕。第三，坚持问题导向，集中连片推进原则。以资源约束紧、生态保护压力大的地区为重点，与地下水超采区、重金属污染区综合治理和生态退耕等相关规划衔接，统筹协调推进。鼓励集中连片实施，有条件的地方以县、乡（镇）或行政村为单位整建制推进。鼓励种植大户、农民合作社等新型农业经营主体参与，发挥示范带动作用。第四，尊重农民意愿，稳妥有序实施原则。我国生态类型多样、地区差异大，耕地轮作休耕情况复杂，要以农民为主体，充分尊重农民意愿，发挥其主观能动性，不搞强迫命令，不搞“一刀切”。第五，实行精准管理，提升试点水平原则。对耕地轮作休耕制度试点区域继续实行耕地质量监测，跟踪耕地地力变化。探索运用卫星遥感技术，对耕地轮作休耕制度试点面积落实进行辅助监测。强化监督管理，压实地方各级政府和相关部门责任，提升试点的管理水平。

试点任务方面，2019年，实施耕地轮作休耕制度试点面积3000万亩。其中，轮作试点面积2500万亩，主要在东北冷凉区、北方农牧交错区、黄淮海地区和长江流域的大豆、花生、油菜产区实施；休耕试点面积500万亩，主要在地下水超采区、重金属污染区、西南石漠化区、西北生态严重退化地区实施。

轮作区主要是东北冷凉区和北方农牧交错区、黄淮海地区、长江流域。其中，东北冷凉区和北方农牧交错区在内蒙古、辽宁、吉林、黑龙江推广“一主多辅”种植模式，以玉米与大豆轮作为主，与杂粮杂豆、薯类、饲草、油料等作物轮作为辅，形成合理的轮作模式，基本改变以玉米为主的连作、重迎茬状况。黄淮海地区在安徽、山东、河南及江苏北部推行玉米改种大豆为主，兼顾花生、油菜等油料作物，增加市场紧缺的大豆、油料供给。在河北推行马铃薯与胡麻、杂粮杂豆等作物轮作，改善土壤理化性状，减轻连作障碍。长江流域在江苏、江西小麦稻谷低质低效区实行稻油、稻菜、稻肥等轮作，改良土壤，提高地力，减少无效供给，增加有效供给。在湖北、湖南、四川大力开发冬闲田扩种油菜（湖南轮作不能在长株潭重金属重度污染区实施），同时在四川推广玉米大豆轮作或间套作，努力增加油菜和大豆供给。

休耕区主要是河北地下水漏斗区、黑龙江寒地井灌稻地下水超采区、新疆塔里木河流域地下水超采区、湖南重金属污染区、西南西北生态严重退化地区。其中，河北地下水漏斗区连续多年实施季节性休耕，实行“一季休耕、一季种植”，将需抽水灌溉的冬小麦休耕，只种植雨热同季的玉米、油料、棉花和耐旱耐瘠薄的杂粮杂豆等，减少地下水用量。休耕期间鼓励种植绿肥，减少地表裸露，培肥地力。黑龙江寒地井灌稻地下水超采区重点在黑龙江三江平原地下水明显下降的井灌稻区开展休耕试点。休耕期间深耕深松、鼓励种植苜蓿或油菜等肥田养地作物，提升耕地质量，力争地下水下降势头得到有效遏制，粳稻过剩状况得到改善。新疆塔里木河流域地下水超采区重点在严重缺水、盐渍化严重的南疆塔里木河流域实施，将耗水量大、靠抽取地下水灌溉的冬小麦休耕，减少农事活动，减少地下水抽取，力争地下水超采势头得到有效遏制，满足胡杨林正常生长发育的需求。湖南重金属污染区重点在长株潭重金属污染区实施，在建立防护隔离带、阻控污染源的同时，采取“休、治、培”综合治理模式，通过施用石灰、翻耕、种植绿肥等农艺措施，以及生物移除、土壤重金属钝化等措施，修复治理污染耕地。优先种植生物量高、吸收积累作用强的植物，不得改变耕地性质。西南西北生态严重退化地区。重点在贵州、云南、甘肃坡度15°以上、25°以下的生态严重退化地区实施，调整种植结构，改种防风固沙、涵养水分、保护耕作层的植物，同时减少农事活动，促进生态环境改善。

补助方式方面，《通知》提出中央财政对耕地轮作休耕制度试点给予适当补助。在确保试点面积落实的情况下，试点省可根据实际细化具体补助标准。在操作方式上，可以补现金，可以补实物，也可以购买社会化服务，提高试点的可操作性和实效性。河北、湖南省休耕试点所需资金结合中央财政地下水超采区综合治理和重金属污染耕地综合治理补助资金统筹安排。2019年耕地轮作休耕制度试点任务安排如表6所示。

表 6　　2019 年耕地轮作休耕制度试点任务安排　　单位：万亩

类型	省份	试点面积
轮作	河北	20
	内蒙古	500
	辽宁	50
	吉林	150
	黑龙江（含农垦）	1100
	江苏	25
	安徽	50
	江西	25
	山东	50
	河南	50
	湖北	140
	湖南	140
	四川	200
	小计	2500
休耕	河北	200
	黑龙江（含农垦）	200
	湖南	20
	贵州	18
	云南	18
	甘肃	28
	新疆	16
	小计	500
合计		3000

2020 年，山东省农业农村厅《2020 年耕地轮作休耕制度试点实施方案》（鲁农计财字〔2020〕17 号）2020 年耕地轮作休耕制度试点的工作规定了安排 65 万亩耕地轮作休耕制度

试点目标，推行玉米与大豆等粮豆轮作，增加市场紧缺的大豆供给，加快构建绿色种植制度。试点期限自2020年夏种开始，秋收结束。

在技术路径方面，省农业农村厅要求一是推进规模化种植。在自然条件适宜、产业基础良好的沿黄、沿湖、沿海等大豆主产县（市、区），集中连片开展玉米与大豆轮作、杂粮与大豆轮作、玉米与大豆间作等，扩大大豆种植规模，增加市场供给能力。二是推行标准化生产。大力推广轻简化、标准化栽培技术，支持试点区域实施统一选用良种、统一整地播种、统一肥水管理、统一病虫防治、统一机械收获，探索建立标准化、绿色化轮作间作生产新模式，推进耕地质量提升和农业生态环境持续改善。三是示范推广新型耕作制度。探索建立耕地轮作长效机制，总结玉米与大豆等粮豆轮作间作的成功经验，集成推广新技术、新模式，为全省大规模推进耕地轮作制度改革提供示范和样板。

在配套政策方面，省农业农村厅一是规定开展试点给予补助。补助对象是自愿参加并签订耕地轮作休耕试点协议且轮作大豆种植规模集中连片大于50亩的种植大户和家庭农场、农民专业合作社、农业企业等新型农业经营主体作为补助对象。补助依据是大豆的实际种植面积，大豆与其他作物间作的要以折实面积为依据。补助标准是中央财政按照每亩150元的标准给予补助。补助方式是省财政厅根据试点市、县（市、区）承担的任务量，将中央财政补助资金逐级拨付。在确保试点面积落实的情况下，各地可根据不同地区实际细化具体补助标准。在补助方式上，可以补现金，可以补实物，也可以购买社会化服务，切实提高试点的可操作性和实效性。二是实施大豆保险。鼓励参加大豆种植保险，由各级财政按规定给予对保费进行补贴，帮助农户积极防范各类灾害，提高风险保障水平。具体政策参照《山东省大豆种植保险条款》执行。三是提供农机购置补贴。省里将大豆播种、收获机械纳入农机购置补贴范围，鼓励农业新型经营主体购买机械，提高大豆生产机械化水平。

文件要求督促各试点县（市、区）以农村土地承包经营权确权登记数据为依据，认真填写承担试点任务的乡镇、村和试点地块完整四至坐标经纬度信息。经市农业农村局汇总后，于7月20日前报省农业农村厅。逐级签订试点工作目标责任书和试点协议。省农业农村厅与试点市、试点市与各试点县（市、区）、试点县（市、区）与承担试点任务的乡镇，逐级签订试点工作目标责任书，落实任务、明确责任。乡镇要与承担试点任务的农户或新型农业经营主体签订试点协议，明确地块、面积、补贴金额等相关权利、责任和义务，保障试点工作依法依规、规范有序开展。乡镇与承担试点任务的新型农业经营主体签订的试点协议要以市为单位，于5月30日前报省农业农村厅备案。在兑现补贴资金方面，文件规定采取现金补助方式的，试点县（市、区）根据试点协议内容和核查结果，及时足额将补助资金兑付给承担试点任务的农户或新型农业经营主体。符合“一本通”发放条件的，相关资金要通过“一本通”系统发放。原则上10月30日前要完成补助资金发放工作。要严格资金监管，确保专款专用。采取补助实物或社会化服务方式的，要严格履行政府采购程序，确保相关物资和服务切实落实到田间地头和种植主体，文件要求各试点县要按照每1万亩设置一个耕地质量监测点且对照监测点不少于一个的要求，科学检测评价轮作制度对耕地质量的影响。重复试点区域继续在原监测点开展取样检测，新增试点区域优先考虑选择区域内符合选点条件的省、市、县三级长期定位监测点。各监测点于夏种前及秋收后（未施肥）分别取耕层多点混合样品(1 公斤至 2 公斤)，自然风干后分成不过筛及过 2mm 孔径尼龙筛两份，由省级统筹安排检测。

9. 耕地红线

埃及是世界最大的小麦进口国，通常每年进口约1000万吨小麦。政府从国际市场购置小麦后，将其中一半以享受政府高额补贴的低价大饼形式供应给民众。巴西姆·乌达是前总统穆罕默德·穆尔西执政时期的内阁成员，主管粮食供应。按照乌达的说法，埃及虽然生产小麦，但国产小麦不具备进口小麦的高筋品质，一般需要进口大量小麦，将进口小麦与国产小麦以1:1的比例搭配，用以生产适合民众食用的面饼。2013年穆尔西执政时期，埃及政府对进口粮食库存严格保密。穆尔西遭军方解职后，乌达首次对路透社记者披露埃及面临的粮食问题。在经历持续的社会动荡后，埃及现在的进口小麦库存只有50万吨，不足国内两个月的进口小麦需求量，食品短缺问题远比预期严重。国产小麦库存仅为370万吨。由于连续两年的政治动荡，埃及粮食进口面临空窗期，意味着临时政府必须启用来自海湾国家的资金援助。购买国家储备粮食的埃及商品供应管理总局2月后中止了进口小麦，为数年来时间最长的一次粮食进口空窗期。直至穆尔西下台前一晚，这一机构才在乌达的指示下再进口一批小麦。其实，小麦这种最基础食品的价格在埃及一直是敏感问题。2008年，时任总统胡斯尼·穆巴拉克执政时期的埃及发生骚乱，主要原因就是小麦价格攀升，造成国内食品供应短缺。路透社报道，根据惯例，埃及政府通常会储备至少 6 个月国内需求量的进口小麦和国产小麦。首次披露的进口小麦库存显示出埃及粮食短缺问题比先前所披露的更加严重。联合国粮农组织出台报告认为，如果埃及国内形势难以好转，并且外汇储备持续萎缩，埃及国内将爆发严重的粮食危机。

作位人口大国，中国同样面临着粮食危机的问题。2021 年 3 月 5 日，李克强总理在十三届全国人大四次会议上所作的《政府工作报告》中再次指出坚持农业农村优先发展，严守 18 亿亩耕地红线，实施高标准农田建设工程、黑土地保护工程，确保种源安全，实施乡村建设行动，健全城乡融合发展体制机制。同时，提高高标准农田建设标准和质量，完善灌溉设施，强化耕地保护，坚决遏制耕地“非农化”、防止“非粮化”。

耕地保护红线是指耕地面积的最小值，其实际上属于一个限定值，具体可以分作国家耕地红线与地方耕地红线两类。国家耕地红线是相关部门经过一系列科学计算和测算之后得到的结果，以确保在突发自然灾害事件时能够保障国家粮食安全，因而耕地保护红线近几年内不会有大的改变。地方的耕地保护红线会随着当地耕地种植环境的变化而发生改变，进一步调整红线数值来确保农民利益和国家利益相统一。我国划定了 18 亿亩的耕地红线。耕地面积的计算方法是年初耕地面积，加上当年增加的耕地面积、减去当年减少的耕地面积。当年增加的耕地面积是指本年度内因新开荒（本年度已种上农作物的新开垦荒地）、基建占地还耕、河水淤积、平整土地和治山、治水等原因而增加的耕地面积。当年减少的耕地面积是指本年度国家基建占地（指经县以上政府主管部门批准的因兴修水利、修筑公路、铁路、民航机场、修建工矿企业、建筑机关学校用房实际占用的耕地)、乡村集体基建占地(乡村新建或扩建乡村企业、兴修水利工程、修筑公路、以及建筑办公室和生产设施，如晒场、畜棚、猪圈等基本建设而实际占用的耕地)、农民个人建房占地、退耕造林面积、退耕改牧面积，以及因自然灾害废弃而实际减少的耕地面积。1996 年中国耕地面积 19.51 亿亩。而到了 2005 年根据中国国土资源公报数据，全国也仅有耕地 18.31 亿亩，离 18 亿亩的红线仅有 3100 万亩的空间。国土资源部 2007 年 4 月 12 日公布的土地利用调查结果表明，截至 2006 年 10 月 31 日，又较上年又减少了 460.2 万亩耕地，仅一年时间我国的耕地面积已降至 18.27 亿亩。中央要把耕地保有量红线定在 18 亿亩的依据是在我们的饭桌上面。2002 年我国当时 13 亿人口吃饭加上工业用粮，年粮食消耗量要在 4.5 亿吨左右。2002 年全国粮食总产量是 4.57 亿吨，到 2003 年降到 4.3 亿吨，随后的 2004 年—2006 年三年连续实现恢复性增长，到 2006 年达到 4.9 亿吨。根据国家统计局提出的中国粮食消费标准和农业部有关部门的研究，2010 年我国达到小康水平时，人均粮食需求量应为 420 公斤，全国粮食需求总量为 5.88 亿吨；2030 年人均粮食需求量应为 440 公斤，全国粮食需求总量为 7.04 亿吨。到 2030 年，如果我国粮食完全自给，需要耕地数量为 19.47 亿亩；按照 1996 年《中国的粮食问题》白皮书中确定的实现粮食 95% 的自给目标，则需要耕地 18.5 亿亩。这是一个约束性指标，不能突破。18 亿亩是一个并不宽裕的数字。假如粮食生产技术没有大的突破，即使保住 18 亿亩红线，到 2030 年，我们仍要增加粮食进口。而根据自然资源部与国家相关部门的测算，耕地保有量每减少 2000 万亩，粮食自给率将下降 1 个百分点。对于人口占世界总数五分之一的大国，从保障粮食安全和社会稳定的要求出发，必须确立粮食基本自给的方针，实现粮食 95% 的自给目标，保证 18 亿亩耕地红线不能变。

2016 年中国国土资源公报的数据，我国 2015 年末耕地面积为 20.25 亿亩。全国因建设占用、灾毁、生态退耕、农业结构调整等原因减少耕地面积 450 万亩，通过土地整治、农业结构调整增加耕地面积 351 万亩，年内减少耕地面积 99 万亩。从优质耕地减少情况看，全国城镇用地增加较快，优质耕地减少较多，后备耕地资源严重不足。目前，上海市、天津市、海南省、北京市未利用土地资源已近枯竭；江苏省、安徽省、浙江省、贵州省也已很有限。我国人均耕地已经从 1996 年的 1.59 亩降至 2016 年的 1.47 亩，下降至不足世界平均水平 3.38 亩的一半。我国人均耕地目前仍处于下降过程中。人均耕地少、耕地质量总体不高、耕地后备资源不足的国情并未得到缓解。必须继续坚持最严格的耕地保护制度、严防死守 18 亿亩耕地红线并确保实有耕地数量基本稳定。2006 年，第十届全国人民代表大会常务委员会第四次会议通过的《国民经济和社会发展第十一个五年规划纲要》明确提出 18 亿亩耕地是未来五年一个具有法律效力的约束性指标，是不可逾越的一道红线。在 2009 年 6 月 23 日国务院新闻办公室举行的新闻发布会上，国土资源部提出“保经济增长、保耕地红线”行动，坚持实行最严格的耕地保护制度，耕地保护的红线不能碰。2013 年 12 月 23 日至 24 日在北京举行的中央农村工作会议提出要确保粮食安全，坚守 18 亿亩耕地红线。党的十八届三中全会之后召开的中央城镇化工作会议及中央农村工作会议，再次强调了要严格捍卫“18 亿亩耕地红线”不动摇。国务院印发的第三版《全国土地利用总体规划纲要（2006 年—2020 年）》文件中，对未来 15 年土地利用的目标和任务提出 6 项约束性指标和 9 大预期性指标。6 项约束性指标集中在耕地保有量、基本农田保护面积、城乡建设用地规模、新增建设占用耕地规模、整理复垦开发补充耕地义务量，以及人均城镇工矿用主要调控指标，核心就是确保 18 亿亩耕地红线。我国耕地保有量在 2010 年和 2020 年分别保持在 18.18 亿亩和 18.05 亿亩，确保 15.60 亿亩基本农田数量不减少，质量有提高。2016 年，国土资源部印发的《全国土地利用总体规划纲要（2006 年—2020 年）调整方案》文件中，对全国及各省（自治区、直辖市）耕地保有量、基本农田保护面积、建设用地总规模等指标进行调整，对土地利用结构和布局进行优化。调整后，到 2020 年全国耕地保有量要达到 18.65 亿亩以上，基本农田保护面积为 15.46 亿亩以上，建设用地总规模控制在 4071.93 万公顷（61079 万亩）之内。第三版土地利用总体规划修编始于 2005 年，2006 年 7 月上报国务院。当年第 149 次国务院常务会讨论后决定暂缓批准，其中一个最为关键的指标就是，18 亿亩耕地红线必须守住。中国耕地面积从 2005 年的 18.31 亿亩，到 2020 年的 18.05 亿亩，差额只有 2600 万亩，而这 15 年中国将新增建设用地 1 亿多亩，必然要突破占地红线。《规划》预期新增建设用地 2010 年总量是 2925 万亩，2020 年是 8775 万亩。至少得占用耕地 8700 万亩，《三版规划》给整理复垦开发补充耕地确定的约束性指标是：2010 年 1500 万亩，2020 年 4500 万亩；此外，由国家整理复垦开发的重大工程补充耕地到 2020 年预期 1210 万亩。两项合计，15 年间通过土地整理要补充耕地 7210 万亩。这种平衡其实很难做。占的是好地，补的则是差地。表面看面积补上去了，但土地质量和产能能否保证，很难说。

“保经济增长、保耕地红线”行动的主要内容包括：第一是保障发展。从土地规划、计划和审批等方面，通过扩增量、挤存量、调结构、快审批等方式，优先保障国家扩内需保增长的重点建设项目及时落地。2008 年，国土资源部印发了《国土资源部关于为扩大内需促进经济平稳较快发展做好服务和监管工作的通知》（国土资发〔2008〕237 号），要求及时提供用地保障，依法严格管理土地，有力地促进扩大内需各项建设依法依规及时落地。2009 年 3 月 27 日，国土资源部在《关于印发〈保增长保红线行动工作方案〉的通知》中确定任务和目标是：第一是保障用地，确保落实扩内需保增长调控政策。准确掌握扩大内需项目用地数量、结构、分布、时序和利用情况，摸清用地需求底数，促进土地利用计划差别化管理。监督检查国土资发〔2008〕237 号文件的贯彻执行情况，督促各地把政策执行到位，措施落实到位，用地保障到位。大力宣传国家土地调控政策，宣传坚守 18 亿亩耕地红线和维护土地管理法治的重要意义，使各地扩大内需用地符合科学发展的要求。第二是密切跟踪，及时调整土地管理政策和措施。密切跟踪把握土地调控政策实施的新态势，对土地调控政策的实施效果进行评估，提出调整和完善土地调控政策的建议。紧密围绕扩大内需要求，主动提供公益性基础地质信息、基础测绘服务，满足重大基础设施、民生工程等用地的地质技术、测绘信息需求。及时掌握扩大内需土地政策、支持灾区重建土地政策和国家综合配套改革试验区土地政策的执行效果，总结经验，了解地方人民政府实施土地调控政策遇到的问题，深化土地管理制度改革，形成制度创新成果。宣传推广各地有效落实服务扩大内需土地调控政策的典型经验。第三是严防反弹，依法维护土地管理良好秩序。监督各地严格执行产业政策、土地供应政策和标准，保证有限的土地投放符合中央扩内需、调结构的要求。强化土地管理批、供、用、补、查的监管，坚决纠正违背产业政策和供地政策供地、搭车用地、侵害被征地农民合法权益等问题，严防违规违法用地反弹，保持土地管理良好秩序。对涉及用地面积较大、群众反映强烈的土地违规违法问题，督促地方人民政府切实整改，严肃查处。2009 年 1—5 月，国土资源部审查退回不符合产业政策和用地报审要求的建设项目报件 91 件，占受理总量的 41%。审查退回不符合要求的建设项目用地报件 3 件，涉及用地 0.15 万公顷（2.2 万亩）。同时审查核减建设项目不合理用地 0.9 万亩。第三是坚守红线。坚持实行最严格的耕地保护制度，耕地保护的红线不能碰。层层落实耕地保护责任制，原国土资源部会同原农业部、国家统计局对责任制履行情况进行检查。原国土资源部与监察部、人力资源和社会保障部联合出台了《违反土地管理规定行为处分办法》，规定每年违规违法占用耕地超过建设占用耕地总量的 15%，就要对这个地方的主要政府负责人进行问责。2009 年 2 月，国土资源部部署了 2008 年度卫片执法检查，对北京市等 172 个城市（包括 140 个 50 万人口以上城市和 32 个重点城市）2008 年土地利用情况，进行卫片执法检查。初步汇总结果表明，与上年度检查相比，土地执法形势总体趋好，违法用地宗数、面积和耕地面积比例均下降 15% 至 20%。第四是扎实推进农村土地整治。农村土地整治是保发展、保红线的结合点，是统筹城乡发展的新平台，当前还能有效地拉动农村投资和消费需求。农村土地整治可以增加有效耕地面积，改善农业生产条件和农村生活环境，促进土地节约集约利用。1999 年—2008 年，我国通过土地整治补充耕地 277.5 万公顷（4163 万亩）。通过大规模启动“万村土地整治”示范工程，统筹规划，整村推进，实行田、水、路、林、村综合整治，建设高标准农田。重点抓好 1000 个国家级示范点，各省（自治区、直市）建设 9000 个省级整治示范工程。

2012 年 6 月 29 日，《国土资源部关于提升耕地保护水平全面加强耕地质量建设与管理的通知》中，进一步明确了耕地质量建设与管理是落实最严格的耕地保护制度的重要内容，是提高农业综合生产能力、确保国家粮食安全的根本保障，是优化利用土地资源、构建国家生态安全屏障的有效途径，也是各级国土资源部门的重要职责和任务。具体来讲：第一，它要求加快划定永久基本农田，严格管控优质耕地。一方面是将优质耕地划入基本农田实行永久保护。乡（镇）土地利用总体规划批准后三个月内，要按照《基本农田划定技术规程》和有关要求，完成基本农田划定工作。要综合运用土地变更调查、农用地分等定级成果，将土地利用总体规划确定的基本农田落到实地，划定边界，设立标志，统一编号，落实到户。编制基本农田保护相关图件和表册，逐片（块）落实数量、质量等级和保护责任信息，建立基本农田数据库，及时完善和更新第二次全国土地调查和土地变更调查基本农田上图成果。要确保划定后的基本农田，原有高等级和集中连片的耕地得到有效保留，坡耕地的比重有所降低，平均质量等级和集中连片程度有所提高。基本农田一经划定，实行永久保护，任何单位和个人未经批准不得改变或者占用。另一方面是严控建设用地占用优质耕地。加强规划管控，强化节约集约用地，依法依规审批用地，严格控制建设占用耕地特别是高等级耕地。切实落实土地利用总体规划确定的建设用地管制边界和管制区域，认真执行各项空间管制规则，未经批准，不得擅自调整城乡建设用地管制边界；经批准确需调整的，要尽可能避让高等级耕地。依据规划，鼓励和引导工业、城镇用地向低丘缓坡荒滩等未利用地、劣质农用地等区域发展，鼓励开发利用地上地下空间和城市低效利用土地“二次开发”。各类建设项目用地要严格执行准入标准，充分采用节地技术，切实落实工程建设用地控制指标。严格建设项目用地预审和审批，建设项目选址（线）要现场踏勘、充分论证，通过方案比选，做到不占或少占耕地；确需占用耕地的，应占用等级较低的耕地。第二，它要求大力推进农村土地整治，全面提升耕地质量等级。在这里，一方面加快建设高标准基本农田。依据《全国土地整治规划（2011 年—2015 年）》开展以田、水、路、林、村综合整治为主要内容的农村土地整治，加大土地复垦力度，加快推进高标准基本农田建设，力争“十二五”期间再建成 4 亿亩高标准基本农田。各地要在 2012 年底前完成各级土地整治规划编制，逐级分解落实全国土地整治规划确定的目标和任务。要综合考虑建设条件和资金保障能力等，制定并落实年度建设计划。使用新增建设用地土地有偿使用费开展高标准基本农田建设，可不受有关新增耕地率规定的限制。新建成的高标准基本农田要充分利用农用地分等定级、土地质量地球化学调查等成果，按照相关标准进行质量等级评定，并统一命名、统一标识、统一网格化监管，实行永久保护。国土资源部将充分运用农村土地整治监测监管系统，对高标准基本农田建设情况进行集中统

一、全面全程监管，并定期考核。另一方面是重点抓好重大工程、示范省和示范县建设。坚持“政府主导、农村集体经济组织和农民为主体、国土搭台、部门参与、统筹规划、整合资金”的工作机制，创新实施方式，全面推进土地整治重大工程和示范省建设；在提升改造现有国家级基本农田保护示范区的基础上，着力开展500个高标准基本农田示范县建设，努力实现耕地增量、提质、增效的有机结合。要按照高标准基本农田建设规范、土地整治工程建设标准等规定要求，严格项目设计、施工、监理、验收等管理，确保工程建设质量。在东北黑土资源分布区等重点地区，要进一步加大投入，加强工程性措施，提高区域水土保持能力，有效解决土壤有机质下降、土层变薄等突出问题。当然，加强高标准基本农田日常管护也是不容忽视的问题。需要积极探索建立日常管护制度，明确管护主体，落实管护责任，保障管护经费，按照职责做好农田水利等基础设施维护、水土保持等工作，提高利用水平，防止盲目开发、过度开发和不当利用。凡有条件的地方，可通过组建专业合作社等方式鼓励土地流转，发展适度规模经营，实现政府、企业和农户的多方共赢，确保高标准基本农田长期持续发挥效益。第三，它要求严格落实耕地占补平衡，把好补充耕地质量关。一方面，严格执行耕地占补平衡政策规定。全面实行“先补后占”政策，积极探索“以补定占”机制，实现补充耕地与占用耕地数量和产能双平衡。各地要针对当地实际，合理调整耕地开垦费征收标准，提高建设占用耕地成本，加大补充耕地项目投入力度，提升补充耕地质量等级。要加强补充耕地项目立项和实施管理，统筹安排项目选址和布局，优化项目设计，严格工程实施和监管，确保工程建设质量，为新增耕地持续耕作熟化、培肥地力奠定基础。另一方面，严格补充耕地项目验收和地类变更。按照补充耕地项目管理和验收的有关规定和规范，严格占补平衡补充耕地项目验收。对补充耕地项目进行验收时，要依据项目目标和任务、工程建设质量、新旧耕地质量分等定级结果等，综合评定补充耕地数量和质量，形成验收结论。对补充耕地项目达不到规划设计要求的，国土资源部门要提出意见限期整改。补充耕地项目验收后，应及时纳入年度土地变更调查，并按变更调查有关要求进行标注。需要强调的是，提高新补充耕地产能也是不容忽视的重要方面。补充耕地项目验收合格后，要加强工程后期管护，确保农田水利设施、道路等基础设施完好，确保补充的耕地能够长期发挥作用。各地可使用新增建设用地土地有偿使用费，用于土地整治项目竣工后新增耕地后期管护和提高耕地质量等级。要充分应用土地质量地球化学调查成果和农业技术成果等，提出改良土壤的具体措施，指导经营者有针对性地投入，不断提升补充耕地质量等级，提高耕地产能。第四，它要求积极推行“移土培肥”，统筹做好建设占用优质耕地耕作层剥离和再利用。一方面是加快建立有效管理机制。各地借鉴三峡库区“移土培肥工程”实践，以及一些地方建设占用耕地表土剥离和再利用的好经验、好做法，结合本地实际，制定和完善管理办法，明确责任、程序、监管要求和奖惩措施等，按照“谁占用、谁剥离”的原则，切实将占用耕地单位剥离耕作层的法律义务落实到位。建设项目可行性研究阶段，建设用地单位要将耕作层剥离和存放等资金列入工程概算；用地报批时，要将耕作层剥离和再利用内容纳入补充耕地和土地复垦方案，作为用地审查的重要内容。今后，凡城镇周边及各类园区、东北及中东部等优质土壤丰富地区，各类建设集中连片占用耕地的，都应开展耕作层剥离和再利用；占用基本农田的，必须进行耕作层剥离和再利用。大中型水库建设，要与移民安置工作相结合，重点做好移民安置区的“移土培肥”工作。另一方面是统筹做好耕作层剥离和再利用。各地要紧密结合各类建设用地项目与土地整治、坡耕地改造、中低产田改造等工作，综合考虑经济、技术以及取土和覆土供需匹配等因素，科学规划，合理确定取土区、存放区和覆土区，统筹安排剥离、存放、覆土等任务，力争剥离与覆土紧密衔接、同步实施。耕作层剥离要合理确定剥离厚度和剥离方式；剥离耕作层的存放要合理选址，防止出现安全隐患和水土流失；剥离的耕作层可重点用于新开垦耕地和劣质耕地改良、被污染耕地治理、矿区土地复垦以及城市绿化等。第五，它要求持续加强监测评价，及时掌握耕地质量动态变化。一方面是健全耕地质量等级更新评价制度。在现有农用地分等定级和土地调查成果基础上，依据《农用地质量分等规程》，定期开展系统性耕地质量等级调查评定工作，全面掌握和更新耕地质量等级状况，建立与土地调查相配套的耕地质量等级数据库。各地在年度土地变更调查的基础上，对因土地整治、土地利用现状变化以及其他土地利用行为等带来的耕地质量等级变化情况，及时开展评价，实现动态更新。结合监测成果，定期公布耕地质量等级状况。当前，各地要结合最新土地调查成果，重点做好全国耕地质量等级成果的补充完善工作。另一方面是建立耕地质量等级监测机制。依托国土资源遥感监测“一张图”和综合监管平台，运用土地调查、农用地分等、土地质量地球化学调查等技术方法和成果，科学分层抽样布点，开展耕地质量等级定位、定量监测。重点加强对东北、华北、长江中下游、环渤海等地区耕地质量等级监测。当前，要在耕地质量等级监测试点的基础上，以土地整治重大工程、示范省和高标准基本农田示范县为重点，逐步扩大监测范围，力争“十二五”期间建立健全全国监测网络体系。建成的高标准基本农田要全部纳入监测范围。要充分利用土地质量地球化学调查成果，加强对特色农产品原产地土壤保护和利用，加强对土壤重金属污染的动态监测。第六，它要求加强组织领导，落实耕地质量建设与管理共同责任。一是落实共同责任。各地要按照中央领导同志提出的构建“党委领导、政府负责、部门协同、公众参与、上下联动”新格局的要求，高度重视耕地质量建设与管理工作。切实加强组织领导，加强与农业等相关部门的协同配合，鼓励公众参与和社会监督，充分发挥农民耕地保护协会等方面的作用，共同加强耕地质量建设和管护。二是约束激励并重。按照党中央、国务院的要求，坚持将耕地质量建设与管理情况作为耕地保护的重要内容，纳入对地方各级政府的耕地保护责任目标考核，完善考核办法，加大考核力度，严格落实奖惩。新增建设用地土地有偿使用费的分配和使用、耕地开垦费标准的制订等要充分考虑耕地质量因素。通过“以奖代补、以补促建”等方式，鼓励农村集体经济组织和农民开展耕地质量建设和管护。三是完善各项制度。耕地质量建设与管理是一项系统工程，涉及面广，任务繁重，各级国土资源部门要结合本地实际，认真把握各项要求，建立健全配套制度，以制度管事，以制度定责，规范各项管理工作，确保耕地质量建设与管理扎实推进。四是强化科技支撑。加强信息化建设，充分发挥国土资源遥感监测“一张图”和综合监管平台对耕地质量建设与管理的重要支撑作用。加强耕地质量建设相关科技研究和成果推广应用，加强耕地质量监测相关重点实验室、野外科学研究观测基地建设以及科技人才和科研团队培养，加强相关标准规范研制和实施，健全标准体系，提高耕地质量建设与管理的科技支撑能力。

我国现有耕地的资源环境承载力已接近极限，而在工业化、城镇化发展及国民食物消费结构改善等增加用地需求下，能够用于口粮生产的耕地总量呈现减少趋势，稳定粮食产量和耕地有限数量之间的“紧平衡”工作或将长期存在。新中国成立初期，毛泽东主席提出“土、肥、水、种、密、保、管、工”农业增产八字宪法，将“土”放在了首位。2021 年中央一号文件指出，保障粮食安全，关键在于落实“藏粮于地、藏粮于技”战略，首先要解决好种子和耕地两个要害问题。种业是农业基础，种子是农业“芯片”，被认为是“藏粮于技”的核心载体。从粮食生产的角度，包括“肥、水、种、密、保、管、工”等所有的农事活动，都是在“土”上进行的。习近平总书记更加突出种子和耕地的要害地位，意味着耕地将承载“种子”责任的载体。耕地和土壤质量不仅要保证现有种子能种出高产，而且要保证未来种子能实现增产。与种子相比，社会对耕地关心的热度还不够高、音量不够大、维度不够广；对“藏粮于地”认识不全面，对耕地和土壤质量保育的重要性，以及科技创新需求的认识不足。耕地是粮食安全的命根子，守住耕地数量红线的同时，还需保育耕地和土壤质量耕地是土壤用于生长农作物，生产农产品的土地类型，是农民和土壤生物最重要的生活环境，且受到持续不断高强度农事活动的物理干扰，并接受、转化和消纳大量非耕地产出的有机物和化学品。地球上陆地面积的局限性和土壤形成过程的缓慢性，决定了耕地是一种不可再生的、基础性的自然资源，是国家安全和发展的基石。耕地还是一种不可移动的、难以替代的固定资源，是农民财富的主要来源。耕地的最大价值是保持其形态和用途不变，在持续不断生产农产品满足人类和土壤生物健康所需食物的同时，并为当地农民提供健康的生活环境。耕地也是我国实现生态文明建设和乡村振兴战略的重要物质基础。人类最初通过驯化野生生物和开垦耕地解决粮食需求。现代社会基础设施建设和工业化发展加速了耕地开垦和耕地用途变更，同时提高了作物单产，实现了人口增长条件下的粮食安全。

目前，我国耕地开垦潜力非常有限，作物单产短期可能难以取得突破性提高，但耕地用途变更需求压力不断增加。在守住“18 亿亩耕地红线”的同时，只有不断保育耕地和土壤质量，发挥现有良种的产量潜力，通过促进耕地均衡增产，稳定维持现有粮食生产能力，才能确保国家粮食安全万无一失。耕地质量是指耕地的农作物栽培适宜性、生产力大小、可产生的经济和生态环境价值。耕地质量既受气候、地形、工程和生态空间要素差异性影响，也与土壤管理和利用有关。高标准农田建设通过平整土地和改善田间输配电、灌溉排水和机耕道路等耕地基础设施状况。通过改善立地生态环境条件提高农作栽培的适宜性和耕地地力，使之利于强化农业科技服务，提高耕地作业效率，水肥药投入品利用率和劳动生产率。因此高标准农田建设是耕地质量建设最重要的抓手，对均衡增产具有十分重要的意义。土壤质量是指土壤维持农作物生产、环境保护以及生物健康等功能的能力。与耕地质量不同，土壤质量评价中没有考虑耕地的空间属性和经济价值。土壤质量与土壤健康的定义基本一致，但土壤健康更强调土壤生物控制的功能。土壤质量既受气候、母质、生物、地形和时间等土壤形成因素的影响，也受土壤利用和管理措施等管理因素影响。土壤有机质与土壤矿物结合形成土壤团聚体，决定土壤结构及其中一切土壤过程；同时，土壤有机质为土壤生物提供能量，影响土壤养分转化和循环。因此，土壤有机质、土壤结构和土壤微生物及其相互关系，决定了土壤水分养分的循环、保持和供应，与土壤酸碱度和有效养分含量一样，是非常重要的土壤质量指标。土壤质量所面临的最大威胁包括：地表硬化掩埋、土壤侵蚀、土壤有机质下降、土壤机械压实、土壤污染、土壤盐碱化、土壤酸化、土壤生物多样性下降以及土壤淹水和滑坡。修复退化土壤不仅需要很大的经济投入，而且需要时间。

农业农村部 2020 年第 4 期公报指出，全国现有 20.23 亿亩耕地中，耕地质量可从高到低分十个等级。其中，评价为 1 等 ~3 等的耕地面积为 6.32 亿亩，占耕地总面积的 31.24%。由于高产耕地基础地力较高，基本不存在障碍因素，应按照用养结合方式开展农业生产，确保耕地质量稳中有升。评价为 4 等 ~6 等的耕地面积为 9.47 亿亩，占耕地总面积的 46.81%。由于产耕地所处环境气候条件基本适宜，农田基础设施建设具备一定基础，障碍因素不明显，是今后粮食增产的重点区域和重要突破口。评价为 7 等 ~10 等的耕地面积为 4.44 亿亩，占耕地总面积的 21.95%。由于基础地力相对较差，生产障碍因素突出，短时间内较难得到根本改善，应持续开展农田基础设施和耕地内在质量建设。按照 4 ~6 等的中产耕地面积的基础地力平均提高 1 个等级，亩产增加 100 公斤左右测算，可实现新增粮食综合生产能力 1200 亿 ~1600 亿斤，相当于新增同等地力耕地 2. 24 亿亩。耕地基础地力提升，不仅需要一次性投入的高标准农田建设投入，来保有耕地面积和提高耕地立地条件，更要依靠政策和科技创新，持续不断定向保育土壤质量，以确保即使作物单产不能取得突破性提高的条件下，也能通过耕地均衡增产保持粮食产能。耕地既是“藏粮于地”的核心载体，也是“藏粮于技”的重要载体。

实行土地红线政策的一个重要原因是我国耕地利用保护存在着突出问题：第一，耕地资源空间基本穷尽。我国 18 亿亩耕地红线是基于全国粮食消费需求总量 6 亿 ~7 亿吨的预期，以及国内国外两种资源统筹利用背景下提出的。目前，我国粮食总产量连续 6 年保持 1. 3 万亿斤以上，人均每年 470 公斤。预计 20 世纪 20 年代后半期我国人口将达到 14. 5 亿峰值，要达到国际公认的人均年度 400 公斤的粮食安全线，我国粮食生产能力必须至少保持住现有水平。但是国内粮食总需求继续刚性增长。同时“非农化”“非粮化”持续侵占耕地、挤占粮食生产空间的格局短期内难以逆转。虽然我国粮食产能基本满足主粮消费需求，但是每年进口粮食相当于近 10 亿亩耕地的产能，以此保持国内农产品供求平衡。而国外市场资源具有不确定性。未来粮食及主要农产品消费需求会更多地依靠国内自己解决。部分地区不愿将优质农田划入永久基本农田加以保护，或者为了便于未来耕地开发，在永久基本农田划定过程中，不愿将城镇与道路周边优质耕地划入，甚至将原已划入基本农田的优质耕地调出，用低等级耕地补充。片面强调以 18 亿亩耕地红线标准，保障粮食安全的风险势必会加大。第二，资源配置错位，影响粮食综合产能持续提升。我国粮食产量已经连续 17 年丰收，6 年稳定在 1. 3 万亿斤的水平，主要贡献来自黑龙江、河南、山东、安徽、吉林省和内蒙古自治区。“南粮北运”已经彻底转变成“北粮南运”。近年来，我国南方长江中下游区和华南区水热条件适宜两至三熟的耕地面积减少，而东北三省、内蒙古及长城沿线区水热条件适合一熟制的耕地面积增加，这导致北方粮食主产区耕地资源利用强度持续偏紧。过去一段时期，华北地下水漏斗和东北黑土退化面积呈现持续增加趋势，环境承载力和粮食生产效率总体呈下降趋势，而南方部分地区耕地大量闲置抛荒，水热资源浪费；过度施肥加速土壤酸化，影响现有生产能力发挥。粮食调出省份为确保国家粮食安全作出重要贡献，在社会经济发展方面作出不少牺牲，但获得国家和粮食净调入省份的经济和生态补偿还不够多，可能影响粮食综合产能持续提升。第三，耕地土壤质量提升缓慢。由于重用轻养，技术不到位，且平原地区农田质量提升工作开展较多，客观上造成了以坡耕地为主的地区开展相对减少；已完成项目建设标准及其质量也不高，农田土壤质量提升技术缺失严重。由于可开垦的耕地后备资源不足，“耕地占补平衡”政策实施过程中，不少地区占用沃土粮田而补充的耕地大多是丘岗旱地中低品质耕地，没有形成耕作层或耕作层较薄，普遍缺乏行之有效的后续培肥措施，耕地土壤质量差、产量低。这些限制了基本农田和高标准农田综合产能潜力的发挥。同时，区域性长期连作或单一种植制度，以及有机肥投入减少和不均衡施肥，土壤养分失衡，肥力利用效率下降；土壤侵蚀以及机械耕作加剧土壤板结和耕层变薄；不合理灌溉导致土壤次生盐碱化和重茬障碍严重；过量施氮肥等因素已导致全国耕地土壤 pH 平均下降 0.2 个 ~0.4 个单位。一段时期以来，南方土壤酸化、水稻土低产障碍，北方土壤干旱盐渍化，东北土壤有机质下降，土壤机械压实板结和耕层变浅，已成为限制农业产能的最重要因素，农业综合生产力和比较效益提升缓慢。不容忽视的另一个现实问题是基础地力没有显著提升，土壤质量普遍偏低。目前我国基础地力贡献率仅为50%左右，远低于高质量土壤85%左右的比例要求，成为作物高产品种潜力发挥的瓶颈。自2005年以来，有关这方面的农业科技投入相对不足，“十三五”期间甚至没有耕地和土壤质量提升相关的国家科技攻关项目。在农业机械化、数字技术和生物技术快速发展的条件下，农业科技创新遭遇发展瓶颈。新形势下，耕地质量提升科技创新难以支撑种子增产潜能的发挥，“藏粮于地、藏粮于技”战略面临非常大的挑战。第四，耕地利用保护制度建立和落实有待加强。虽然国内有关耕地方面的法律制度在不断完善，但是现有耕地保护方面的法律法规不够具体，国家层面耕地和土壤质量保护建设专项立法缺失。一些规定过于泛泛、模糊不清。《土地管理法》和《基本农田保护条例》对因已审批的建设项目造成耕地撂荒的，只是笼统的规定了恢复耕种或缴纳闲置费，对承包经营基本农田的单位或者个人连续2年弃耕抛荒的，只是笼统的规定收回，但对于不按规定执行的行为，均没有相应的处罚措施的规定。虽然我国10多个省份也陆续出台了专门的耕地质量保护条例，但是地方耕地保护立法也存在立法内容不健全等问题，监督执法不严，违法追究过轻。目前，我国耕地保护动态监测系统还不完善，很多地方违法使用、占用、征用耕地在巡察时才被发现，大大影响了耕地执法监督的及时性。各地在执行“占补平衡”时，执行偏差较大，耕地管理中仍然存在多头管理的问题。

欧美国家对耕地资源利用和保护的经验对我们很有启示作

用：第一，持续推动国家层面耕地利用和保护法制化。美国1930年出台了《土壤和水资源保护法案》，联邦政府和相关州政府成立水土保持局。水土保持局1935年颁布《水土保持法》。除了联邦层面外，各州政府也因地制宜建立完整的法律法规体系和技术标准体系。1977年修订的《土壤和水资源保护法》，赋予美国农业部在土壤、水及相关自然资源保护提升方面的战略评估和规划权力。2014年以来，美国《农业法案》中长期聚焦农业可持续发展项目，重点支持农场应用资源环境保护技术解决土壤侵蚀与污染等问题。德国大约80%的土地所有权归自然人和法人私有，10%归公众所有，实行租佃经营与混合经营并存的耕地利用模式。德国有统一的耕地管理制度，包括土地产权、土地规划、权属确认、调整交易以及管理体系。通过编制三级土地利用规划，保证耕地规划和管理的有序运行。先后出台了《联邦土壤保护法》《联邦土壤保护与污染场地条例》《土壤评价法》《肥料使用法》《肥料正确施用管理条例》等法律法规。日本围绕耕地建设颁布实施了一系列相关的法律法规、部门规章、规范性文件及技术标准、指南、手册，包括《耕地法》《农业振兴地域法》《水利资源开发促进法》《土地改良法》《农业机械化促进法》《农产检查法》《河川法》《土地改良工程规划设计规范》《土地改良工程规划设计指南》《土木工程施工管理标准》，为耕地建设和保护有序进行提供了重要制度保障。第二，持续增加政府预算投入。美国新《农业法案》规定，每年用数十亿美元支持休耕和其他环境保护项目，客观上降低农业生产成本，保障农民利益，提升其产品的国际市场竞争力。1985年美国开始实行轮作休耕制度，通过农民自愿参与和政府财政补贴，实施10

年至15年休耕等长期性植被恢复保护工程。鼓励农场通过实行免耕、覆盖作物等科学耕种、轮作休耕、土壤质量监测与评价措施，在不使用更多资源的情况下生产更多的农产品。生产者采取改良土壤措施，实现提高农产品质量和环境质量的双重目标。美国农场主至少保证有3种用于轮作的作物、使用有机肥以及记录投入品，并严格遵守环保限制性条件。北卡罗来纳州通过联邦和州两级财政每年补贴2500万美元，补贴农户每英亩35美元~40美元用于轮作休耕项目。欧盟共同农业政策全面鼓励农业资源集约利用和环境保护，没有单纯刺激增产的支持政策。在共同农业政策实施过程中，专门建立了休耕地补贴。按照欧盟共同农业政策要求，所有农场均开展轮作、推动保护性耕作，用养结合形成制度。鼓励农场试验种植多种绿肥，或根据不同作物留茬和生长季、地力状况，种植不同绿肥，有效保护土壤肥力；利用作物秸秆残茬覆盖地表，部分农场采用免耕播种；按照经济成本核算的原则，使用有机肥做底肥，提高土壤有机质。欧盟国家的土地管理要求要有利于耕地整合和结构优化。德国推进农业机械化，改善田间道路状况，便于规模化经营和集约节约利用，提高土壤肥力和农业生产效率。引入生态账户是欧盟国家土地补偿做法的重要特点。德国法律上要求地方政府设立“生态账户”，规划中受侵犯的自然和景观，乡镇必须采取弥补或替代措施，实施时所需要的土地可在“生态账户”中预留。日本针对农田细碎化和分散化严重问题，强调农田建设要注重耕地权属和地块调整，通过农田建设促进农用地的流转，扩大耕作单元（方田）面积，实现规模化经营。日本政府投入农田水利建设资金占各类公共事业资金投入首位，而且政府补助在耕地建设总投入中占据主体地位。中央政府还以贷款的形式，将工程投入的30%左右提供给地方政府和农民。耕地建设工程投入中央政府承担50%～66.6%，地方政府承担37.5%～29.4%，农民承担4.0%～12.5%，工程面积越大，中央承担比例越大。第三，重视耕地利用和保护的科技研究。美国农业科研对农产品产值贡献率达80%以上，成果转化率达到85%。美国通过了赠地学院法案等一系列立法，推动美国大学设立农学院，使大学为创新主体推广农业技术，实现农业产学研一体化。美国农业部下属的美国国家粮食农业研究所，每年约有13亿美元用来资助美国农业科研、教育和技术推广体系。德国农业从业者大约为102万人，占总人口的1%左右，但农场主均接受了相应的职业教育或者大学教育，具备了从事农业生产、销售的多项技能。安哈尔特科技应用大学有3个校区，7个与农业相关的专业，每年有2000名学生在这里学习或接受培训，有55公顷试验田供学生进行试验，每年科研投入约为2500万欧元。英国洛桑实验站至今已有175年的历史，持续开展耕地资源利用研究。

2020年9月15日，国务院办公厅印发的《关于坚决制止耕地“非农化”行为的通知》中，再次明确要求采取有力措施，强化监督管理，落实好最严格的耕地保护制度，坚决制止各类耕地“非农化”行为，坚决守住耕地红线。《通知》明确提出六种严禁的耕地“非农化”行为：一是严禁违规占用耕地绿化造林。禁止占用永久基本农田种植苗木、草皮等用于绿化装饰以及其他破坏耕作层的植物。违规占用耕地及永久基本农田造林的，不予核实造林面积，不享受财政资金补助政策。二是严禁超标准建设绿色通道。要严格控制铁路、公路两侧用地范围以外绿化带用地审批，道路沿线是耕地的，两侧用地范围以外绿化带宽度不得超过5米，其中县乡道路不得超过3米。不得违规在河渠两侧、水库周边占用耕地及永久基本农田超标准建设绿色通道。禁止以城乡绿化建设等名义违法违规占用耕地。三是严禁违规占用耕地挖湖造景。禁止以河流、湿地、湖泊治理为名，擅自占用耕地及永久基本农田挖田造湖、挖湖造景。不准在城市建设中违规占用耕地建设人造湿地公园、人造水利景观。四是严禁占用永久基本农田扩大自然保护地。新建的自然保护地应当边界清楚，不准占用永久基本农田。自然保护地以外的永久基本农田和集中连片耕地，不得划入生态保护红线。五是严禁违规占用耕地从事非农建设。不得违反规划搞非农建设、乱占耕地建房等。巩固“大棚房”问题清理整治成果，强化农业设施用地监管。加强耕地利用情况监测，对乱占耕地从事非农建设及时预警，构建早发现、早制止、严查处的常态化监管机制。六是严禁违法违规批地用地。各地区不得通过擅自调整县乡国土空间规划规避占用永久基本农田审批。对各类未经批准或不符合规定的建设项目、临时用地等占用耕地及永久基本农田的，依法依规严肃处理，责令限期恢复原种植条件。《通知》要求，要全面开展耕地保护检查，将违规占用永久基本农田开展绿化造林、挖湖造景、非农建设等耕地“非农化”行为纳入省级政府耕地保护责任目标考核内容。《通知》同时强调，要严格落实耕地保护责任。地方各级人民政府要承担起耕地保护责任，对本行政区域内耕地保有量和永久基本农田保护面积及年度计划执行情况负总责。要健全党委领导、政府负责、部门协同、公众参与、上下联动的共同责任机制，对履职不力、监管不严、失职渎职的领导干部，依纪依规追究责任。各地区要抓紧制定和调整完善相关政策措施，对违反通知规定的行为立即纠正，坚决遏制新增问题发生。

李克强总理在2020年的《政府工作报告》强调，着力抓好农业生产，14亿中国人的饭碗，我们有能力也务必牢牢端在自己手中。农业农村部发布的《2019年全国耕地质量等级情况公报》显示，如果将全国20.23亿亩耕地由高到低划分为1~10个等级的话，平均等级4.76等，评价为4等至6等的耕地面积9.47亿亩，占耕地总面积的46.81%；评价为7等至10等的耕地面积4.44亿亩，占耕地总面积的21.95%，优质耕地占比偏低。过去长期粗放型经济发展模式造成了一系列后果：经济增长对建设用地依赖性较强，建设用地规模扩张过快；城市土地利用效率普遍偏低，城镇土地低效、粗放扩张比例较高。2009年以来，全国84个重点城市中低效扩张与粗放扩张型城市数量占比始终较高，集约扩张型城市仅占20%左右。同时，广大农村乱占耕地的现象也没有完全遏止。违法占用耕地建房正从局部地区向全国范围、从普通房屋向楼房别墅、从农民自住向非法出售、从单家独户向有组织实施蔓延。2019年耕地保护督察结果显示，当年全国违法违规占用耕地114.26万亩，其中占用永久性基本农田14.34万亩。作为不可再生的稀缺资源，耕地一旦被占用，即便补充或补划数量质量相当的耕地，也会改变耕地的空间布局，影响自然生态系统稳定。要守住耕地红线，首先要保证不被占用，同时建立耕地数量、质量和生态“三位一体”的管护体系，确定数量和质量、生态保护并重的原则，落实地方政府耕地保护责任，保证耕地占补平衡占优补优，谨防工业对农田的污染和损毁，防止农业生产中对土地的过度索取。党中央国务院历来高度重视土地管理工作，曾于 1986 年、1997 年、2017 年发出三个文件，突出强调要切实保护耕地，严守耕地红线。中国的农业问题或者说粮食问题实际上就是土地问题，我国人均粮食产量是加拿大的 1/5，人均棉花产量是美国的 1/3；人均肉类是加拿大的 1/4。最近十几年来，中国因为非农业建设占用而减少的耕地大约占耕地减少面积的 40% 左右。耕地面积大量减少直接威胁农业发展。为此，我们必须确保一定数量和量的耕地。目前耕地保护方面的制度主要有耕地占用补偿制度、耕地总量动态平衡制度和基本农田保护制度。近年来，全国已调整划定基本农田面积 1. 08 亿公顷，到 2000 年底，保护率达到 84% 左右，基本完成《全国土地利用总体规划纲要》到 2000 年底，保护率达到 84% 左右，基本完成《全国土地利用总体规划纲要》全国近 2/3 的省份建立了地方政府耕地保护目标责任制，新增建设用地规模基本得到控制。实现耕地占补平衡的省份达到 29 个，比 1998 年增加 12 个。1995 年—2000 年，通过土地开发整理、复垦，全国累计补充耕地 200 万公顷。

实施耕地保护红线要求划定永久基本农田并实施动态化管理。各个地方的农田规划建设获得审批后，要按照《基本农田划定技术规程》（TD/T1032—2011）的要求进行基本农田划分，同时将土地利用的总体规划落到实处，建立对应的基本农田数据库。管理人员通过数据对划分后的基本农田实施动态化管理，严格控制建设用地占用优质耕地，确保到 2020 年永久基本农田保护面积不得少于 15. 46 亿亩。同时，加强土地的规划管控，强化节约集约用地，按照相关的法律法规对申请占用土地的项目进行审核，认真落实土地的总体利用规划。对于获得批准的建设占用土地项目，要尽量远离优质耕地。要按照

《全国土地整治规划（2016 年—2020 年）》的要求，对耕地使用与管控进行整治，提高土地质量，加快高标准基本农田建设。同时，加大土地资金投入，采取工程性措施，进一步提高部分区域的水土保持能力，解决耕地土壤有机质下降、土层变薄的问题，提高耕地质量。要严格落实耕地占补平衡制度，对于耕地的占补平衡，实行的是先补后占，同时提高新补充耕地的产能。在补充耕地项目验收后，要加强工程的后期管理，以确保农田水利措施和道路基础设施完好，耕地能够长期发挥作用。要建立耕地数量监测机制，应用多种土地监测方法建立土地质量监测机制，扩大监测范围，对农用地进行定期监测，加强对土壤中重金属污染物的监测。是对已划定农用地的等级质量按照《农用地质量分等规程》（GB/T28407—2012）进行定期定点的质量考察与评定，全方位实时动态掌握耕地的质量状况，进而建立与土地调查相匹配的耕地质量资料库，能快速进行土地质量评价和等级认定。要重视耕地质量项目建设与管理，加强耕地保护监督。耕地质量是一个非常重要的问题，要严格落实奖惩。

10. 有机肥替代化肥

进入21世纪，我国粮食生产连续迈上1.1万亿斤和1.2万亿斤台阶，在此过程中化肥和农药发挥了重要作用。然而，增产的代价是耕地的高强度利用、超负荷运行、质量退化、地力透支及土壤严重污染，严重制约了我国农业的可持续发展，而且长期过量施用化肥或误施、乱用化肥还会破坏土壤的团粒结构，造成土壤板结，物理性状变坏，进而影响农业产品的品质。我国耕地土壤长期处于亚健康状态，退化面积大、污染面积大、有机质含量低、土壤地力低的“两大两低”问题。农业要走上高质量发展之路，就必须减少对化肥、农药的依赖，走绿色发展之路，而有机肥替代化肥是重要举措。党的十八届五中全会通过的“十三五”规划建议提出坚持最严格的耕地保护制度，提高粮食产能，其中以生物有机肥代替化肥是一条发展农业重要途径。

生物有机肥是指含有特定功能微生物与经无害化处理、腐熟的有机物料（以畜禽粪便、农作物秸秆等动植物残体为来源）复合的肥料，兼具微生物肥料和有机肥效应。生物肥料可以有效利用土壤中的营养元素，提高作物的产量，减少肥料的施用量，提高肥料利用率，发展前景十分广阔。使用生物有机肥的好处主要有：一是调理土壤、激活土壤中微生物活跃率、克服土壤板结、增加土壤空气通透性。同时减少水分流失与蒸发、减轻干旱的压力、保肥、减少化肥、减轻盐碱损害，在减少化肥用量或逐步替代化肥的情况下，提高土壤肥力，使粮食作物、经济作物、蔬菜及其瓜果大幅度增产。二是提高农产品品质，让果品色泽鲜艳、个头整齐、成熟集中，瓜类农产品含糖量、维生素含量都有提高，口感好，有利于扩大出口，提高售价。同时，改善作物农艺性状，使作物茎杆粗壮，叶色浓绿，开花提前，做果率高，果实商品性好，提早上市时间。使用有机肥还能增强作物抗病性和抗逆性，减轻作物因连作造成的病害和土传性病害，降低发病率，对花叶病、黑胫病、炭疽病等的防治都有较好的效果，增强作物对不良环境的综合防御能力。三是使用生物有机肥相应地减少了农产品中硝酸盐的含量。生态有机肥可使蔬菜硝酸盐含量平均降低48.3%~87.7%，氮、磷、钾含量提高5%~20%，维生素C增加，总酸含量降低，还原糖增加，糖酸比提高，特别是对西红柿、生菜、黄瓜能明显改善生食部分的品味。使用生物有机肥后，农产品叶色鲜嫩，滋味更好。四是生物有机肥的营养元素齐全，能够改良土壤，改善使用化肥造成的土壤板结，改善土壤理化性状，增强土壤保水、保肥、供肥的能力。五是生物有机肥中的有益微生物进入土壤后与土壤中微生物形成相互间的共生增殖关系，将有害菌转化为有益菌，起到群体的协同作用。有益菌在生长繁殖过程中，产生大量的代谢物，促使有机物分解转化，直接或间接为作物提供多种营养和刺激性物质，促进和调控作物生长。同时还能提高土壤孔隙度、通透交换性及植物成活率，增加有益菌和土壤微生物及种群，在作物根系形成有益菌群抑制有害病原菌繁衍，增强作物抗逆抗病能力，降低重茬作物的病情指数，大大缓解连作障碍。

在政策的大力支持下，我国已建立起现代化肥业产业体系，走过了从化肥工业产量不能满足农业施用量的需要，到产能过剩和施用过量的历程。绿色发展时期我国化肥管理的政策重点是工业生产中的去产能和农业生产中的化肥减量。2017年，我国提出了2020年化肥用量零增长的目标，明确了有机肥替代化肥是化肥减量的重要行动方案，适时将初期确定的2020年实现化肥用量零增长目标提高到追求化肥用量负增长目标，启动取消化肥补贴的改革。我国明确提出化肥使用零增长的目标和行动，将化肥减量与有机肥替代纳入一个政策体系中：第一，对我国当前化肥施用存在的问题的判断是蔬菜、果树等附加值较高的经济园艺作物过量施肥比较普遍；同时我国有机肥资源总养分有7000多万吨，而实际利用不足40%；提出的化肥减量技术路径是：精、调、改、替。其中的“替”便是通过合理利用有机养分资源，用有机肥替代部分化肥，实现有机无机相结合；第三，明确提出有机肥替代化肥，是推进化肥减量增效的举措之一。第二，明确了果菜茶有机肥替代化肥是化肥减量的重要行动。出于对蔬菜、果树等作物过量施肥比较普遍、有机肥替代化肥是化肥减量增效重要举措的判断，2017年初农业部印发了《农业部关于印发开展果菜茶有机肥替代化肥行动方案的通知》（农发〔2017〕2号），同年6月印发了《关于做好2017年果菜茶有机肥替代化肥试点工作的通知》两个重要文件。在选择试点县中强调三点原则。一是具有果菜茶种植优势和有一定的产业发展基础，二是有机肥资源有保障和有机肥施用技术模式成熟，三是地方有积极性开展试点工作。而在试点和补贴标准方面，提出2017年在全国选择100个县试点县，每个县补贴1000万元。示范任务包括化肥减量和有机肥替代两个方面。一是2017年核心产区和知名品牌生产基地的化肥用量较上年减少15%以上，辐射带动全县化肥使用量实现零增长；二是有机肥用量提高20%以上。2018年果菜茶有机肥替代化肥试点行动继续推进。《农业农村部、财政部发布2018年财政重点强农惠农政策》中提出：选择试点县仍要坚持2017年的三个原则，即具有果菜茶种植优势和产业基础、有机肥资源保障和施肥技术成熟、地方政府有积极性；试点县数量增加到150个；同时强调以新型农业经营主体为承担主体，探索一批“果沼畜”“菜沼畜”“茶沼畜”模式，推进资源循环利用。2018年11月，农业农村部提出在稳定果菜茶面积、提高产品质量效益、提高产业竞争力、提高产业绿色发展能力的同时，力争到2020年化肥使用量实现负增长。作为生物有机肥推广的配套政策，启动了取消化肥补贴的改革。推进化肥行业供给侧结构性改革，结束了新中国成立以来一直为化肥生产和流通提供政策性补贴的历史。重要的举措是恢复征收增值税和放开化肥用气价格。2015年，在《财政部等关于对化肥恢复征收增值税政策的通知》（财税〔2015〕90号）文件规定化肥增值税优惠政策停止执行。自2015年9月1日起，对纳税人销售和进口化肥统一按13%税率征收增值税，钾肥增值税先征后返政策同时废止。2016年，《国家发展改革委等关于推进化肥用气价格市场化改革的通知》（发改价格〔2016〕2350号）文件要求全面放开化肥用气价格，由供需双方协商确定。鼓励化肥用气进入石油天然气交易中心等交易平台，通过市场交易形成价格，实现价格公开透明。

数据显示，1980年—2015年化肥用量总体呈现出增长趋势，1980年化肥年用量1232.1万吨，2015年增加到6022.6万吨；

2016 年和 2017 年化肥用量出现小幅度下降，分别为 5984. 1 万吨和 5859. 4 万吨。1980 年—2015 年化肥产量同样呈现出增长趋势，1980 年化肥年产量 1232. 1 万吨，2015 年化肥产量的 7431. 99 万吨；2016 年和 2017 年产量出现明显下降，分别为 6629. 62 万吨和 5891. 71 万吨。产量和用量比较，1980 年—2003 年化肥产量小于化肥用量，2004 年化肥产量首次超过化肥用量，2004 年—2017 年化肥产量一直高于化肥用量。1981 年—2017 年化肥用量增长率变化如下：在 1981 年—2015 年，化肥用量呈现出持续的正增长率；其中，化肥用量增长率最高的区间是 1986 年—1990 年，年均增长率 9. 17%；1996 年—2015 年，化肥用量增长率呈现出下降趋势。2016 年和 2017 年化肥用量增长率均为负值，化肥用量下降，2016 年比 2015 年下降 0. 64%、2017 年比 2016 年下降 2. 08%。

肥料是重要的农业生产资料，农业的持续稳定发展离不开肥料。化肥因其速效养分含量丰富，增产效果显著，在生产中被广泛应用。中国的化肥生产量和使用量曾位居世界第一的位置。除氯化钾外，其他主要化肥品种的生产均已呈现过剩状态。在应用方面，存在肥料使用结构不合理，过量施用和利用率低的问题，具体表现为农民在生产过程中只注重化肥的使用，对有机肥和微生物肥料则十分轻视，且为了获得更好的肥效，盲目加大化肥的施用量。世界农作物化肥施用量为每公顷 120 公斤，中国农作物化肥施用量为每公顷 328. 5 公斤，远高于世界平均水平。土壤是一个国家最重要的自然资源。土壤基础地力是实现作物产量潜力的关键因素。就每公斤化肥在不同作物上的平均增产效果而言，1975 年每公斤化肥能增产 25 公斤谷粒、15 公斤油料、10 公斤棉花；2008 年每公斤化肥能增产8公斤~9公斤谷粒、6公斤~7公斤油料、5公斤~6公斤棉花。化肥增产回报的急剧下降表明，化肥的长期使用，土壤的基础地力正在逐渐减弱，而土壤基础地力的减弱已成为影响中国农业可持续发展和农作物高产、稳产的重要限制因素。

在中国，生物有机肥的采用还要立足于农业废弃物的综合利用。农业废弃物是指在整个农业生产过程中被丢弃的有机类物质，主要包括农作物秸秆和畜禽粪便等。中国是农业大国，农业废弃物数量巨大。这些废弃物既是宝贵的资源，又是严重的污染源，若不经妥善处理进入环境，将会造成环境污染和生态恶化。中国是秸秆资源最为丰富的国家之一，根据专家的估计，每年可产生9亿多吨的秸秆。然而，秸秆的资源化利用率并不高，每年约有20%的秸秆腐烂或焚烧，不仅造成了资源的浪费，而且给环境造成了极大的危害。而随着中国畜禽养殖业的快速发展，畜禽粪便的产生量也在迅速增加。中国畜禽粪便产生量1980年就已经超过了14亿吨，2011年达21.21亿吨，预计到2020年和2030年将分别达到28.75亿吨和37.43亿吨。然而，现阶段中国大型畜禽养殖场的畜禽粪便无害化处理技术和能力严重不足，加之主观上也不想因处理粪便和废液增加更多的生产成本，致使养殖场所产生的畜禽粪便和废水多为直接排放，给环境带来了极大的负面影响。积极探索农业废弃物资源化利用的方式，使其化害为利、变废为宝，对我国农业的可持续发展具有重要意义。首先，施用生物有机肥是提高土壤基础地力、改善农产品品质的重要途径。生物有机肥研制和生产的初衷是集有机肥料和生物肥料优点于一体，既有助于提高作物产量，又能培肥土壤、调控土壤微生态平衡、减少无机肥料用量，从根本上改善农产品品质，符合中国农业可持续发展和绿色农产品生产的方向。其次，生产生物有机肥是农业废弃物资源化利用的重要手段。农业废弃物中含有丰富的作物生长必需的营养元素和有机养分，将其资源化利用制成生物有机肥，通过微生物的作用使有机物矿质化、腐殖化和无害化，以供作物吸收利用，不仅可以缓解农业废弃物对环境的压力，也可以变废为宝，获得一定的经济效益。生物有机肥作为一种高效无污染环保型产品，是农业可持续发展的必然选择。

从生产机理看，生物有机肥是在堆肥的基础上，向腐熟物料中添加功能性微生物菌剂进行二次发酵而制成的含有大量功能性微生物的有机肥料。它与其他肥料相比具有培肥土壤、改善产品品质的优势。与化肥相比，生物有机肥的营养元素更为齐全，长期使用可有效改良土壤，调控土壤及根际微生态平衡，提高作物抗病虫能力，提高产品质量。与农家肥相比，生物有机肥中的功能菌对提高土壤肥力、促进作物生长具有特定功效，而农家肥属自然发酵生成，不具备优势功能菌的特效。与生物菌肥相比，生物有机肥包含功能菌和有机质，有机质除了能改良土壤，其本身就是功能菌生活的环境，施入土壤后功能菌容易定殖并发挥作用；而生物菌肥只含有功能菌，且其中的功能菌可能不适合有的土壤环境，无法存活或发挥作用。另一方面，生物有机肥比生物菌肥价格更为便宜。

作物施用生物有机肥后，其中的发酵菌和功能菌大量繁殖，对改良耕地土壤、促进作物生长、减轻作物病害具有显著效果。主要原因在于：一是肥料中的有益微生物会在土壤中大量定殖形成优势种群，抑制其他有害微生物的生长繁殖，甚至对部分病原微生物产生拮抗作用，以减少其侵染作物根际的机会。二是功能菌发挥功效增进土壤肥力，比如施用含固氮微生物的肥料，可以增加土壤中的氮素来源；施用含解磷、解钾微生物的肥料，其中的微生物可以将土壤中难溶的磷、钾分解出来，以便作物吸收利用。三是肥料中的许多微生物菌种在生长繁殖过程中会产生对作物有益的代谢产物，能够刺激作物生长，增强作物的抗病抗逆能力。四是生物有机肥富含多种生理活性物质，比如维生素、氨基酸、核酸、吲哚乙酸、赤霉素等生理活性物质，具有刺激作物根系生长、提高作物光合作用的能力，使作物根系发达，生长健壮；比如各种有机酸和酶类，可以分解转化各种复杂的有机物和快速活化土壤养分，使有效养分增加，供作物吸收利用；比如其中的抗生素类物质，能提高作物的抗病能力。五是生物有机肥中既含有氨基酸、蛋白质、糖、脂肪等有机成分，还含有 N、P、K 以及对作物生长有益的中量元素（Ca、Mg、S）和微量元素（Fe、Mn、Cu、Zn、Mo）。这些养分不仅可以供作物直接吸收利用，还能有效改善土壤的保肥性、保水性、缓冲性和通气状况等，为作物提供良好的生长环境。

数据显示，在我国所有农产品中，果、菜、茶作物的化肥施用量最多。过去 10 年，我国粮食等主要农产品成本年均增长 10% 以上，化肥投入过量是果菜茶成本上涨的重要因素。据测算，化肥投入占到苹果生产物质费用的 35%、柑橘的 40%，而美国还不到 15%、加拿大 10%；化肥的过量使用也造成耕地受污染严重。据监测，我国有四成耕地质量出现退化；全国每年产生 30 亿吨畜禽粪便，有效处理率还不到 50%。如何构建种、养之间循环的绿色发展机制，实施有机肥替代行动根本上讲是为了解决化肥用量过大带来的环境问题，力争用 3 年～5 年时间构建起有机肥替代化肥的组织方式、服务机制和政策框架。在推进过程中，坚持减量与增效并重，生产与生态统筹，突出重点品种，就是苹果、柑橘、设施蔬菜和品牌茶叶；突出优势产区，就是在果菜茶的优势区、核心区选择100个重点县开展有机肥替代化肥试点示范，探索可复制、可推广的技术模式和运行机制，打造一批绿色产品基地、特色产品基地和知名品牌基地。通过这一行动的实施，力争到2020年果菜茶优势产区化肥用量减少20%以上，核心产区和知名品牌生产基地（园区）化肥用量减少50%以上。但需要强调的是，化肥减量，包括开展有机肥替代化肥，不是不要化肥，而是需要把过去不合理的使用量减下来，把过量使用的势头降下来。现在要推行农业绿色发展，有机肥替代化肥就是一项重大措施。这一行动的意义有四点：一是节本增效。我国是水果、蔬菜、茶叶生产大国，但其综合效益远远低于欧美发达国家，一个重要原因是化肥用量过高。我国果树的亩均化肥用量37.4公斤，是日本的2倍多、美国的6倍、欧盟的7倍，蔬菜亩均化肥用量47.6公斤，比日本高了12.8公斤，比美国高了近30公斤，比欧盟高了30多公斤，现在只有把有机肥利用起来，才能把化肥用量降下来，生产成本也才能降下来。二是提质增效。现在不少消费者说水果蔬菜口感不如过去了，这与化肥使用过多也有关系。实验表明，施用有机肥的果园，果实的外观和内在品质均有明显提高，就是我们常说的口感好，商品价值也高。施用有机肥后，果皮的花青素含量会提高20%～30%，维生素C可以提高10%～30%。三是促进循环农业发展的需要。近年来，我国畜牧业生产发生重大变化，规模养殖成为主体。同时，养殖的集中区畜禽废弃物利用率较低，既造成资源浪费，也带来环境污染。开发利用我国丰富的有机肥资源，支持农民利用畜禽粪便积造、生产有机肥，利于实现资源循环利用。四是保护农业生态环境的需要。化肥过量施用，不仅造成耕地质量下降，对生态环境也有不利影响。目前，我国耕地退化面积占总面积的40%以上，耕地污染问题突出。同时，南方地表水富营养化，北方地下水硝酸盐污染，重要的原因是化肥过量施用导致的氮磷元素流失和畜禽养殖产生的面源污染。开发利用我国丰富的有机肥资源，实施有机肥替代化肥，可减少土壤和水体污染，利于保护生态环境。

化肥使用量零增长行动取得了初步成效。2016年化肥使用量基本接近零增长，增速在减缓，有的省份已经是负增长，氛围正在形成。2017年农业部印发《开展果菜茶有机肥替代化肥行动方案》通知，提出果菜茶有机肥替代化肥的优势区到2020年化肥用量减少目标。方案要求2017年选择100个果菜茶重点县（市、区）开展有机肥替代化肥示范，创建一批果菜茶知名品牌，集成一批可复制、可推广、可持续的有机肥替代化肥的生产运营模式，做到建一批、成一批。力争用3年~5年时间，初步建立起有机肥替代化肥的组织方式和政策体系，集成推广有机肥替代化肥的生产技术模式，构建果菜茶有机肥替代化肥长效机制。具体目标是“一减两提”：一是化肥用量明显减少。到2020年，果菜茶优势产区化肥用量减少20%以上，果菜茶核心产区和知名品牌生产基地（园区）化肥用量减少50%以上。二是产品品质明显提高。到2020年，在果菜茶优势产区加快推进“三品一标”认证，创建一批地方特色突出、特性鲜明的区域公用品牌，推动品质指标大幅提高，100%符合食品安全国家标准或农产品质量安全行业标准。三是土壤质量明显提升。到2020年，优势产区果园土壤有机质含量达到 1.2% 或提高 0.3 个百分点以上，茶园土壤有机质含量达到 1.2% 或提高 0.2 个百分点以上，菜地土壤有机质含量稳定在 2% 以上。果园、茶园、菜地土壤贫瘠化、酸化、次生盐渍化等问题得到有效改善。

提出《开展果菜茶有机肥替代化肥行动方案》主要是基于以下理由：一是政策扶持促动。现在农村劳动力成本增加，农民应用有机肥、农家肥费时费力，所以要通过政策引导支持农民应用有机肥。2017 年中央财政安排了专项资金支持果菜茶有机肥替代化肥，同时结合沼气工程、畜禽粪污资源化利用试点等项目，同向推进，形成政策合力。北京、上海、江苏、浙江等省市财政安排了专项资金支持农民利用有机肥，积累了一套好的做法，政策效应是很好的。二是农牧结合联动。鼓励就地就近利用好畜禽粪污等养殖废弃物，积造施用有机肥。2017 年果菜茶有机肥替代化肥行动示范县选择的也是养殖大县，实现循环利用、变废为宝。三是技术创新驱动。比如畜禽粪污堆沤环节、施用商品有机肥、沼渣沼液无害化处理环节，初步提出一套可复制、可推广的技术模式。还要创新服务机制，撬动社会资本，投入有机肥替代化肥，有些地方已有很好的经验。四是新型经营主体示范带动。新型经营主体对有机肥的利用有主动性和积极性，要发挥他们在标准化、规模化、集约化利用方面的示范作用，引领有机肥替代化肥。五是品牌基地推动。通过实施有机肥替代化肥，用最健康的土壤生产最优质的农产品，打造一批绿色产品基地、特色产品基地、知名品牌基地，增加绿色产品的供给。有的基地做的非常好，用有机肥，打造有机食品，做品牌销售，满足消费者多样化、特色化的消费需求。我们认为通过这些措施的推动，通过 3 年到 5 年的努力实现化肥减量的目标是可以实现的。回顾2017年，开展果菜茶有机肥替代化肥有着确实的需要：一是促进农业节本增效的需要。国内当时化肥施用量总体远高于美国、欧盟等发达国家。特别是水果、蔬菜化肥用量更多，果树亩均化肥用量是日本的2倍多、美国的6倍、欧盟的7倍，蔬菜亩均化肥用量比日本高12.8公斤、比美国高29.7公斤、比欧盟高31.4公斤。过量使用化肥增加了后期生产成本。而开发利用丰富的有机肥资源，实施有机肥替代化肥，利于果菜茶节本增效。二是促进产品提质增效的需要。化肥过量施用、有机肥用量减少，影响产品品质。三是促进循环农业发展的需要。开发利用我国丰富的有机肥资源，支持农民利用畜禽粪便积造、生产有机肥，利于实现资源循环利用。四是保护农业生态环境的需要。开发利用我国丰富的有机肥资源，实施有机肥替代化肥，可减少土壤和水体污染，利于保护生态环境。从当时国内运行有机肥的经验来看，探索形成了一批种养结合的生产模式，集成了一套施用商品有机肥、沼渣沼液无害化处理还田等技术模式，为有机肥替代化肥创造了条件。技术成熟是有机肥替代行动的保障。发展国内生态循环农业、以促进果菜茶质量效益提升为目标，突出果菜茶优势产区、核心产区、知名品牌生产基地，加快有机肥替代化肥，实现节本增效、提质增效，促进农业转型升级和可持续发展，是当时有机替代行动的总体思路。在此基础上，落实绿色生态导向的农业补贴政策，支持农民和新型农业经营主体使用畜禽养殖废弃物资源化产生的有机肥，鼓励农民采取秸秆还田、生草覆盖措施，减少化肥用量，降低生产成本，改善生态环境。同时，根据不同区域、不同作物的用肥需求和有机肥资源情况，因地制宜推广符合生产实际的有机肥利用方式，配套相应的有机肥施用设施，做到省工省时、简便易行，让农民愿意用、用得上、有效果。与此同时，培育新型服务主体，开展肥料统供统施社会化服务，加快有机肥推广应用。选择果菜茶优势产区、核心产区的重点县（市、区）以及畜禽养殖大县（市、区），推进种养结合，加快畜禽养殖废弃物资源化利用，打造一批有机肥替代、绿色优质农产品生产基地（园区）。

《开展果菜茶有机肥替代化肥行动方案》要求坚持的基本原则是：第一，坚持政策引导。落实绿色生态导向的农业补贴政策，支持农民和新型农业经营主体等使用畜禽养殖废弃物资源化产生的有机肥，鼓励农民采取秸秆还田、生草覆盖等措施，减少化肥用量，降低生产成本，改善生态环境。第二，坚持分类指导。根据不同区域、不同作物的用肥需求和有机肥资源情况，因地制宜推广符合生产实际的有机肥利用方式，配套相应的有机肥施用设施，做到省工省时、简便易行，让农民愿意用、用得上、有效果。第三，坚持创新驱动。积极探索适宜的组织方式和服务方式，集成组装有机肥利用技术模式。采取政府购买服务等多种方式，形成社会多方参与的格局。培育新型服务主体，开展肥料统供统施等社会化服务，加快有机肥推广应用。第四，坚持示范带动。选择果菜茶优势产区、核心产区的重点县（市、区），以及畜禽养殖大县（市、区），推进种养结合，加快畜禽养殖废弃物资源化利用，集中打造一批有机肥替代、绿色优质农产品生产基地（园区），发挥示范效应。

重点任务方面，《开展果菜茶有机肥替代化肥行动方案》要求：一是提升种植与养殖结合水平。综合考虑土地和环境承载能力，合理确定果菜茶种植规模和畜禽养殖规模，引导农民利用畜禽粪便等畜禽养殖废弃物积造施用有机肥、加工施用商品有机肥，就地就近利用好畜禽粪便等有机肥资源，实现循环利用、变废为宝。二是提升有机肥施用技术与配套设施水平。集成推广堆肥还田、商品有机肥施用、沼渣沼液还田、自然生草覆盖等技术模式，推进有机肥替代化肥。在果菜茶产地及周边，建设畜禽养殖废弃物堆沤和沼渣沼液无害化处理、输送及施用等设施，配套果菜茶生产的机械施肥、水肥一体化等设施，应用设施环境调控及物联网设备，提高有机肥施用和作物生产管理机械化、智能化水平。三是提升标准化生产与品牌创建水平。加快制定果菜茶有机肥替代化肥的技术规范和产品标准，推进设施标准化、生产过程标准化、投入品管理标准化，实现良好农业规范。以此为基础，创响一批地方特色突出、特性鲜明的区域公用品牌和企业品牌，提高产品知名度和附加值，促进农民持续增收和精准脱贫。四是提升主体培育与绿色产品供给水平。制定支持有机肥生产施用的用地、用电、信贷、税收等优惠政策，优先扶持利用畜禽养殖废弃物和农作物秸秆等专业从事有机肥生产的企业和社会化服务组织。引导种养大户、农民合作社、龙头企业等新型农业经营主体生产有机肥、施用有机肥，打造一批绿色优质果菜茶生产基地（园区），增加中高端供给，满足市场多样化需求。

《开展果菜茶有机肥替代化肥行动方案》在区域重点及技术模式方面规定如下：

（1）苹果。我国苹果种植面积和产量均占世界总量的40%以上，但单产较低、品质较差。生产中偏施化肥，有机肥投入不足，大部分果园位于丘陵山区，设施条件差，土壤有机质含量低，酸化、碱化问题突出，保水保肥能力弱。推行有机肥替代化肥，在黄土高原苹果优势产区、渤海湾苹果优势产区推广4种技术模式：一是“有机肥＋配方肥”模式。在畜禽粪便等有机肥资源丰富的区域，鼓励种植大户和专业合作社集中积造利用堆肥，减少化肥用量。结合测土配方施肥，在城市近郊果园推广商品有机肥。二是“果—沼—畜”模式。在苹果集中产区，依托种植大户和专业合作社，与规模养殖相配套，建立大型沼气设施，将沼渣沼液施于果园，减少化肥用量。三是“有机肥＋水肥一体化”模式。在水肥条件较好的产区和新建果园，推进矮化密植，在增施有机肥的同时，推广水肥一体化技术，提高水肥利用效率。四是“自然生草＋绿肥”模式。在水热条件适宜的区域，通过自然生草或种植绿肥覆盖土壤，减少裸露，防止水土流失，培肥地力。

（2）柑橘。我国柑橘种植面积世界第一，产量世界第二，但柑橘园设施装备落后，基础地力低，部分地区土层瘠薄，土壤养分含量不平衡，施肥呈现化肥用量逐年增加，有机肥施用比例逐年下降的态势。推行有机肥替代化肥，在长江上中游柑橘带、赣南—湘南—桂北柑橘带、浙—闽—粤柑橘带推广4种技术模式：一是“有机肥＋配方肥”模式。在畜禽粪便等有机肥资源丰富的区域，鼓励种植大户和专业合作社集中积造利用堆肥，减少化肥用量。结合测土配方施肥，在城市近郊果园应用商品有机肥。二是“果—沼—畜”模式。在柑橘集中产区，依托种植大户和专业合作社，与规模养殖相配套，建立大型沼气设施，将沼渣沼液施于果园。三是“有机肥＋水肥一体化”模式。在水肥条件较好的果园，增施有机肥的同时，推广水肥一体化技术，提高水肥利用效率。四是“自然生草＋绿肥”模式。在水热条件适宜区域，通过自然生草或种植绿肥覆盖土壤，减少裸露，防止水土流失，培肥地力。

（3）设施蔬菜。蔬菜是重要的民生产品。近年来，我国设施蔬菜发展迅速，产量占到蔬菜总产量的30%以上，为蔬菜周年均衡供应提供了重要保障。由于设施蔬菜生产周期长、产量高，用肥量大、施肥结构不合理，偏施氮肥现象严重，土壤次生盐渍化等问题突出。推行有机肥替代化肥，在北方设施蔬菜集中产区推广4种技术模式：一是“有机肥＋配方肥”模式。推广配方施肥，增施有机肥，减少化肥用量。二是“菜—沼—畜”模式。在设施蔬菜集中产区，依托种植大户和专业合作社，与规模养殖相配套，建立大型沼气设施，将沼渣沼液施于设施蔬菜。三是“有机肥＋水肥一体化”模式。在增施有机肥的同时，推广水肥一体化技术，重点是推广滴灌、微喷等技术，提高水肥利用效率。四是“秸秆生物反应堆”模式。推广秸秆生物反应堆，释放二氧化碳、增强光合作用，提高地温，增加土壤有机质含量，抑制土壤次生盐渍化。

（4）茶叶。我国是茶叶原产地，茶叶产量位居世界第一。但茶叶施肥结构不合理问题比较突出，茶园有机肥施用量不足。推行有机肥替代化肥，在长江中下游名优绿茶重点区域、长江上中游特色和出口绿茶重点区域、西南红茶和特种茶重点区域、东南沿海优质乌龙茶重点区域推广4种技术模式：一是“有机肥＋配方肥”模式。推广配方施肥，增施有机肥，减少化肥用量。二是“茶—沼—畜”模式。在茶叶集中产区，依托种植大户和专业合作社，与规模养殖相配套，建立大型沼气设施，将沼渣沼液施于茶园。三是“有机肥＋水肥一体化”模式。在增施有机肥的同时，推广水肥一体化技术，提高水肥利用效率。四是“有机肥＋机械深施”模式。在水肥流失较严重茶园，推进农机农艺结合，因地制宜推广有机肥机械深施等技术，提高肥料利用效率。

据农业农村部统计，2019 年全国有机肥施用面积超过 5.5 亿亩次，比 2017 年增加 5000 万亩次。据对 26 个省区市的不完全统计，在建及已建商品有机肥生产企业 3522 家，年生产商品有机肥 9377.4 万吨。在有机肥替代化肥的带动下，2019 年农用化肥施用量 5403.6 万吨，比 2015 年减少 619 万吨，连续 4 年负增长。呈现出化肥施用量不断减少、有机肥施用量不断增长的良好态势。

2019 年 9 月 16 日，农业农村部种植业管理司、全国农业技术推广服务中心、农业农村部科学施肥专家指导组出台《2019 年蔬菜有机肥替代化肥技术指导意见》针对设施蔬菜，共提出了四种栽培模式。

（1）“有机肥＋配方肥”模式。

设施番茄。基肥：移栽前，每亩基施猪粪、鸡粪、牛粪等经过充分腐熟的优质农家肥 3 方～4 方，或商品有机肥（含生物有机肥）350 公斤～400 公斤，同时基施 45%（18－18－9 或相近配方）的配方肥 30 公斤～40 公斤。追肥：每次每亩追施 45%（15－5－25 或相近配方）的配方肥 6 公斤～10 公斤，分 7 次～10 次随水追施。施肥时期为苗期、开花坐果期、果实膨大期，根据收获情况，每收获 1 次～2 次追施 1 次肥。

设施黄瓜。基肥：移栽前，每亩基施猪粪、鸡粪、牛粪等经过充分腐熟的优质农家肥 4 方～5 方，或施用商品有机肥（含生物有机肥）400 公斤～450 公斤，同时基施 45%（18－18－9 或相近配方）的配方肥 40 公斤～50 公斤。追肥：每次每亩追施45%（17－5－23或相近配方）的配方肥7公斤－10公斤。追肥时期为三叶期、初瓜期、盛瓜期，初花期以控为主，根据收获情况每收获1次～2次追施1次肥。秋冬茬和冬春茬共分7次～9次追肥，越冬长茬共分10次～14次追肥。

设施辣椒。基肥：移栽前，每亩基施猪粪、鸡粪、牛粪等经过充分腐熟的优质农家肥2方～3方，或施用商品有机肥（含生物有机肥）300公斤～350公斤，同时基施45%（18－18－9或相近配方）的配方肥25公斤～30公斤。追肥：每次每亩追施45%（15－5－25或相近配方）的配方肥10公斤～16公斤，分3次～5次随水追施。追肥时期为苗期、开花坐果期、果实膨大期。根据收获情况每收获1次～2次追施1次肥。

设施草莓。基肥：移栽前，每亩基施猪粪、鸡粪、牛粪等经过充分腐熟的优质农家肥1.5方～2方，或施用商品有机肥（含生物有机肥）250公斤～300公斤，同时基施45%（14－16－15或相近的配方）的配方肥30公斤～40公斤。追肥：苗期和花期每次每亩追施45%（15－15－15或相近的配方）的配方肥10公斤～15公斤，分3次～4次随水追施。果期每次每亩追施45%（15－5－25或相近配方）的配方肥8公斤～10公斤，分6次～8次随水追施。

设施西甜瓜。基肥：移栽前，每亩基施猪粪、鸡粪、牛粪等经过充分腐熟的优质农家肥2方～3方，或商品有机肥（含生物有机肥）300公斤～350公斤，同时基施45%（21－12－12或相近配方）的配方肥25公斤～30公斤。追肥：在伸蔓坐瓜期，每次每亩追施45%（20－5－20或相近配方）的配方肥3公斤～5公斤，分2次～3次随水追施；在果实膨大期，每次每亩追施 45%（15－5－25 或相近配方）的配方肥 10 公斤～15 公斤，分 2 次～3 次随水追施。

（2）“菜＋沼＋畜”模式。

采用沼渣沼液发酵，将畜禽粪便、蔬菜残茬和秸秆等物料投入沼气发酵池中，按 1∶10 的比例加水稀释，再加入复合微生物菌剂，对畜禽粪便、蔬菜残茬和秸秆等进行无害化处理生产沼气，充分发酵后的沼渣、沼液直接作为有机肥施用在设施菜田中。

设施番茄。基肥：每亩施用沼渣 3.5 方～5 方，或用猪粪、鸡粪、牛粪等经过充分腐熟的优质农家肥 3 方～4 方，或商品有机肥（含生物有机肥）350 公斤～400 公斤，同时根据有机肥用量，基施 45%（14－16－15 或相近配方）的配方肥 40 公斤～50 公斤。追肥：在番茄苗期、初花期，结合灌溉分别冲施沼液每亩 0.5 方～1 方；在坐果期和果实膨大期，结合灌溉将沼液和配方肥分 5 次～8 次追施。其中沼液每次每亩追施 0.5 方～1 方，45%（15－5－25 或相近配方）的配方肥每次每亩施用 5 公斤～8 公斤。

设施黄瓜。基肥：每亩施用沼渣 4 方～5.5 方，或用猪粪、鸡粪、牛粪等经过充分腐熟的优质农家肥 4 方～5 方，或商品有机肥（含生物有机肥）400 公斤～450 公斤，同时根据有机肥用量，基施 45%（14－16－15 或相近配方）的配方肥 50 公斤～60 公斤。追肥：在黄瓜的苗期、初花期，结合灌溉分别冲施沼液每亩 0.5 方～1 方。在初瓜期和盛瓜期，结合灌溉将沼液和配方肥分 8 次～12 次追施。其中每次每亩追施沼液 0.5 方～1 方、45%（17－5－23 或相近配方）的配方肥 3 公斤～5 公斤。

设施辣椒。基肥：每亩施用沼渣2.5方~3方，或用猪粪、鸡粪、牛粪等经过充分腐熟的优质农家肥2方~3方，或商品有机肥（含生物有机肥）300公斤~350公斤，同时根据有机肥用量，基施45%（14-16-15或相近配方）的配方肥30公斤~40公斤。追肥：在辣椒苗期、初花期，结合灌溉分别冲施沼液每亩0.5方~1方；在坐果期和果实膨大期，结合灌溉将沼液和配方肥分3次~5次追施。其中沼液每次每亩追施0.5方~1方、45%（15-5-25或相近配方）的配方肥每次每亩施用7公斤~10公斤。

设施草莓。基肥：每亩施用沼渣2方~2.5方，或用猪粪、鸡粪、牛粪等经过充分腐熟的优质农家肥1.5方~2方，或商品有机肥（含生物有机肥）250公斤~300公斤，同时根据有机肥用量，基施45%（14-16-15或相近的配方）的配方肥30公斤~40公斤。追肥：草莓苗期、初花期，结合灌溉冲施沼液每亩0.5方~1方，分3次~4次施用；果实膨大期，结合灌溉将沼液和配方肥分6次~8次追施，其中沼液每次每亩追施3方~4方、45%（15-5-25或相近配方）的配方肥每次每亩施用6公斤~8公斤。

设施西甜瓜。基肥：每亩施用沼渣2.5方~3方，或用猪粪、鸡粪、牛粪等经过充分腐熟的优质农家肥2方~3方，或商品有机肥（含生物有机肥）300公斤~350公斤，同时根据有机肥用量，基施45%（21-12-12或相近配方）的配方肥25公斤~30公斤。追肥：在伸蔓坐瓜期，结合灌溉冲施沼液2次~3次，每次每亩0.5方~1方；在果实膨大期，结合灌溉将沼液和配方肥分2次~3次追施。其中沼液每次每亩追施0.5方~1方、45%（15-5-25或相近配方）的配方肥每次每亩施用 12 公斤 ~15 公斤。

（3）“有机肥 + 水肥一体化”模式。

设施番茄。基肥：移栽前每亩基施猪粪、鸡粪、牛粪等经过充分腐熟的优质农家肥 3 方 ~4 方，或商品有机肥（含生物有机肥）用量 350 公斤 ~400 公斤，同时根据有机肥用量基施 45%（18 - 18 - 9 或相近配方）的配方肥 30 公斤 ~40 公斤。追肥：定植后前两次只灌水，不施肥，灌水量为每亩 15 方 ~20 方。苗期每次每亩推荐施用 50%（20 - 10 - 20 或相近配方）的水溶肥 3 公斤 ~5 公斤，每隔 5 天 ~10 天灌水施肥一次，灌水量为每次每亩 10 方 ~15 方，共 3 次 ~5 次；开花坐果期和果实膨大期每次每亩施用 54%（19 - 8 - 27 或相近配方）水溶肥 2 公斤 ~3.5 公斤，灌水量为每亩 5 方 ~15 方，每隔 7 ~10 天 1 次，共 10 次 ~15 次。注意秋冬茬前期（8 ~9 月）灌水施肥频率较高，而冬春茬在果实膨大期（4 ~5 月）灌水施肥频率较高。

设施黄瓜。基肥：移栽前，每亩基施猪粪、鸡粪、牛粪等经过充分腐熟的优质农家肥 4 方 ~5 方，或商品有机肥（含生物有机肥）450 公斤 ~500 公斤，同时根据有机肥用量基施 45%（18 - 18 - 9 或相近配方）的配方肥 40 公斤 ~50 公斤。追肥：定植后前两次只灌水，不施肥，每次每亩灌水量为 15 方 ~20 方。苗期推荐配方为 50%（20 - 10 - 20 或相近配方）的水溶肥，每次每亩用量为 3 公斤 ~5 公斤，每隔 5 天 ~6 天灌水施肥一次，每次每亩灌水量为 10 方 ~15 方，共 3 次 ~5 次；在开花坐果后，每次采摘结合灌溉施用配方为 49%（18 - 6 - 25 或相近配方）的水溶肥，每次每亩用量为 3 ~5 公斤，每次每亩灌溉量为 10 方 ~15 方，共 8 次 ~15 次。

设施辣椒。基肥：移栽前，每亩基施猪粪、鸡粪、牛粪等经过充分腐熟的优质农家肥2方~3方，或商品有机肥（含生物有机肥）300公斤~350公斤，同时根据有机肥用量基施45%（18-18-9或相近配方）的配方肥25公斤~30公斤。追肥：定植后前两次只灌水，不施肥，每次每亩灌水量为15方~20方。苗期、初花期推配方为55%（21-10-24或相近的配方）的水溶肥，每次每亩用量为3公斤~5公斤，每隔5天~10天灌水施肥一次，灌水量为每亩10方~15方，共2次~3次；在坐果期、果实膨大期推荐配方均为51%（18-7-30或相近的配方）的水溶肥，每次每亩用量为6公斤~10公斤，每次每亩灌溉量为10方~15方，共3次~5次。

设施草莓。基肥：移栽前，每亩基施猪粪、鸡粪、牛粪等经过充分腐熟的优质农家肥1.5方~2方，或商品有机肥（含生物有机肥）250公斤~300公斤，同时根据有机肥用量基施45%（14-16-15或相近的配方）的配方肥30公斤~40公斤。追肥：定植后前两次只灌水，不施肥，每次每亩灌水量为2方~3方。苗期和花期推荐配方为50%（24-8-18或相近的配方）的水溶肥，每次每亩用量为2公斤~3公斤，每隔7~10天灌水施肥一次，每次每亩灌水量为2方~3方，共5次~7次；在果期推荐配方为55%（18-6-31或相近配方）的水溶肥，每次每亩用量为2公斤~3公斤，每隔5天~7天灌水施肥一次，每次每亩灌水量为1.5方~2方，共25次~30次。

设施西甜瓜。基肥：移栽前，每亩基施猪粪、鸡粪、牛粪等经过充分腐熟的优质农家肥2方~3方，或商品有机肥（含生物有机肥）300公斤~350公斤，同时根据有机肥用量基施

45%（21-12-12 或相近的配方）的配方肥 25 公斤~30 公斤。追肥：定植后前两次只灌水，不施肥，每次每亩灌水量为 2 方~3 方。在伸蔓坐瓜期，推荐配方为 50%（21-6-23 或相近的配方）的水溶肥，每次每亩用量为 2 公斤~3 公斤，每隔 7 天~10 天灌水施肥一次，每次每亩灌水量为 2 方~3 方，共 2 次~3 次；在膨果期，推荐配方为 52%（16-6-30 或相近配方）的水溶肥，每次每亩用量为 8 公斤~10 公斤，每隔 5 天~7 天灌水施肥一次，每次每亩灌水量为 1.5 方~2 方，共 3 次~5 次。

（4）"秸秆生物反应堆"模式。

操作时间：晚秋、冬季、早春建行下内置反应堆，如果不受茬口限制，最好在作物定植前 10 天~20 天做好，浇水、打孔待用。晚春和早秋可现建现用。行下内置式反应堆：在小行（定植行）位置，挖一条略宽于小行宽度（一般 70cm）、深 20cm 的沟，把秸秆填入沟内，铺匀、踏实，填放秸秆高度为 30cm，两端让部分秸秆露出地面（以利于往沟里通氧气），然后把 150 公斤~200 公斤饼肥和用麦麸拌好的菌种均匀地撒在秸秆上，再用铁锨轻拍一遍，让部分菌种漏入下层，覆土 18cm~20cm。然后在大行内浇大水湿透秸秆，水面高度达到垄高的四分之三。浇水 3 天~4 天后，在垄上用 14# 钢筋打 3 行孔，行距 20cm~25cm，孔距 20cm，孔深以穿透秸秆层为准，等待定植。行间内置式反应堆：在大行间，挖一条略窄于小行宽度（一般 50cm~60cm）、深 15cm 的沟，将土培放垄背上，或放两头，把提前准备好的秸秆填入沟内，铺匀、踏实，高度为 25cm，南北两端让部分秸秆露出地面，然后把用麦麸拌好的菌种均匀地撒在秸秆上，再用铁锨轻拍一遍，让部分菌种漏入下层，覆土10cm。浇水湿透秸秆，然后及时打孔即可。注意事项有：一是秸秆用量要和菌种用量搭配好，每500公斤秸秆用菌种1公斤；二是浇水时不要冲施化学农药，特别要禁冲杀菌剂，但作物上可喷农药预防病虫害；三是浇水浇大管理行，浇水后4天~5天要及时打孔，用14#钢筋每隔25cm打一个孔，要打到秸秆底部，浇水后孔被堵死要再打孔，地膜上也要打孔。每次打孔要与前次打的孔错位10cm，生长期内保持每月打一次孔；四是减少浇水次数，一般常规栽培浇2次~3次水的，用该项技术只浇一次水即可。有条件的，用微灌控水增产效果最好。在第一次浇水湿透秸秆的情况下，定植时不要再浇大水，只浇小缓苗水。

设施番茄。基肥：基肥采用配方为45%（18-18-9或相近配方）的配方肥，每亩用量为30公斤~40公斤，施用方式为穴施。追肥：追肥采用45%（15-5-25或相近配方）的配方肥，每次每亩施用6公斤~10公斤，分7次~10次随水追施。施肥时期为苗期、开花坐果期、果实膨大期，根据收获情况，每收获1次~2次追施1次肥。

设施黄瓜。基肥：基肥采用配方为45%（18-18-9或相近配方）的配方肥，每亩用量为40公斤~50公斤，施用方式为穴施。追肥：追肥配方为45%（17-5-23或相近的配方），每次每亩施用7公斤~10公斤，初花期以控为主，秋冬茬和冬春茬分7次~9次追肥，越冬长茬分10次~14次追肥。追肥时期为三叶期、初瓜期、盛瓜期，盛瓜期根据收获情况每收获1次~2次追施1次肥。

设施辣椒。基肥：基肥采用配方为45%（18-18-9或相近配方）的配方肥，每亩用量为25公斤~30公斤，施用方式为穴施。追肥：追肥配方为45%（15－5－25或相近的配方）的配方肥，每次每亩施用10公斤~16公斤，分3次~5次随水追施。追肥时期为苗期、开花坐果期、果实膨大期，根据收获情况，每收获1次~2次追施1次肥。

2017年参加生物有机肥试点的县主要有：湖南省的宜章县；河北省的果树示范县：邢台县、遵化市、秦皇岛市抚宁区；蔬菜示范县：石家庄市藁城区、青县、永清县、涿州市、馆陶县、平泉县、滦南县。广东省的湛江廉江市、惠州惠东县、梅州市梅县区、惠州市龙门县。甘肃省的平凉市庄浪县、陇南市礼县、天水市麦积区、庆阳市庆城县申报2017年苹果有机肥替代化肥项目。广西省的永福县、平乐县、苍梧县、融安县。安徽省的金寨县、祁门县、桐城市、石台县为茶叶有机肥替代化肥示范县，怀远县为蔬菜有机肥替代化肥示范县。山西省的临猗县、万荣县、平陆县、清徐县、翼城县，其中临猗县、万荣县、平陆县、翼城县为苹果示范县，清徐县为设施蔬菜示范县。湖北省的当阳、宜都、秭归、咸丰、郧阳、东宝县。

2018年4月，农业部发布《启动2018年农业质量年工作》，将2018年确定为“农业质量年”，提出：续推进化肥农药减量使用，在100个果菜茶生产大县大市开展有机肥替代化肥试点，在150个县开展果菜茶病虫全程绿色防控试点。支持200个生猪、奶牛、肉牛养殖大县整建制推进畜禽粪污资源化利用，在东北、华北地区150个县开展秸秆综合利用试点，在西北、西南地区100个县开展农膜回收试点。加强耕地土壤与农产品协同监测，开展耕地土壤环境类别划分和重金属污染区耕地修复试点。加强资源保护，全国深松深耕整地面积达到

1.5 亿亩以上，选择一批重点县开展黑土地保护整建制推进试点。

2019 年，为了提升农业经营主体施用有机肥替代化肥的积极性，国家和各地政府也从财政方面加大了有机肥施用补贴政策，农业部在试点地区提出购买商品有机肥每亩施用量达到 250 公斤的，每亩给予补贴 100 元，即每吨补贴 400 元。广州对符合条件的主体给予每吨补贴 300 元的补贴。

开展果菜茶药有机肥替代化肥行动方案，应坚持因地制宜的原则。根据不同区域、不同作物的用肥需求和有机肥资源情况，按照农机农艺结合的要求，因地制宜配套相应的有机肥施用设施，推广符合生产实际的有机肥施用方式，力求做到省工省时、简便易行。2019 年 8 月 28 日，黄山市歙县农业农村局关于出台的《新安江流域有机肥替代化肥行动实施方案》，提出力争用三年时间，持续开展“化肥使用量零增长、耕地保护与质量提升、果茶菊有机肥替代化肥”三大行动，集成推广有机肥替代化肥的生产技术模式，建立有机肥替代化肥的高效组织方式，构建果茶菊有机肥替代化肥长效机制，推进化肥减量增效。至 2021 年，新安江沿线乡镇建设有机肥替代化肥示范片 30 个，推广面积达 1 万亩。示范片化肥施用量较 2018 年减少 20% 以上（亩均减 14.5 公斤），其中氮肥亩均减纯量 0.5 公斤、磷肥亩均减纯量 1.6 公斤，土壤有机质含量较 2018 年平均提高 2%，辐射带动新安江沿线乡镇有机肥施用面积突破 5 万亩，实现化肥使用量负增长的目的。

在技术要求方面，一是强化推广测土配方施肥技术。一是精准施肥技术，通过采集土壤测试，根据土壤养分状况科学施肥。调整施肥结构，提倡茶园“控氮、减磷、稳钾”、果园

“稳氮、减磷、提钾”技术，提高化肥利用率。力推配方肥到田，提升特色农产品品质。二是强化有机肥替代化肥技术。探索有机肥替代化肥技术模式。大力推广“有机肥替代化肥”“有机肥+配方肥”“有机肥+水肥一体化”技术模式。三是稳步推进水肥一体化技术。在枇杷采摘休闲观光园、设施果园推进水肥一体化技术，以此减少化肥使用量，减少劳动力投入，提高水、肥利用率，提升农产品质量安全水平。四是着力推广种植绿肥、秸秆还田。采取政府补贴措施鼓励农民果园种植绿肥、茶园秸秆覆盖技术，提升土壤肥力，防止水土流失。

在创建示范片方面，提出2018—2019年，在茶叶、果树和粮油作物开展有机肥替代化肥行动，拟建立示范片22个，核心示范面积0.86万亩，辐射2万亩，示范带动新安江流域有机肥利用推广，达到提质增效和化肥使用量负增长的目的。具体来讲，拟建5个原则上200亩以上的茶叶示范片，面积达0.13万亩，重点推广“有机肥+配方肥”和“有机肥+秸秆覆盖”技术模式，改变长期有机肥施用量不足、施用方式单一现象，遏制茶园土壤贫瘠化、养分非均衡化及土壤酸化趋势，提升茶叶品质，促进茶产业发展。在果园规模化种植区，拟建12个原则上200亩以上果树示范片，面积达0.67万亩。鼓励种植大户和专业合作社结合测土配方施肥，重点推广“有机肥+配方肥”“有机肥+种植绿肥”和“有机肥+酸性土壤调理剂”技术模式，改变重化肥、轻有机肥投入现象，增施有机肥料，降低化肥用量，培肥土壤地力，提升农产品品质。在设施果树优势产区，拟建3个原则上30亩以上示范片，面积达0.01万亩，重点推广“有机肥+配方肥”和“有机肥+水肥一体化”技术模式，实行有机无机结合，优化施肥结构，平衡土壤养分。同时，拟建2个原则上200亩以上粮油作物示范片，面积达0.05万亩。重点推广“有机肥+配方肥”“有机肥+缓释肥”技术模式，实行有机肥部分替代化肥，提高肥料利用效率。

在补助政策方面，提出安排补助资金105.4万元。对应用配方施肥、水肥一体化、有机肥替代、酸性土壤改良等高效施肥技术，施用作物配方肥，缓释肥、水溶肥、有机肥、土壤调理剂等新型高效肥料示范给予实施主体物化补助。资金来源于2019年中央财政支持耕地保护与质量提升项目。实施“有机肥肥+土壤酸性调理剂”“有机肥+种植绿肥”或“有机肥+水肥一体化”技术模式，按每亩130元标准进行物化补助；示范作物为果树（含设施果树）。实施“有机肥+配方肥”和“有机肥+秸秆覆盖”技术模式，按每亩100元标准进行物化补助；示范作物为茶叶。实施“有机肥+配方肥”“有机肥+缓释肥”技术模式，按每亩80元标准进行物化补助，示范作物为粮油。

参考文献

1. 普莫喆，吕新业，钟钰："主要国家（地区）粮食收储政策演进脉络及启示"载《中国农业经济》，2019 年第 11 期。

2. 陈展图，杨庆媛："我国耕地休耕制度基本框架构建"载《中国人口·资源与环境》，2017 年第 27 期。

3. 张斌，尹昌斌，杨鹏："实施'藏粮于地、藏粮于技'战略　必须守住耕地红线　持续保育耕地和土壤质量"载《中国农业综合开发》，2021 年第 3 期。

4. 鲁飞："有机肥助力农业可持续发展"载《农经》，2020 年第 12 期。

5. 方言："藏粮于地、藏粮于技　夯实国家粮食安全基础"载《中国粮食经济》，2020 年第 6 期。

6. 胡冰川："改革开放四十年农业支持保护制度　脉络与发展"，2019 年 6 月 21 日，中国智库网，https：//www.chinathinktanks.org.cn/content/detail/id/ah9tdm60。